DROEMER

Über dieses Buch:

Hand aufs Hirn: Unser bisheriger Umgang mit Emotionen in der Politik bringt uns bei den großen Herausforderungen der Gegenwart nicht weiter. Bestsellerautorin Maren Urner analysiert auf Basis der aktuellen wissenschaftlichen Forschung, wie Gefühle Politik machen. Sie zeigt eindrucksvoll, dass wir die Herausforderungen unserer Zeit nur meistern können, wenn wir künftig anders mit unseren Emotionen umgehen. Wie das funktionieren kann, stellt sie in diesem Buch vor.

Über die Autorin:

Prof. Dr. Maren Urner (geboren 1984) ist Neurowissenschaftlerin und Professorin für Medienpsychologie an der HMKW Hochschule für Medien, Kommunikation und Wirtschaft in Köln. Nach dem Studium der Kognitions- und Neurowissenschaften in Deutschland, Kanada und den Niederlanden wurde sie am University College London promoviert. 2016 gründete sie das Online-Magazin für Konstruktiven Journalismus *Perspective Daily* mit und war bis 2019 Chefredakteurin und Geschäftsführerin. Seit ihren Bestsellern im Droemer Verlag, *Schluss mit dem täglichen Weltuntergang* (2019) und *Raus aus der ewigen Dauerkrise* (2021), ist sie eine viel gefragte Keynote-Speakerin und Interviewpartnerin. Seit September 2020 ist sie Kolumnistin bei der *Frankfurter Rundschau.* Sie ist B.A.U.M.-Preisträgerin 2023 in der Kategorie Wissenschaft.

https://maren-urner.com

Prof. Dr. Maren Urner

RADIKAL EMOTIONAL

Wie Gefühle Politik machen

DROEMER

Besuchen Sie uns im Internet:
www.droemer-knaur.de

MIX
Papier | Fördert gute Waldnutzung
FSC® C083411

Originalausgabe Mai 2024

Ein Imprint der Verlagsgruppe
Droemer Knaur GmbH & Co. KG, München

Covergestaltung: Thierry Wijnberg | total italic
Coverabbildung: Shutterstock.com
Satz und Layout: Adobe InDesign im Verlag
Druck und Bindung: CPI books GmbH, Leck
ISBN 978-3-426-44776-5

5 4 3 2

»The prevalent fear of poverty among the educated classes is the worst moral disease from which our civilization suffers.«

William James,
Begründer der Psychologie (1842–1910)

Für Ina, Nafast und Dirk

Inhalt

Einleitung

Es ist vielleicht die persönlichste und unpersönlichste Frage zugleich. Vielleicht ist es auch gleichermaßen die einfachste und schwierigste Frage. Vielleicht ist es sogar die am häufigsten gestellte Frage der Welt. Die Frage, die wir in der ersten Lektion einer jeden Fremdsprache lernen. Eine Frage, die uns schnell über die Lippen – oder die Tasten – geht. Obwohl sie so vermeintlich einfach daherkommt, kann sie vielleicht niemand wirklich vollumfänglich beantworten. Selbst wenn wir wollten und alle Kraft in die Beantwortung investieren würden. Wenn wir keine Kosten und Mühen scheuen würden, um der richtigen Antwort auf die Schliche zu kommen. Es ist die Frage, die ich schon ungezählte Male meinen Gegenübern gestellt habe und mindestens genauso häufig selbst gefragt wurde. Und nun weiß ich nicht mehr, ob ich sie mag oder sie mir gewaltig auf die Nerven geht. Weil diese Frage so unscheinbar daherkommt, aber eigentlich eine Tiefe der Auseinandersetzung verlangt, für die wir doch längst alle keine Zeit mehr haben. Mal abgesehen davon, dass es mir schwerfällt, einzuschätzen, ob meine Antwort eigentlich irgendjemanden ernsthaft interessiert. Selbst wenn das der Fall sein sollte, frage ich mich, ob die Fragenden die Antwort aushalten würden. Ob sie es aushalten würden, wenn ich ihnen so richtig ehrlich antworten würde. Ungeschönt und ungebremst, mal laut, dann ganz leise. Lachen, Tränen und Schluchzen. Alles wäre dabei. Aus vollem Hirn und mit voller Wucht. Wörter, Gesten und Mimik. Und bei all diesen Äußerungen wüsste ich trotzdem nicht, ob ich der Frage aller Fragen gerecht werden würde. Selbst wenn ich mich in diesen Zeiten der großen Verunsicherungen aufrichtig mit ihr auseinandersetzen könnte. Und ob es überhaupt möglich ist, eine wirklich ehrliche Antwort auf sie zu geben. Denn es ist schwierig bis unmöglich, eine Frage zu beantworten, wenn ich selbst gefühlt nur begrenzten Zugriff auf die Antwort habe.

Es geht um eine radikal ehrliche Antwort auf die Frage: Wie geht es dir?

Vielleicht hat sich die Frage beim Lesen schon ertappen lassen. Vielleicht hast du ein wenig genickt, als du sie erkannt hattest, und alle nachfolgenden Sätze bereits auf sie angewendet. Vielleicht hat sie auch einen kleinen Widerstand ausgelöst, weil du es unverschämt oder unangemessen findest, dass ich in diesem Buch einfach so duze. Schließlich kennen wir uns sehr wahrscheinlich gar nicht. Bevor du deine Lektüre jetzt also möglicherweise vorschnell beendest, bitte ich dich, mir einen kleinen Vertrauensvorschuss zu geben und dich mit mir auf ein paar Gedanken einzulassen und mitzudenken. Wenn du dann genug hast, darfst du das Buch guten Gewissens beiseitelegen und da weitermachen, wo ich dich abgeholt oder gar unterbrochen habe. Vielleicht hat deine Hand eben schon Richtung Smartphone gezuckt, vielleicht hast du dich auf deinen Feierabend mit dem Videostreaming-Angebot deines Vertrauens gefreut. Vielleicht fühlst du dich auch so erschöpft, dass du lieber direkt schlafen gehen könntest.

Aber vielleicht – und das hoffe ich natürlich – hast du dieses Buch auch zur Hand genommen, weil du Lust hast, dich näher damit zu beschäftigen, wie Gefühle und Politik zusammenhängen. Vielleicht hat dich der Untertitel dieses Buches neugierig gemacht: »Wie Gefühle Politik machen«. Immerhin widerspricht das der weitverbreiteten Vorstellung, Gefühle hätten in der Politik nichts zu suchen. Wie also komme ich darauf?

Meine These lautet: »Wie geht es dir?« ist nicht nur die persönlichste Frage, die ich einem anderen Menschen stellen kann, sondern auch die politischste. Diesen einfachen und gleichzeitig sehr komplexen Zusammenhang wollte ich selbst lange nicht wahrhaben und habe mich regelrecht dagegen gesträubt. Schließlich hat doch mein privates Befinden nichts mit Politik zu tun, geschweige denn etwas darin zu suchen. In der Politik geht es um Dinge wie Gesetzesentwürfe, internationale Zusammenhänge und Haushaltsbudgets, aber nicht um meinen oder irgendeinen emotionalen Zustand! Und wenn doch, dann ist es schlechte Politik, irgendwo kurz vor oder hinter Populismus. Nickst du gerade?

Dann halt kurz inne und folge mir gedanklich weiter.

Als Neurowissenschaftlerin hätte ich nie gedacht, dass ich mal ein politisches Buch schreiben würde – schließlich ist das gar nicht mein Feld. Dachte ich. Bis ich verstanden habe, dass meine Bücher schon immer in gewisser Weise politisch waren und sein werden. Warum? Weil fast jede Informationsweitergabe, die wir als Menschen tätigen, politisch ist. Weil fast jede noch so kleine Form der Kommunikation etwas über meine Überzeugungen und Werte aussagt. Etwas darüber aussagt, was ich als Senderin für »richtig« und was für »falsch« halte. Was ich für »angemessen« und was für »unangemessen« halte. Was ich »zeitgemäß« und was »veraltet« finde. Was ich »glaube«, wem ich vertraue und wem ich misstraue. Das alles ist immer politisch. Aus dem einfachen Grund, weil all das unser Zusammenleben betrifft. Nichts anderes ist Politik in ihrem ursprünglichen Sinne.

So definiert die Bundeszentrale für politische Bildung Politik als »jegliche Art der Einflussnahme und Gestaltung sowie die Durchsetzung von Forderungen und Zielen, sei es in privaten oder öffentlichen Bereichen«.[1] Im Wörterbuch der Oxford University Press wird zwischen zwei Definitionen unterschieden, die den von mir gemachten Aspekt der eigenen Überzeugungen betonen: Demnach meint Politik »1. alle Maßnahmen, die sich auf die Führung einer Gemeinschaft, eines

Staates beziehen« und »2. [die] Methode, Art und Weise, bestimmte eigene Vorstellungen gegen andere Interessen durchzusetzen«.[2]

Eigene Vorstellungen! Diese beiden Wörter sorgen in meinem Gehirn dafür, dass einige Alarmglocken läuten und die Neurowissenschaftlerin in mir besonders aufhorcht. Wenn ich in den vielen Jahren, in denen ich mich mit dem menschlichen Gehirn und seinen Funktionsweisen bis heute beschäftigen durfte, eines gelernt habe, ist es Folgendes: Meine Welt ist nicht deine Welt. Aus dem einfachen Grund, weil unser Gehirn auf Basis unserer individuellen Biologie,[3] unserer bisherigen Erfahrungen bis zum aktuellen Moment und der Interaktion aus beidem die Welt stets auf seine ganz individuelle Art und Weise interpretiert. Unsere »Vorstellungen« sind also stets verschieden. Das führt zwangsläufig auch dazu, dass wir unterschiedliche »Dinge« für »richtig« und »falsch« halten. Und es führt dazu, dass wir infolgedessen sehr wahrscheinlich unterschiedliche Politik unterstützen.[4]

Jede Geschichte – und jede Entscheidung – ist politisch

Hand aufs Hirn: Alles soll irgendwie politisch sein? Das klingt ganz schön anstrengend. Vielleicht zu theoretisch, vielleicht zu komplex. Erschwerend kommt hinzu: Unser Gehirn reagiert auf jeden neuen Reiz von außen – oder alltagstauglicher formuliert: Jede Ablenkung von anstrengenden Gedankengängen und Konzentration nimmt es »dankend« an. Die Folge: Vielleicht zuckt deine Hand bei der Lektüre dieser Einleitung nun schon zum zweiten oder dritten Mal Richtung Smartphone. Lieber eine Folge der aktuellen Lieblingsserie schauen oder ein wenig durch Bilder und Videoclips scrollen, um mal runterzukommen. Angesichts von Dauer-, Poli- oder Multikrise, in der wir uns spätestens seit Corona irgendwie befinden, ist jede

Form von unterhaltendem Zeitvertreib willkommen. Aber was, wenn dieser Ablenkungsreflex uns gar nicht hilft, wenn es am Ende gar nicht möglich ist, diesen elementaren Fragen zu entgehen? Denn genau wie ich erkennen musste, dass meine eigenen Bücher schon immer politisch waren, ist auch unser Eskapismus in die Popkultur nie unpolitisch.

Die amerikanische Journalistin Judy Berman hat diese Ironie im Juli 2023 in einem Artikel für *TIME* treffend auf den Punkt gebracht, wenn sie schreibt: »Egal, wie sehr wir Unterhaltung als etwas betrachten, um den endlosen Problemen in der Welt zu entkommen, keine Form des popkulturellen Geschichtenerzählens kann jemals wirklich unpolitisch sein.«[5] In ihrem Artikel beschreibt und bedauert Judy Berman die Entwicklung in aktuellen TV-Serien, sich klaren politischen Positionierungen zunehmend zu entziehen. Sicherlich (auch), um den gerade beschriebenen Wunsch nach Ablenkung zu bedienen. Doch egal wie sehr die Drehbuchautor:innen versuchen, Politik außen vor zu lassen, kann es ihnen nicht gelingen. Denn im Kern einer jeden Handlung steckt auch dort der urmenschliche Wunsch, zu wissen, was »richtig« und was »falsch« ist. Er steckt in jeder sprachlichen Formulierung. Oder hast du nicht gerade auch entweder Zustimmung oder Irritation bis hin zu Abwehr verspürt, als ich zum ersten Mal gegendert habe?

Unser Bedürfnis nach Zuordnung und Identifikation steckt in jeder Geschichte, die wir uns erzählen, und ist zugleich Grundlage der Philosophie und jeder Religion. Und es beeinflusst unsere Vorstellungen von Verantwortung und Macht – im Kleinen und im Großen: Wer hat zu Hause »das Sagen«, und wer hat politische Ämter? Männer oder Frauen – und sollten Kinder auch ein Wörtchen mitreden dürfen? Finden wir es »normal«, wenn sich Menschen unterschiedlicher Hautfarbe küssen? Und wie sieht es mit Menschen gleichen Geschlechts aus? Sind Unabhängigkeits- oder Expansionsbestrebungen bestimmter Staaten gerechtfertigt? Und ist Krieg ein notwendiges Übel, um darauf zu reagieren? Essen wir fast täglich Fleisch, oder ernähren wir uns vegetarisch oder vegan? Setzen wir uns für die Erledigung eines kleinen Einkaufs ins Auto oder aufs Fahrrad? Ist es cool oder verpönt, seinen Müll vom Picknick im Wald von der Decke zu schütteln? (Letzteres ist eine Szene der in den 1960ern spielenden Serie *Mad Men,*[6] die mir vor Augen geführt hat, wie sich die »öffentliche Müllmentalität« in den letzten Jahrzehnten verändert hat.)

Was der kleine Fragenkatalog verdeutlicht: Nicht nur die großen Zusammenhänge, sondern auch vermeintlich »rein private« Alltagsentscheidungen sind immer politisch. Was wir essen, wie wir uns fortbewegen, wie wir wohnen, wen wir lieben und wie wir Erfolg definieren – all das hat immer eine politische Dimension.

Emotionale Blobs auf zwei Beinen

Doch was hat das alles nun mit Gefühlen zu tun? Wie schon erwähnt, wird gute Politik von vielen Menschen vor allem als rationale Angelegenheit verstanden, bei der Gefühle idealerweise keine Rolle spielen. Schließlich geht es um grundlegende Entscheidungen für unser Zusammenleben, bei denen wir klug, überlegt und ohne Gefühlsduselei abwägen sollten. Bei mir löst dieses Narrativ seit Jahren ein ungutes Gefühl aus, weil es so verdammt weit von der Realität entfernt ist. Irgendwann, als es in einer Debatte mal wieder darum ging, dass wir »Gefühle« und »Verstand« bitte voneinander trennen sollten, konnte ich nicht länger an mich halten. Die Ignoranz gegenüber eines gewaltigen Korpus an Forschungsliteratur aus den Neurowissenschaften, der Psychologie und verwandten Disziplinen der letzten Jahrzehnte (!), die dieser Erzählung direkt widersprechen,[7] ließen mich aufgebracht das Wort ergreifen:

»Wir können doch nur rationale, also zielgerichtete, Entscheidungen treffen, weil wir bestimmte Vorlieben und Werte haben. Und die sind immer durch Gefühle bestimmt. Nur weil wir basierend auf unseren Gefühlslagen unterscheiden, können wir uns für oder gegen etwas entscheiden.« Ich hielt kurz inne und schloss dann meinen Minivortrag fast fordernd ab: »Genau genommen sind wir nichts anderes als emotionale Blobs auf zwei Beinen!« Im ersten Moment ärgerte ich mich ein wenig, dass mir im Affekt kein besserer Begriff als »Blobs« eingefallen war. Mittlerweile mag ich ihn. Denn schon der Klang des Wortes Blob vermittelt ganz viel über unser Innenleben: wabernd, wuselig und zusammengeballt zugleich. Eines meiner Hauptanliegen in diesem Buch ist es, dass wir mit diesem Durcheinander besser umzugehen lernen. Der allererste Schritt dazu besteht entsprechend darin, anzuerkennen, dass wir als Menschen immer emotional sind und unsere Emotionen immer politisch sind.

Wenn wir unsere Zukunft gut und lebenswert gestalten wollen, müssen wir einen grundlegenden Perspektivwechsel vollziehen: Unsere allseits beliebte Geschichte, dass wir uns bei gesellschaftspolitischen Debatten auf unsere Emotionen nicht verlassen können und sollten, ist gelinde gesagt Quatsch. Gefühle sind nichts »Privates«, das wir von der professionellen und politischen Ebene trennen können. Alles, was unser Zusammenleben ausmacht und damit den politischen Raum bestimmt, der – wie eben hergeleitet – immer und überall präsent ist, ist von Emotionen geprägt. Um noch eine Schippe draufzulegen: Die Ansicht, Emotionen hätten in der Politik nichts zu suchen, ist sogar – Achtung! – irrational. Denn Politik ist nichts anderes als ein Aushandlungsprozess über unterschiedliche Gefühle und damit verbundene Werte und Ideen innerhalb einer Gruppe von Menschen zu einem bestimmten Zeitpunkt. In diesen Aushandlungsprozess sind wir alle involviert. Sei es als Landwirt:innen in Traktorenkolonnen, als

Lokführer:innen, die streiken, als Reisende, die versuchen, ans Ziel zu kommen, oder als Demonstrierende, die für die Demokratie und gegen rechte Gesinnungen mit Millionen anderer Menschen auf die Straße gehen. Politik ist eine der persönlichsten Angelegenheiten überhaupt, denn es geht darum, wie du, ich und wir leben können und möchten.

Denken wir nur an das Gebäudeenergiegesetz (GEG), das schnell zum Heizungsgesetz wurde und bei dessen Diskussion vor allem eine Frage sehr viel Raum einnahm: Wie ist es um meinen Heizungskeller oder den meines Unternehmens bestimmt? Vielleicht verbunden mit einer diffusen Vorstellung davon, welche Politiker:innen zeitnah persönlich im heimischen Keller vorbeischauen würden, um uns dazu zu verdonnern, ein mittleres Vermögen für eine Aufrüstung der Heizanlage auszugeben.

Allgemein gilt als »psychologische Faustregel«: Je lauter die Forderung nach Rationalität, desto emotional aufgeladener werden die Debatten. Denn unser Gehirn schaltet in solchen Momenten und Phasen in den Angstmodus, der noch stärker im »Hier« und »Jetzt« verankert ist, als es ohnehin der Fall ist. Im überwiegenden Teil der Diskussionen und Debatten werden die zugrunde liegenden finanziellen und möglicherweise existenziellen Ängste inklusive drohendem Statusverlust jedoch nicht adressiert. Denn, hey, hier geht es nicht um Gefühlsduselei, sondern um Politik, die sich selbstverständlich an harten Zahlen und Fakten orientiert. Oder?

Nein! Politik betrifft Menschen und wird von Menschen gemacht – und darum geht es bei ihr vor allem anderen um Gefühle und Emotionen. Es geht um Ängste und Sorgen. Das zeigt sich nicht nur bei Debatten zur Heizreform, sondern auch bei der Frage, wie viele Menschen aus anderen Ländern im »eigenen« Land leben können, dürfen oder sollen. Und auch bei der Frage, ob unterschiedliche Religionen und damit verbundene Vorstellungen von »richtig« und »falsch« gegeneinander in den Krieg ziehen und andere Länder sich entsprechend positionieren (müssen).

Auch wenn diese Fragen sehr unterschiedlich klingen, ist eine Sache immer klar: Egal ob die daran Beteiligten Individuen, Parteien, Organisationen oder Staaten sind – alle müssen sich positionieren, müssen sich zuordnen. Das resultiert schnell in einer »Lagerbildung« und der viel diskutierten Polarisierung, die wir hierzulande und international beobachten. Sie ist das Ergebnis der omnipräsenten Aufgabe, mich »dafür« oder »dagegen« zu positionieren. Diese Zuordnung gibt mir vermeintliche Sicherheit, weil sie mir verdeutlicht, wo ich hingehöre, wer meine Unterstützer:innen sind und wo ich die Menschen, Organisationen oder Länder finde, die so denken – und vor allem fühlen – wie ich. Jede:r, der:die nicht auf meiner Seite ist und meine Position vertritt, wird zum Feind.

Warum? Weil es nicht um die Frage geht, ob 2+2=4 oder =5 ergibt, sondern um Fragen nach moralischen Vorstellungen von »richtig« und »falsch«, nach »gut« und »böse«. Und die sind stets gekoppelt an meine Werte und meine Identität. Kritisierst du also meine Position und daran geknüpfte Überzeugungen, trifft die Kritik immer auch mich persönlich. Als Vegetarierin oder Wurstliebhaberin, als Autobesitzerin oder Fahrradfahrerin, als Migrantin oder Einheimische, als Atheistin oder Gläubige.

Das alles sorgt dafür, dass die Debatten nicht nur aufgeheizter und potenziell verletzender werden, sondern im Mittel auch dazu führen, dass wir irrationale Entscheidungen treffen. Irrational in dem Sinne, dass die Ergebnisse und Entscheidungen unser (Zusammen-)Leben nicht nur nicht verbessern, sondern sogar verschlechtern. Wie kann das sein? Wer oder was hat »Schuld« daran? Vielleicht stellst du dir genau diese Frage gerade, wenn du mir gedanklich weiter gefolgt bist.

Das negative und entmutigende Gefühl, das sich dann möglicherweise bei uns einstellt, ist nicht ganz unbeteiligt daran, wenn politische Debatten entgleisen. Und bei diesem Gefühl spielen, wie bei jedem anderen Gefühl auch, die zahlreichen Vorgänge in unserem Kopf eine wesentliche Rolle. Das heißt – wie kann es aus Sicht einer Neurowissenschaftlerin anders sein –, »Schuld« an der Misere hat natürlich unser Gehirn. Genauer gesagt ein ganz bestimmter Drang in uns. Denn wir suchen doch stets nur das Eine …

Gib mir Sicherheit!

Warum schließen Menschen Versicherungen ab? Warum geben sich Liebende das »Jawort«? Warum bauen wir Häuser? Warum gibt es Grenzen und Militär? Warum schauen wir den Wetterbericht? Und warum wählen und unterstützen wir Politiker:innen, die uns Arbeitsplätze, Autobahnen und Altersvorsorge versprechen?

Weil wir Sicherheit suchen. Weil unser Gehirn vor allem eine Aufgabe hat: das Gefühl zu minimieren, das sich in mir und vielleicht auch in dir ausbreitet, wenn wir mit komplexen Herausforderungen der Gegenwart und der Zukunft konfrontiert werden. Das Gefühl von Unsicherheit.

Vielleicht spürst du Unsicherheit darüber, wie du nun mit alldem umgehen sollst. Unsicherheit darüber, wie das alles enden wird – mit dir, mit uns, mit den Menschen insgesamt. Unsicherheit vielleicht auch bezogen auf die Frage, wie du all die multiplen Krisen (weiter) ignorieren kannst.

Es ist der Wunsch nach Sicherheit, der gesellschaftliche Strukturen überall auf der Welt so geformt hat, wie wir sie kennen. Denn er sorgt nicht nur täglich dafür, dass wir die gerade erwähnten Dinge tun, sondern auch dafür, dass wir Gewohnheiten pflegen, dass wir an vorhandenen Strukturen festhalten, dass wir Dinge tun, weil sie gefühlt »schon immer so waren«. Es ist eben dieser Wunsch, der auf vielen Ebenen politischer

Systeme präsent ist und uns sehenden Auges auf globale Katastrophen zusteuern lässt. So sorgt der Wunsch nach Sicherheit beispielsweise dafür, dass wir bisher nicht aus der Abhängigkeit von fossilen Energieträgern herausgekommen sind. Im Gegenteil: Sie hat in den letzten Jahrzehnten stetig weiter zugenommen und so 2023 wieder für einen neuen globalen Rekordwert an Emissionen gesorgt.[8] Schlimmer noch: Die großen Energiekonzerne wie Shell, Exxon und Total wissen seit Jahrzehnten sehr genau über die katastrophalen Folgen ihres eigenen Handelns Bescheid.[9] Nicht seit gestern und nicht seit ein paar Jahren, sondern spätestens seit 1959. In dem Jahr feierte an einem typischen Novembertag die US-amerikanische Ölindustrie ihren 100. Geburtstag. Nicht an einem Firmensitz oder hinter verschlossenen Türen, sondern im Rahmen einer Konferenz an der renommierten Columbia University in New York im Beisein von mehr als 300 Regierungsmitarbeiter:innen, Ökonom:innen, Historiker:innen, Wissenschaftler:innen und Führungskräften aus der Ölindustrie. (Da ich keine Gästeliste finden konnte, bin ich mir unsicher, ob die gegenderten Formen in allen Fällen tatsächlich der Realität entsprechen!) Der Titel der Konferenz: *Energy and Man.*[10] Doch was die Industrie-Vertreter:innen dann von einem der renommiertesten Physiker aller Zeiten zu hören bekamen, klang nicht wie ein Motivationsschub für die kommenden 100 Jahre. Im Gegenteil.

»Ladys und Gentlemen, ich werde nun über Energie in der Zukunft sprechen. Ich werde damit beginnen, Ihnen mitzuteilen, warum ich denke, dass die Energiequellen der Vergangenheit ersetzt werden müssen. […] Wann immer wir herkömmliche Treibstoffe verbrennen, entsteht Kohlenstoffdioxid. […] Kohlenstoffdioxid hat eine seltsame Eigenschaft. […] Seine Anwesenheit in der Atmosphäre verursacht einen Treibhauseffekt. […] Es wurde berechnet, dass ein Temperaturanstieg aufgrund eines zehnprozentigen Anstiegs an Kohlenstoffdioxid ausreicht, um die Eiskappe schmelzen zu lassen und New York zu überschwemmen.«[11] Der Partycrasher war niemand Geringeres als der »Vater der Wasserstoffbombe«, der ungarisch-US-amerikanische Physiker Edward Teller.

Was wäre die logische, die – Achtung – rationale Reaktion auf eine solche Nachricht? Um die »richtige« Antwort auf diese Warnung aus der Wissenschaft zu erahnen, muss man nicht Physik studiert haben. Natürlich so schnell wie möglich auf neue Treibstoffe zu setzen, um den katastrophalen Folgen des menschengemachten Klimanotfalls zu entgehen. Doch statt rational vorzugehen – und beispielsweise die eigene Stadt vor der Überschwemmung zu bewahren –, handelten die Akteur:innen extrem irrational. Sie machten nicht nur »weiter wie bisher«, sondern orchestrierten die wohl größte Verwirrungskampagne der Menschheit. Sie ist sehr anschaulich beschrieben im 2010 erschienenen Sachbuch »Die Machiavellis der Wissenschaft: Das Netzwerk des Leugnens«[12] von den beiden US-amerikanischen Wissenschaftshistoriker:innen Naomi Oreskes und Erik M. Conway. Die Akteur:innen der Kampagne machten sich unser Bedürfnis oder unseren Drang nach Sicherheit zunutze, indem sie gebetsmühlenartig vermittelten: Fossile Brennstoffe sind die Grundlage unseres Wohlstands. Die Warnungen der Wissenschaftler:innen sind übertrieben oder schlichtweg falsch. Wir können so weitermachen wie bisher und müssen uns keine Sorgen machen. Wir müssen weder das Geschäftsmodell der fossilen Megakonzerne hinterfragen noch unseren eigenen Lebensstil anpassen.

In den vergangenen Jahren sind immer wieder neue Dokumente und Protokolle »ans Licht gekommen«, die alle eines belegen: They knew! Sie wussten es! Nicht nur, weil die Verantwortlichen von Shell, Exxon und Co. von den führenden Wissenschaftler:innen der Welt über ihr selbstzerstörerisches Geschäftsmodell frühzeitig informiert wurden, sondern weil ihre eigenen Wissenschaftler:innen teilweise die besten Vorhersagen erstellten. Die Vorhersagen darüber, wie sehr die Zunahme an CO_2 in der Atmosphäre aufgrund der weiter ansteigenden Verbrennung fossiler Energieträger das globale Klima verändern würde, waren nämlich erstaunlich genau und bewahrheiten sich nun in Echtzeit.[13] Die Entwicklungen zeigen: Es geht um weit mehr als ein paar Einschränkungen, ein paar Unannehmlichkeiten oder ein paar Nachteile für bestimmte Gruppen. Es geht darum, dass wir aktuell auf einem sehr guten Weg sind, unsere eigene Lebensgrundlage nicht nur massiv zu beeinträchtigen, sondern gar zu zerstören.

Grenzen überschritten: Unbekanntes Terrain und globaler Gesundheits-Notfall

Es ist einer dieser Tage, an denen ich mich nicht recht entscheiden kann, ob ich das Leben und menschliches Verhalten eher als Komödie oder als Tragödie betrachte. Ich bin in Hamburg für eine journalistische Veranstaltung und auf dem Weg zum Frühstück in einem Hotel bewege ich mich durch die Eingangslobby mit hohen Decken, schlichtem, aber trotzdem irgendwie auffälligem Design. Der moderne Touch, der irgendwo zwischen Freiheit und Gemütlichkeit schwingt. Ich kann mich nicht erinnern, ob Musik läuft, aber in meinem Kopf spielt eine Art Orchester, das mich musikalisch auf die Absurdität der Szenerie hinzuweisen scheint. Irgendwo zwischen Klassik und Hardcore. Denn während ich die friedliche Stimmung an diesem Donnerstagmorgen in einem Hotel irgendwo in Hamburg beobachte, läuft auf den großen Bildschirmen in der Lobby, die fließend in den Frühstücksbereich übergeht, die *Tagesschau*. Ich brauche keinen Ton, um zu wissen, was die Sprecherin dort gerade beschreibt. Ein Bild reicht aus. Ein Bild unseres Planeten. Die »blaue Murmel«.[14] Ich weiß, dass am Tag zuvor eine Studie veröffentlicht wurde, in der 29 Wissenschaftler:innen die erste vollständige Bestandsaufnahme der Belastungsgrenzen der Erde, den sogenannten planetaren Grenzen oder auch Belastbarkeitsgrenzen, veröffentlicht haben.[15] Gemeint sind damit die ökologischen Grenzen des Planeten Erde. Werden sie überschritten, ist nicht nur die Stabilität des Ökosystems der Erde gefährdet, sondern auch die Lebensgrundlage der Menschheit.

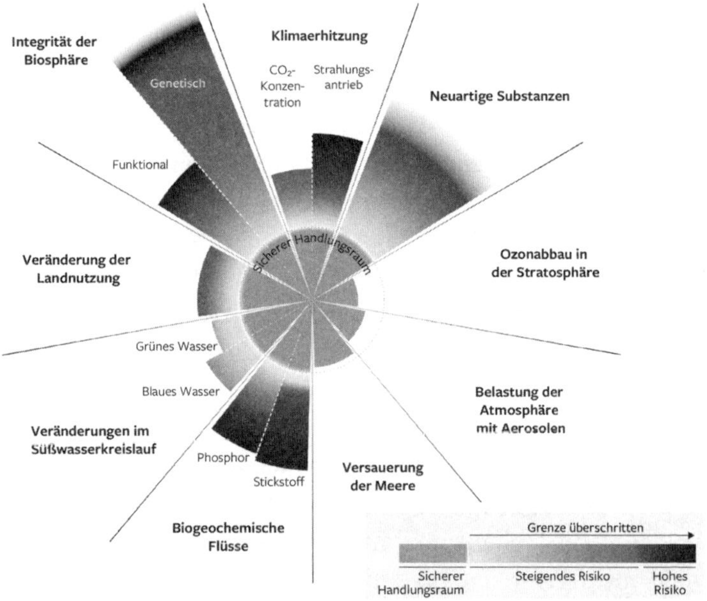

Sechs von neun planetaren Grenzen sind bereits überschritten und sind im »Hochrisikobereich«. Die deutsche Übersetzung der Abbildung stammt vom Sachverständigenrat für Umweltfragen (SRU).

Das Ergebnis ist dramatisch: Sechs der neun planetaren Grenzen sind bereits überschritten. Gleichzeitig überrascht es mich nicht, da in den vergangenen Jahren entsprechende Teilveröffentlichungen zu den einzelnen Grenzen bereits gezeigt hatten, dass wir uns – also die Menschheit insgesamt – bereits in fünf

Bereichen über die jeweilige Grenze befördert haben. Mit anderen Worten: Die lebenserhaltenden Systeme der Erde sind so beschädigt, dass sie sich sehr weit außerhalb dieses sicheren Rahmens für die Menschheit befinden. Auch diese Warnung ist nicht neu, sondern durch Wissenschaftler:innen verschiedenster Disziplinen in den vergangenen Jahren und mittlerweile Jahrzehnten zunehmend deutlicher und eindrücklicher vorgetragen worden.

Und die *Tagesschau* titelt: »Der Erde geht die Puste aus«.[16]

Das ist der Moment, in dem ich mich nicht entscheiden kann zwischen Tragödie und Komödie. Ich werde zum »emotional wabernden Blob«. Denn wie können wir in aller Ruhe zum Frühstück schlendern, während wir gesagt und gezeigt bekommen, in welcher akuten Notlage wir uns befinden? Und wie können wir weiterhin den frisch gebrühten Kaffee schlürfen, wenn wir an die Extremereignisse der letzten Wochen denken, an die heftigen Regenfälle und Überschwemmungen in Slowenien, Österreich, Indien, Japan und China, an die Feuer in Griechenland, Hawaii und Kanada. Und wie bringt die *Tagesschau*-Redaktion es weiterhin fertig, die Nachricht zu den planetaren Grenzen maximal distanziert von uns Menschen zu vermitteln? Frei nach dem Motto: »Der Erde geht die Puste aus? Na und? Solange ich mein morgendliches Rührei genießen kann!«

Lasse ich solche Gedanken und die damit einhergehenden Gefühle der Tragödie einen zu großen Raum einnehmen, steigt ein Mix aus Beklemmung, Verzweiflung und Trauer in mir auf. Aber mir steht ein langer Tag inklusive Bahnfahrt bevor. Also pendele ich zur Komödie und muss tatsächlich lachen. Es ist kein fröhliches, kein ausgelassenes Lachen, wie wir es von Kindern kennen. Es ist ein Lachen mit zynischer Note, ein Lachen wie am Ende einer Geschichte, bei der ich den komischen Protagonist:innen einen besseren Ausgang gewünscht hätte.

Einen Monat und zehn Tage später folgt der nächste Weckruf.

»Das Leben auf dem Planeten Erde ist im Belagerungszustand. Wir befinden uns aktuell auf unbekanntem Terrain. Seit mehreren Jahrzehnten haben Wissenschaftler:innen beständig vor einer von extremen klimatischen Bedingungen geprägten Zukunft aufgrund von eskalierenden globalen Temperaturen aufgrund fortdauernder menschlicher Aktivitäten, die schädliche Treibhausgase in die Atmosphäre freisetzen, gewarnt. Bedauerlicherweise ist die Zeit abgelaufen. Wir sehen die Ausprägung dieser Vorhersagen als eine alarmierende und beispiellose Folge von gebrochenen Klimarekorden, die zutiefst erschütternde Schauplätze des Leids offenbaren. Wir betreten einen unbekannten Bereich unserer Klimakrise, eine Situation, die niemand zuvor in der Menschheitsgeschichte miterlebt hat.«[17]

So beginnt die Bestandsaufnahme zum Klima 2023, die am 24. Oktober erscheint und mich ein weiteres Mal in den Taumel zwischen Tragödie und Komödie versetzt. Ich baue einen Teil dieses ersten Paragrafen in einen Vortrag ein und markiere die Wörter »unbekannten Bereich unserer Klimakrise« in Rot. Ich lese sie erneut und hoffe auf ein Wunder. Oder einen Tagtraum, aus dem ich einfach aufwache und völlig klar ist, dass die Menschheit natürlich nicht gerade auf einem sehr guten Wege ist, ihre eigene Lebensgrundlage zu zerstören. Kurzum: Ich sehne mich nach dem Gefühl von Sicherheit – oder wenigstens einem Hauch davon – und kann das emotionale Wirrwarr in mir kaum ertragen.

Und während ich noch versuche, mir die Augen zu reiben, und auf dieses Aufwachen hoffe, geht es am nächsten Tag direkt weiter: »Zeit, die Klima- und Naturkrise als einen untrennbaren globalen Gesundheits-Notfall zu behandeln«.[18] So lautet der Titel eines schriftlichen Appells, der soeben in mehr als 200 wissenschaftlichen Fachjournalen veröffentlicht wurde.

Die Adressaten sind die Vereinten Nationen, politische Entscheidungsträger:innen und Beschäftigte im Gesundheitswesen. Sie alle werden eindringlich gebeten, die Klimakrise und den Verlust der Biodiversität endlich als zwei Facetten der gleichen übergeordneten Krise zu betrachten. Damit tätigen die Autor:innen einen grundlegenden Schritt, der den »Wettbewerb« um den Titel als »dringendste Krise« ad absurdum führt, und fordern: Wir müssen Klima- und Biodiversitätskrise zusammen denken. Denn diese Metakrise – wie auch immer wir sie vielleicht in Zukunft nennen mögen – anzupacken sei notwendig, um unsere Gesundheit zu erhalten und die endgültige Katastrophe zu vermeiden. Die globale, allumfassende Umweltkrise sei nun so schwerwiegend, dass sie eine globale Gesundheits-Krise sei. Warum? Weil diese »unteilbare planetarische Krise« erhebliche Auswirkungen auf die Gesundheit haben wird, da die sozialen und wirtschaftlichen Systeme zunehmend zerstört werden.

Damit gelingt den Autor:innen, was so viele Medien – inklusive eben erwähnter *Tagesschau*-Beitrag – in den vergangenen Jahrzehnten versäumt haben. Sie tun das, was jeder »Rettet die Umwelt«-Jutebeutel und -Aufkleber verpasst hat. Sie sprechen klar aus, was zahlreiche Umweltschutzinitiativen übersehen oder zumindest nicht ausreichend thematisiert haben.

Was meine ich? Die Nähe des Klimanotfalls und die damit verbundenen Katastrophen zu mir, meinem sozialen Leben, meiner Arbeit und übergeordnet meiner Gesundheit. Sie adressieren die Betroffenheit eines jeden Menschen, wenn es um vermeintliche »Umweltfragen« geht. Was ist damit gemeint? Negativ formuliert besteht für uns alle eine Abhängigkeit von lebenserhaltenden Zuständen auf diesem Planeten. Wir sind abhängig von gewissen Temperaturen, die menschliches Leben zulassen, abhängig von Luft zum Atmen und fruchtbarem Boden sowie der Tatsache, dass es regnet. Wir können diese Abhängigkeit aber auch positiv formulieren. Dann wird aus der Abhängigkeit eine ständige und grundlegende Verbundenheit mit ebendiesen lebensermöglichenden Zutaten. Dann fühle ich mich mit meiner Umgebung verbunden, wenn ich einen tiefen Atemzug nehme, wenn ich Wind, Sonne und Regen auf der Haut spüre. Dann schaue ich auf den Boden als Grundlage für meine Nahrung. Und plötzlich erscheint auch der Begriff Lebens-Mittel in neuem Licht. All das hat mit mir und meinen Gefühlen zu tun.

Mache ich mir die Absurdität all dessen bewusst, ist sie kaum zu ertragen: Teil des vorherrschenden Narrativs der Rationalität im politischen Raum ist bekanntlich die Ansicht, um Fragen zur Umweltpolitik kümmere sich in der Regel in jedem Land die Partei, die irgendwas Grünes im Namen trägt. Schließlich ist in der Natur auch vieles grün.

Was für ein fataler Trugschluss. Also nicht die Sache, dass die Farbe Grün in der Natur häufig anzutreffen ist, sondern die Vorstellung, »Umweltthemen« seien die Verantwortung einer bestimmten Partei. Dieser Trugschluss legitimierte bisher, dass sich andere Parteien nicht »für die Umwelt« interessieren müssen. Und dass wir als Bürger:innen nicht direkt davon betroffen sind, es sei denn, wir engagieren uns in unserer Freizeit im Natur- oder Umweltschutz. Gleichzeitig führte er zu der Vorstellung, dass »umweltfreundliches« Verhalten zwar irgendwie gut und erwünscht ist, aber meistens teuer, kompliziert und uncool daherkommt.

Ein wenig humoristischer auf den Punkt gebracht hat diesen Trugschluss der Meteorologe und Wetter-Moderator Özden Terli, als er im Mai 2022 mit Verweis auf den planetaren Notzustand schrieb, »Physik ist links«.[19] Vielleicht hat er in dem Moment eine ähnliche Absurdität gespürt wie ich in Hamburg. Vielleicht geht es dir gerade auch ein wenig so, wenn du nach diesen Seiten aus dem Fenster schaust, das Frühstück zubereitest oder gleich die Nachttischlampe ausknipsen wirst. Welches Gefühl spürst du, wenn du den Wahnsinnskurs, auf dem sich die Menschheit aktuell befindet, auf dich wirken lässt? Wenn du dir bewusst machst und wirst, dass die Spezies Mensch es »geschafft« hat, die eigene Lebensgrundlage gewaltig aus dem Lot zu bringen. Wenn du das Bild des Klimawissenschaftlers und Seniorprofessors an der Christian-Albrechts-Universität Kiel Mojib Latif auf dich wirken lässt, der den aktuellen Zustand folgendermaßen beschreibt: »Es ist ein Experiment mit ungewissem Ausgang. Wir sind bei dichtem Nebel auf der Autobahn mit Höchstgeschwindigkeit unterwegs.«[20]

Nein, »man« muss kein »umweltfreundlicher« Mensch oder »Öko« sein, um das zu verstehen. Alles, was es benötigt, um sich in »Absurdistan« einmal umschauen zu können, ist ein ehrlicher Blick auf die drei exemplarisch von mir erwähnten Zustandsberichte des Planeten Erde. Und diese dann wirken zu lassen.

Seit Jahren weiß ich von den Leugnungskampagnen der »Machiavellis der Wissenschaft«. Seit Jahren kenne ich die Berichte des Weltklimarats (IPCC)[21] inklusive der Zahlen und Prognosen. Seit Jahren beobachte ich die riesige Diskrepanz zwischen Versprechen und Taten von Individuen, Unternehmen und Staaten mit Blick auf das notwendige Ende unseres fossilen Wirtschaftens und damit selbstzerstörerischen Daseins. Und doch haut es mich jedes Mal erneut um, wenn ich mir verdeutliche, wie wahnsinnig und irre all das vor dem Hintergrund der aktuellen Notfalllage ist.

Unweigerlich lande ich wieder bei der Frage »Tragödie« oder »Komödie«? Unweigerlich stelle ich erneut fest, dass das menschliche Gehirn das faszinierendste und frustrierendste Organ zugleich ist. Fast unweigerlich lande ich dann meist bei einem Cartoon, der es besser auf den Punkt bringt als jede lange Beschreibung.

"I went back to warn them, but they already knew and didn't seem to care."

Warum? Warum hielten und halten die Verantwortlichen inklusive der Politiker:innen, die entsprechende Rahmenbedingungen schafften und aufrechterhalten (wollen), am eigenen – vermeintlich sicheren – Geschäftsmodell fest? Meine Antwort: Weil sie sich nicht vorstellen konnten und können, wie es anders gehen könnte. Weil sie Angst haben, die häufig bequemen Sicherheiten – auch hier geht der Blick zu den Verantwortlichen in Politik auf allen Ebenen inklusive der Rechtsprechung – zu verlieren. Weil sie nicht in der Lage sind, den Blick von den kurzfristig attraktiven finanziellen Gewinnen zu lösen und eine mittel- und langfristige Perspektive einzunehmen. Sie können oder wollen nicht begreifen, dass sie ihre eigene Lebensgrundlage inklusive jeglicher finanzieller Gewinne mit ihrem eigenen Handeln zerstören.

Dieser Gedanke der Selbstzerstörung lässt mich jedes Mal erneut wieder zum »emotionalen Blob« werden. Ein Wust aus

Gedanken und Gefühlen vereinnahmt mich dann von den Haarspitzen auf Scheitelhöhe bis hin zu den Fußsohlen. Das Einzige, was dann hilft, ist, sich des eigenen Daseins (wieder) bewusst zu werden. Am besten, indem ich die Aufmerksamkeit auf eine bestimmte Sache in meiner Umgebung richte. Ein Bild, ein Geräusch, einen Geruch, eine Berührung auf der Haut oder einen Geschmack. Dann merke ich, wie ich langsam wieder ruhiger und sortierter werde – und spüre gleichzeitig eine riesige Erschöpfung. Es ist diese Erschöpfung, die ich in den vergangenen Jahren bei so vielen Menschen beobachtet habe und die mir immer wieder gespiegelt wurde. Vor allem von denen, die sich tagtäglich für eine lebenswerte Zukunft auf der Erde einsetzen. Sie sehnen sich nach Erholung und Aufatmen.

Demgegenüber steht die Gruppe derer, die noch nicht begriffen haben, nicht begreifen wollen oder können, was auf dem Spiel steht. Ihnen fehlt häufig grundlegendes Wissen zum Status quo. Sie schauen mich nicht selten mit großen Augen an, wenn ich vom Überschreiten planetarer Grenzen berichte und ihr Feindbild von einer »grünen Ideologie« und »Verbotspolitik« zumindest ein kleines bisschen ins Wanken gerät.

In diesen Momenten des Erkennens wird vor allem stets eines deutlich: Es geht um drei Ebenen, die uns Menschen ausmachen. Die globale Ebene inklusive sämtlicher geopolitischer Fragen, die gesellschaftliche Ebene mit all ihren Strukturen wie Unternehmen, Bildungseinrichtungen und Zivilbevölkerung und die individuelle Ebene eines jeden Menschen, der versucht, sein Leben zu leben.

Genau in diesem Versuch eines jeden Menschen liegt der Kern aller Veränderung, aller Freiheit und aller Innovation versteckt. Denn das, was uns Menschen von allen anderen Lebewesen auf diesem Planeten unterscheidet, ist die Fähigkeit, uns selbst hinterfragen zu können.

Wir Menschen sind in der Lage, unser Verhalten bewusst zu

ändern, und sind dem »eigenen Schicksal« nicht unweigerlich ausgeliefert. Doch neben dem Narrativ der Rationalität erzählen wir uns mit Blick auf die aktuellen globalen Herausforderungen auch immer häufiger und lauter eine andere fatale Geschichte: »Wir als Einzelpersonen haben doch ohnehin keinen Einfluss auf das politische Geschehen.« Auch das ist ein Trugschluss, den ich in diesem Buch auflösen möchte. Große und überwältigende Herausforderungen wie der Klimanotfall schweben nicht im luftleeren Raum der institutionellen Politik, sondern betreffen uns als Individuen im Alltag. Darum ist es essenziell, dass wir uns endlich als Einzelpersonen und als Gesellschaft viel stärker weiterentwickeln. Wir dürfen nicht den Kopf in den Sand stecken oder – noch schlimmer – so tun, als könne alles bleiben wie gehabt. Nur wenn wir jetzt eine andere Perspektive auf Politik und auf unsere Gefühle entwickeln, schaffen wir die notwendigen Schritte für eine lebenswerte Zukunft.

Das klingt nach einer großen Idee, und das ist es auch. Die gute Nachricht: Du kannst das. Du kannst dir selbst bewusst werden und (hinter-)fragen, was du gerade tust. Du kannst begreifen, dass du – wie all die anderen acht Milliarden Exemplare deiner Spezies – dich nur nach dem einen sehnst: dem Gefühl von Sicherheit. Und dann kannst du, dann kann ich und dann können wir beginnen, uns der eigenen Gefühle als Antrieb für alles Tun und Handeln bewusst zu werden. Dann können wir gemeinsam radikal emotional sein. Dann können wir unser rationales Politikverständnis überdenken. Können begreifen, dass ein besserer Umgang mit allen Krisen, die uns umtreiben, nur gelingen kann, wenn wir endlich aufhören, Verstand und Emotionen voneinander zu trennen. Egal ob es gerade um den Klimanotfall, Migrationsdebatten oder Identitätspolitik geht. Denn nur, wenn wir Verstand und Emotionen zusammen denken und danach handeln, können wir konstruktiv leben und Politik gestalten.

Wir können anerkennen, dass wir immer und überall von unseren Emotionen mitbestimmt werden und so unsere Gefühle nicht nur politisch sind, sondern auch »Politik machen«. Wir können begreifen und annehmen, dass jede vermeintlich private Alltagsentscheidung immer politisch ist.

Wie das vielleicht gelingen kann, darum soll es in diesem Buch gehen. Die wichtigste Voraussetzung ist, dass wir es wirklich wollen. Wir müssen also radikal sein, denn radikal heißt in der ursprünglichen Bedeutung nichts anderes, als Dinge bei der Wurzel zu packen.[22] Dann können wir uns – kannst du dich – auf einen grundsätzlichen Umgang mit diesen Erkenntnissen einlassen. Meine Einladung: eine neue Reifeprüfung für das 21. Jahrhundert in drei Schritten. Damit diese drei Schritte gelingen, müssen wir das alte, »statische Denken«, das uns im »Hier und Jetzt« verharren lässt, hinter uns lassen und stattdessen »dynamisch« denken. In meinem letzten Buch *Raus aus der ewigen Dauerkrise: Mit dem Denken von morgen die Probleme von heute lösen*[23] habe ich das Konzept des »dynamischen Denkens« anhand von drei Zutaten entwickelt. Keine Angst, du musst die *Dauerkrise* nicht gelesen haben! Während ich meine Überlegungen für die »radikale Emotionalität« in den vergangenen Monaten zunehmend konkretisierte, stellte ich fest, dass die drei Zutaten des »dynamischen Denkens« wunderbar zu den drei Schritten der radikalen Emotionalität passen:

Schritt 1: Emotionale Reife durch radikale Aufmerksamkeit

Nur wenn wir radikal aufmerksam sind, können wir unsere eigenen Emotionen wahrnehmen und unsere Entscheidungen besser verstehen. Dynamisch denkend bedeutet das, sich immer auf das »Wofür« statt auf das »Wogegen« zu konzentrieren.

Schritt 2: Kommunikative Reife durch radikale Ehrlichkeit

Nur wenn wir radikal ehrlich miteinander kommunizieren, können wir die gesellschaftlich notwendigen Veränderungen für eine lebenswerte Welt bestreiten. Dynamisch denkend erzählen wir uns so neue Geschichten, vor allem darüber, was »normal« und »erfolgreich« ist.

Schritt 3: Soziale Reife durch radikale Verbundenheit

Nur wenn wir die falschen Trennungen zwischen Gefühl und Verstand, zwischen Privatem und Gesellschaftlichem, zwischen Mensch und Umwelt überwinden, können wir uns radikal verbunden fühlen. Das ist grundlegend für echtes zukunftsorientiertes Denken und Handeln. Dynamisch denkend überwinden wir so unser Lagerdenken und finden neue Antworten auf die Frage, wer und was dazugehört.

Bist du bereit?

I Radikale Aufmerksamkeit

»Die Kunst, weise zu sein, ist zu wissen, was übersehen werden kann.«

William James

Irgendwann fing es an. Dieses Gefühl, dass wir unsere Welt kaum wiedererkennen – vieles scheint anders. Je nach Tagesform rutscht dann auch mal ein »nichts ist mehr, wie es war« raus. Oder wenn es ganz dicke kommt, ertappen wir uns dabei, wie unser viel zu schwer gewordener Kopf auf den verspannten Schultern in eine leichte Nickbewegung übergeht, wenn unser Gegenüber sich nach einer romantisierten Vorstellung von früher sehnt. Frei nach dem Motto: »Früher war doch alles irgendwie besser.« Und selbst wenn wir das »Besser« nicht komplett unterschreiben können, war es zumindest einfacher, übersichtlicher. Es gab weniger Optionen, weniger Ungewissheit. Die Wahl zu haben war noch etwas Gutes, weil sie uns das Gefühl vermittelte, uns entscheiden zu können. Da schwang ab und zu ein Hauch von Freiheit mit. An der Eistheke, im Schuhgeschäft oder dem Möbelladen. Zwischen Ausbildungswegen, Jobangeboten und Bausparverträgen. Aber irgendwann multiplizierte sich alles – und auf einmal war es nicht mehr einfach, sich zu entscheiden. Statt drei gab es 30 und schnell über 100 Fernsehprogramme, bevor Mediatheken und Streamingdienste die Auswahl in jedem Moment ins schier Unendliche katapultierten. Parallel brauchten wir plötzlich einen Internet- und mindestens einen Mobilfunktarif. Das Smartphone wurde zum ständigen Begleiter, vielleicht verbunden mit anderen internetfähigen Endgeräten, die auf einmal auch noch »smart« sein sollen. Die Geräte selbst eröffneten jeweils wieder unbegrenzte Auswahlmöglichkeiten – und sei es nur für die eigene Nachfolge. Und auch wenn wir gar nicht nach diesen Entwicklungen gefragt hatten, verlangte unsere Umgebung immer mehr, dass wir uns positionieren mussten. Dafür oder dagegen. Früher mussten wir vielleicht Staubsaugervertreter:innen an der Tür abwimmeln oder haben uns über die Großplakate mit Zahnpastalächeln und Fitnessstudiowerbung geärgert. Doch auf einmal warteten Tausende bunte, blinkende Banner auf unseren smarten Geräten. Und wir gewöhnten uns an, Handy und Co. immer häufiger aus der Tasche zu ziehen. Schließlich konnten wir nun immer und überall erreichbar sein. Zumindest da, wo es Netz, Empfang und WLAN gab. Nicht nur unsere Geräte waren jetzt *Always On Always Connected,* sondern auch wir selbst.

Manchmal fühlten wir uns dabei auf eine zunächst unbestimmte Art und Weise ermüdet, ein wenig überfordert und erschöpft. Denn auch unser Gehirn ist überfordert, wenn es andauernd entscheiden soll.[1] Entscheiden zwischen Anschauen oder Wegschauen, zwischen Antworten oder Ignorieren, zwischen Tarif 345b oder Farbcode 34, zwischen 45 staatlichen und 54 privaten Vorsorgeplänen, zwischen 200 Matches auf unsere Kontaktanzeige, zwischen 56 Studiengangsprofilen oder 65 Ausbildungsoptionen. Und während die ersten Digital-Detox-Gurus digitales Geld mit dem Abschalten verdienten, hatten viele Menschen das Gefühl, dass sich die Überforderungsspirale weiter abwärtsdrehte. Denn die digitalen Endgeräte erlaubten uns nicht nur den ständigen Zugang zu Supermärkten, Seifenopern und potenziellen Sexpartner:innen, sondern versorgten uns auch mit Live-Feeds zu den Konflikten, Kriegen und Katastrophen in der Welt. Und weil wir weder digital noch analog wie der Ochs vorm Berg dastehen wollen, haben wir mit zunehmender Informationsfülle auch ein zunehmendes Bedürfnis, uns zu all diesen Dingen zu positionieren. Vielleicht nicht fundiert, aber auf jeden Fall deutlich. Während es »früher« reichte, sich für oder gegen Atomkraft zu positionieren, für die *FAZ* oder für die *taz* Geld auszugeben und entweder für gleichgeschlechtliche Liebe zu kämpfen oder sie zu verteufeln, vergeht heute kaum ein Tag, an dem wir nicht das Gefühl haben, dass wir zu irgendetwas eine Haltung einnehmen sollten. Selten geht es dabei um etwas »Gutes« oder »Schönes«. Stärker noch: Meistens geht es um die Bedrohung unserer Sicherheit, nach der wir uns doch wie in der Einleitung beschrieben alle so sehr sehnen.

Spätestens seit Beginn der Corona-Pandemie im Frühjahr 2020,[2] bei der es auf einmal nicht mehr nur 80 Millionen Fußballtrainer:innen in Deutschland gab, sondern auch 80 Millionen Pandemieexpert:innen, wurde uns klar: Ein simples Virus kann unsere globalisierte Ordnung im Großen und unser Gefühl von Selbstbestimmung und gesundheitsbewusstem Verhalten im Kleinen vollständig auf den Kopf stellen. Während wir zwei Jahre später zu Beginn des Jahres 2022 gebeutelt, aber nicht wenig erschöpft, auf ein frühlingshaftes Aufatmen hofften, folgte der Angriff Russlands auf die Ukraine. Der Angriff war und ist auch ein Angriff auf unsere Idee von Europa und das damit verbundene Gefühl von Sicherheit. Selbst wenn wir noch nie zuvor strukturiert über damit verbundene geopolitische Fragen nachgedacht hatten, sahen wir uns auf einmal im Zugzwang, von heute auf morgen Positionen zu möglichen Waffenlieferungen, Verhandlungsprotokollen und strategischen Treffen zu entwickeln – oder sie am besten schon zu haben. Der letzte Rest Sicherheitsgefühl ging vielen verloren, als im Oktober 2023 der Nahostkonflikt eskalierte.

Zwischendrin Haushaltslöcher, Heizungsdebatten, Höhenflüge von rechtspopulistischen Positionen und Hitzetote. 2023 war das heißeste Jahr seit Beginn der Wetteraufzeichnungen 1850,[3] 2024 wird diesen »Trend« sehr wahrscheinlich fortsetzen.[4] Den Klimanotfall erlebten wir live mit bei der Ahrtalkatastrophe, brennenden Wäldern und evakuierten Ortschaften aufgrund von Überschwemmungen. Klimageflüchtete innerhalb des eigenen Landes.

Welche Krise ist gerade die wichtigste? Die schlimmste? Welche trendet gerade besonders? Während wir diese Frage täglich neu zu beantworten versuchen, stecken uns die Krisen der vergangenen Jahre nicht nur in den Knochen, sondern überall. Wir sind insgesamt erschöpft. In den wissenschaftlichen und öffentlichen Debatten zur Lage der Nation gibt es für dieses Gefühl mittlerweile eine bunte Palette an Wortneuschöpfungen, zum Beispiel gepaart mit dem Wort »Veränderung«. Veränderungsmüdigkeit, Veränderungserschöpfung[5] oder gar Veränderungsverweigerung.

Im Dezember 2023 kürte die Gesellschaft für deutsche Sprache wie jedes Jahr das Wort des Jahres. Auf Platz 1 landete »Krisenmodus«.[6] In der Begründung fasste die Geschäftsführerin Andrea Ewels zusammen, was sich wohl mit den Eindrücken vieler Menschen deckt: »Die Liste spiegelt die Realität wider, und die Realität ist derzeit ziemlich düster.« Die Gesellschaft befinde sich seit 2020 im Krisenmodus,[7] und der Ausnahmezustand sei längst zum Dauerzustand geworden. Moment mal … Da hat sich die Gesellschaft für deutsche Sprache selbst ein Ei gelegt: Wenn die Ausnahme zur Regel geworden ist, ist sie keine Ausnahme mehr. Hinter dieser kleinen Paradoxie steckt jede Menge Bedeutung[8] – und ich bin davon überzeugt, dass in ihr die zentrale Herausforderung unserer Zeit zu finden ist. Diese besteht nicht darin, eine Krise nach der anderen abzuarbeiten. Besteht nicht darin, dass wir uns innerhalb weniger Stunden als digitale Nomaden und Nachrichtenjunkies zu jedem Thema und jeder Krise ein Basiswissen aneignen, um mitreden und entscheiden zu können. Und sie besteht auch nicht darin, das alles nicht zu sehr an uns herankommen zu lassen, um nicht vollends durchzudrehen. Nein.

Die größte Herausforderung auf individueller, gesellschaftlicher und globaler Ebene besteht darin, zu begreifen und zu akzeptieren, dass sich vieles verändern wird. Auch vieles von dem, was als »normal«, als unveränderbar, als sicher und stabil geglaubt war. Um damit gut und besser als bisher umzugehen und im besten Falle diese Veränderungen mit offenen Armen und Hirnen zu empfangen, sie mitzugestalten und andere dazu einzuladen, das ebenfalls zu tun, müssen wir zunächst vom »wir« ins »ich«.

Was brauchst du dafür? Ein ehrliches Verständnis von dir selbst. Das erlangst du, indem du an die Wurzeln deiner Überzeugungen, Werte und damit verbundenen Emotionen gehst. Indem du ganz vorsichtig und dann vielleicht immer mutiger damit beginnst, deine Überzeugungen zu hinterfragen. Dazu gehört auch, bisherige Ansichten infrage zu stellen und bei jeder neuen Erkenntnis einen kleinen oder großen »Aha-Moment« zu erleben. Ich nenne diese eindrücklichen Momente gern »Plopp-Momente«, weil es gefühlt laut »Plopp« macht in meinem Kopf – so als hätte sich etwas in meinem Gehirn gelöst, als wäre etwas in mir in Bewegung gekommen.

Darum besteht der erste Schritt der von mir vorgeschlagenen radikalen Emotionalität und der damit verbundenen neuen Reifeprüfung für das 21. Jahrhundert in der ganz persönlichen **emotionalen Reife.** Die gibt es nicht auf Knopfdruck, nicht per E-Mail oder App und nicht auf Rezept. Es gibt sie nicht im Wochenendkurs oder Video-Tutorial. Und auch dieses Buch ist nur ein erster Schritt in einem langen Prozess. Aber ich möchte versuchen, dich einzuladen, dich auf die Reise zu machen. Keine All-inclusive- oder Pauschalreise, sondern eine Reise mit unsicherem Verlauf und Ausgang. Wie jede Reise, die sich so gestaltet, beginnt sie mit Fragen, die du dir selbst immer wieder stellen kannst. Und die dich jedes Mal ein kleines Stückchen aus der Sicherheit, der eigenen Komfortzone und dem bisher bekannten Raum des Denk- und Spürbaren herauslocken. Es geht darum, dich selbst als Person in deinen unterschiedlichen Rollen als Freundin, als Partner, als Eltern, als Kind, als Großeltern oder als Enkel, als Angestellter oder Chefin, als Wählerin oder Politiker besser zu verstehen. Es geht um radikal ehrliche Antworten auf die Fragen:

Was fühle ich?
Worauf achte ich?
Wie bin ich?

Um diese Fragen der Unterkapitel dieses ersten Teils des Buches für dich zu beantworten, brauchst du nur leichtes Gepäck auf die Reise mitzunehmen. Du brauchst keine sieben Sachen, sondern lediglich eine, die streng genommen gar keine Sache ist und keinen Platz in Anspruch nimmt. Einzige Grundvoraussetzung ist, dass du sie, sooft es geht, einsetzt und so selten wie möglich aus den Augen und sämtlichen anderen Sinnen verlierst. Es geht um nichts Geringeres als deine wertvollste Ressource, die du in jedem Moment zur Verfügung hast. Es geht um deine Aufmerksamkeit. Und auch hier geht es um radikale Aufmerksamkeit, auf das, was dich in jedem Moment und als Individuum ausmacht.

Zum ersten Schritt unserer gemeinsamen Reise, der radikalen Aufmerksamkeit, brauchen wir entsprechend die erste Zutat des bereits am Ende der Einleitung vorgestellten dynamischen Denkens. Also: *»Wofür?« statt »Wogegen?«!* Nun lade ich dich ein, jederzeit radikal aufmerksam nach einem »Wofür« zu schauen.

Frage 1: Was fühle ich?

Ich habe dieses Buch mit der Frage »Wie geht es dir?« begonnen. Vielleicht geht es dir mit dieser Frage wie mir, und du fühlst dich zunehmend weniger in der Lage, darauf eine gute Antwort geben zu können. Entweder weil du die Antwort selbst nicht kennst. Oder weil du nicht das Gefühl hast, dein Gegenüber hat ein ehrliches Interesse an deiner Antwort. Oder weil du die Antwort für zu persönlich, zu privat hältst, als dass du sie mit deinem Gegenüber teilen wolltest. Vielleicht trifft sogar alles drei ein wenig zu. In jedem Fall hängt deine Antwort auf die Frage ganz entscheidend vom Gegenüber und der jeweiligen Situation ab.

Nehmen wir mich als Beispiel: Natürlich reagiere ich auf »Wie geht es dir?« anders, wenn mich meine beste Freundin fragt, ein Kollege oder die Veranstalter einer Konferenz, bei der ich im Begriff bin, einen Vortrag zu halten. Genauso erwarte ich eine unterschiedliche Antwort, wenn ich die Studentin vor der mündlichen Abschlussprüfung, meine Oma im Krankenhaus oder einen Freund, den ich länger nicht gesprochen habe, jeweils nach ihrem Befinden frage. Und natürlich ist es gut und richtig, dass wir in privaten, beruflichen und gesellschaftspolitischen Unterhaltungen unterschiedlich stark unser persönliches Befinden preisgeben – sofern wir in der Lage dazu sind.

Die zentrale Aufgabe radikaler Aufmerksamkeit beschäftigt sich aber mit der Ebene davor und beginnt mit einer anderen: »Was fühle ich?« Erst wenn wir uns mit dieser und zwei weiteren Fragen auseinandergesetzt haben, können wir uns damit beschäftigen, wie wir unsere Gefühle mit anderen teilen.

Zu Beginn dieses Kapitels möchte ich unsere Befindlichkeit als »emotionale Blobs« ausführen. Es wird darum gehen, welche Gefühle und Sehnsüchte grundlegend für menschliches

Wohlbefinden und Handeln sind (»Wir wollen alle nur das Eine«), wie wenig die meisten Menschen über die Vielfalt der eigenen Emotionen wissen (»Emotionale Analphabet:innen«), und die zentrale Erkenntnis, dass Emotionen von sich aus weder gut noch schlecht, noch irgendetwas dazwischen sind (»Es gibt keine negativen Emotionen!«).

Ich möchte die Reise der emotionalen Reife mit einer Beobachtung über unser Zusammenleben beginnen, die wunderbar auf den Punkt bringt, was wir eigentlich alle irgendwie über uns als »emotionale Blobs« wissen oder zumindest spüren. Dabei geht es darum, an was wir uns im täglichem Austausch mit anderen Menschen erinnern und an was eher nicht. Häufig vergessen Menschen, was wir ihnen gesagt haben, und manchmal auch, was wir in ihrer Gegenwart getan haben. Aber sehr selten vergessen sie, wie wir sie haben fühlen lassen. Vielleicht nickst auch du gerade innerlich mit dem Kopf und erinnerst dich möglicherweise an eine intensive Begegnung mit einem Menschen, der dich in eine bestimmte Stimmung versetzt hat. Eine Gefühlslage, die – auch wenn die Begegnung bereits viele Jahre zurückliegt – sich so »anfühlt, als sei es gestern gewesen«. Selbst wenn es dir schwerfällt, dieses Empfinden in Wörter zu fassen, bist du dir wahrscheinlich sicher, dein damaliges Empfinden sofort wiedererkennen zu können, sollte es nochmals auftreten. Die Verbindung aus Sprache und emotionaler Vielfalt wird später noch Thema. Hier geht es mir um die Quintessenz dieser Beobachtung, die eine zentrale Qualität menschlichen Lebens auf eine nahbare und nachvollziehbare Art zusammenfasst. Denn es gibt unzählige kognitions- und neurowissenschaftliche Studienergebnisse aus der Gedächtnisforschung, aus denen ich eine einfache Faustregel ableiten kann: Je emotionaler eine Erinnerung, desto besser und intensiver wird sie abgespeichert.[9]

Angenommen, wir hätten das alle verstanden. Wie kann es dann sein, dass wir uns häufig entschuldigen, wenn wir Gefühle und Emotionen halb öffentlich zeigen. Wenn wir uns beispielsweise ein wenig verlegen entschuldigen, wenn uns »aus Versehen« eine Träne über die Wange rollt, weil wir traurig sind oder uns etwas sehr bewegt. Unsere Reaktion gleicht der bei einem Niesen, einem Husten oder einer anderen körperlichen Äußerung, die ungeplant für Aufmerksamkeit sorgt. Gegebenenfalls schieben wir noch ein »Entschuldigen Sie, dass ich so emotional reagiere!« hinterher, während wir mit einem Taschentuch schnell alle Spuren des ungeplanten Gefühlsausdrucks beseitigen. Oder wir werten uns selbst ab, beschreiben uns gar als pathetisch.

So landen wir mal wieder in Absurdistan, weil wir zwar wissen, wie sehr Gefühlsäußerungen zum menschlichen Dasein dazugehören, aber trotzdem bestimmte Verhaltensmuster zeigen, um sie tunlichst zu vermeiden. Diese Differenz zwischen »wissen« und »handeln« zeigt, dass es uns schwerfällt, auf die grundlegende Ebene der Gefühle und Emotionen zuzugreifen, die uns als Spezies ausmacht.[10]

An dieser Stelle bietet sich eine kurze Einordnung der beiden Begriffe Gefühle und Emotionen an. Denn auch wenn dies kein wissenschaftliches Lehrbuch oder Ähnliches ist, lohnt sich ein kurzer Blick auf eine interessante Entwicklung in der psychologischen und neurowissenschaftlichen Forschung zu diesem Thema.

Vorab sei gesagt, dass auch nach über einem Jahrhundert Emotionsforschung[11] noch unklar ist, was genau eine Emotion eigentlich ist.[12] Das ist auf der einen Seite beunruhigend, weil ich, selbst wenn ich wollte, hier keine klare, einheitliche Definition liefern kann. Auf der anderen Seite finde ich es einen wundervollen Gedanken, weil es so viel Raum für neue Entdeckungen gibt. Selbst nach jahrzehntelanger Untersuchung, teilweise mit dem Einsatz moderner bildgebender Verfahren der Neurowissenschaften, mit denen die neuronalen Strukturen und Vorgänge von emotionaler Verarbeitung live beobachtet werden können, haben wir keine klare Antwort auf die Frage, was eine Emotion eigentlich ist. Unterschiedliche Ansätze gibt es viele. So wurden Emotionen beispielsweise als »evolutionäre, grundlegende Affektprogramme«,[13] als »soziale und kulturelle Konstruktionen des Geistes«[14] und als »Mehrkomponenten-Prozesse, getrieben durch Beurteilungen einer Situation«[15] konzeptualisiert. Ohne die damit verbundenen unterschiedlichen Theorien und entsprechende Forschungsergebnisse an dieser Stelle ausführlicher zu beleuchten, fällt bei der Literatur zu den unterschiedlichen Positionen auf, dass Forschung zu einer Theorie selten einen Blick nach links oder rechts auf die anderen Theorien wirft. Ein möglicher Hinweis darauf, dass vermutlich auch die Auseinandersetzung über die mögliche »richtige« Emotionstheorie ein emotionales Unterfangen zu sein scheint. Da wird sicherlich leidenschaftlich an der eigenen Theorie festgehalten.

Was also können wir mit Sicherheit über Emotionen und Gefühle sagen? Als gemeinhin anerkannt gilt, dass Gefühle einen neurophysiologischen Zustand meinen, der uns bewusst zugänglich ist. Wir können sagen, wenn uns etwas schmerzt oder uns etwas erregt. Dafür benötigen wir keinen bildgebenden Gehirn-Scan, sondern spüren es einfach. Vielleicht ausgelöst durch ein scharfes Messer oder eine schöne Berührung. Wie genau die neurophysiologische Basis des entsprechenden Gefühls »aussieht«, ist der Inhalt aktueller Forschungsprojekte von zahlreichen Neurowissenschaftler:innen, und wir werden davon auch einige besser kennenlernen. Was wir aber mit Sicherheit wissen – nur um es noch einmal festzuhalten: Gefühle sind neurophysiologisch, finden also im Gehirn statt.

Das Gleiche gilt für Emotionen. Anders als die einfachen, bewusst zugänglichen Gefühle, sind sie komplexer und involvieren meist verschiedene Gefühle, Stimmungen und Eindrücke. Wir können sie nicht immer klar benennen. Manchmal, weil wir selbst noch gar nicht wissen, was gerade in uns vorgeht. So wie wenn wir ständig an diese eine bestimmte Person denken müssen, aber uns noch nicht klar ist, dass wir gerade dabei sind, uns zu verlieben. Oder wenn wir neu in eine fremde Stadt gezogen sind und uns eine gewisse Schwere aufgrund damit verbundener Abschiede umgibt, ohne dass wir die aufkommende Trauer direkt klar benennen können.

Aufbauend auf diesem Grundverständnis zu Gefühlen und Emotionen werden die schon angesprochenen Entwicklungen in der Gefühls- und Emotionsforschung umso interessanter. Denn hier ist etwas Erstaunliches passiert: Statt auf Biegen und Brechen an der eigenen Überzeugung und Theorie festzuhalten, bewegte das Buch *How Emotions Are Made*[16] der renommierten Neurowissenschaftlerin und Psychologieprofessorin an der Northeastern University Lisa Feldman Barrett die Autorin und Unternehmerin Stella Collins dazu, ihr Standardwerk *Neuroscience for Learning and Development*[17] zu revidieren und die bis dato gemeinhin anerkannte Vorstellung von Gefühlen und Emotionen zu hinterfragen.

Bisher war die Vorstellung geläufig, Emotionen würden aufgrund bestimmter äußerlicher Einflüsse – wie dem Messer, an dem wir uns schneiden, oder der tolle Mensch, in den wir uns verlieben – fast automatisch »passieren«. Darin steckt auch etwas Beruhigendes, denn immerhin befreit es uns aus der aktiven Rolle und entlässt uns in eine gewisse Widerstandslosigkeit. Frei nach dem Motto: »Ich konnte nicht anders!« Gleichzeitig ist die Vorstellung, dass wir alle nahezu automatisch auf Anlässe, Auslöser und Reize mit bestimmten Gefühlen wie Wut, Angst, Ekel und Freude reagieren, auch auf gewisse Weise ein Gleichmacher. Egal ob arm oder reich, Frau oder Mann, Beamtin oder Bettler, die scharfe Klinge eines Messers an der Fingerkuppe schmerzt sie alle.

Doch bevor wir es uns mit dieser Vorstellung zu gemütlich machen, lohnt ein tieferer Blick auf die Forschungsergebnisse der letzten Jahrzehnte, unter anderem die der bereits angesprochenen Lisa Feldman Barrett und ihren Kolleg:innen. Sie zeigen: Emotionen entstehen nicht in geschlossenen neuronalen Schaltkreisen. Stattdessen sind sie immer von uns konstruiert. Wir selbst sind somit stets Architekt:innen unserer eigenen Erfahrungen und Gefühlswelten. Bestimmt werden diese durch einen Mix aus Einflüssen aus der Umwelt, inklusive der eigenen Kultur, Erfahrungen aus der Vergangenheit mit all unseren Erlebnissen und – Achtung, jetzt kommt die Sache mit dem »Wofür« statt »Wogegen« zum Einsatz – unseren Erwartungshaltungen, Hoffnungen und Wünschen.[18]

Diese Erkenntnis ist revolutionär. Vielleicht bist du gerade noch damit beschäftigt, dich damit anzufreunden, dass wir mit dem Gehirn fühlen, und schon folgt der nächste Hammer. Unsere Gefühlswelt ist alles andere als deterministisch und »stabil«. Stattdessen fühlen wir heute (selbst in gleicher Umgebung) anders als morgen und werden unsere Gefühle von unseren Erwartungen beeinflusst. Und zuletzt, aber nicht weniger wichtig, fühlst du anders als ich – oder besser gesagt: Ich konstruiere meine Gefühlswelt anders als du deine. (Hier deutet sich eine große kommunikative Herausforderung an!) Das alles bedeutet, dass wir als Individuen unsere eigenen emotionalen Konzepte, die unseren Gefühlen und Emotionen zugrunde liegen, ständig beeinflussen und verändern. Um das bewusster zu tun, brauchen wir die emotionale Reife, um die es hier geht.

Das alles mag vielleicht noch ein wenig abstrakt klingen. Umso wichtiger ist es, die grundlegende Rolle emotionaler Reife nun auf den Boden der Tatsachen zurückzuholen. Der vielleicht größte Fehler, den Menschen, die andere Menschen von etwas überzeugen wollen, machen können – und täglich noch immer machen –, ist anzunehmen, dass wir eine Art »objektive:r Informationsverarbeiter:innen« sind. Frei nach der falschen, aber nicht wenig populären Vorstellung: Wenn wir einen Menschen mit genügend Informationen versorgen, wird er es schon irgendwann verstehen und auf eine bestimmte Art und Weise reagieren (idealerweise in der Form, die sich die Überzeugenden wünschen). Schließlich funktioniert das bei Computern ja auch! Wenn es doch so einfach wäre … Ja, wenn. Dann wäre niemand übergewichtig oder würde rauchen, weil Menschen auf den Rat ihrer Ärzt:innen hören würden. Dann würden wir uns alle genug bewegen und auf unsere Lungen achtgeben, weil wir doch alle wissen, wie wichtig das für eine gute Gesundheit ist. In jedem Fall gäbe es zumindest keine übergewichtigen und rauchenden Ärzt:innen, denn die haben die Information doch täglich vor sich!

Die Profession, die wohl am lautesten ein Lied davon singen kann, dass das menschliche Gehirn kein Computer ist, den sie nach Belieben mit Informationen füttern kann, um daraufhin vernünftige Entscheidungen zu ermöglichen, ist die der Klimawissenschaftler:innen beziehungsweise aller Wissenschaftler:innen, die die letzten Jahrzehnte damit verbracht haben, Informationen zu klimatischen Veränderungen und anderen planetaren Grenzen aufgrund menschlichen Verhaltens an Öffentlichkeit, Politik und Wirtschaft zu kommunizieren. Egal ob der bereits genannte Physiker Edward Teller mit seinen Warnungen im Jahr 1959 bei der *Energy and Man,* die US-amerikanische Biologin Rachel Carson, die mit ihrem Buch *Silent Spring*[19] von 1962 den Ausgangspunkt der US-amerikanischen Umweltbewegung markiert, die Autor:innen des 1972 erschienenen Berichts *The Limits to Growth*[20] oder der US-amerikanische Klimaforscher James Hansen, der am 23. Juni 1988 den US-Senat darüber informierte, dass die globale Erwärmung mit 99-prozentiger Wahrscheinlichkeit auf von Menschen ausgestoßene Treibhausgase zurückzuführen sei.[21] Die Liste ließe sich über viele Hundert Seiten fortsetzen – und selbst wenn du sie dann gelesen und gar auswendig gelernt hättest, würdest du – genau wie ich und fast alle anderen Menschen – sehr wahrscheinlich nicht dein Leben auf den Kopf stellen, um entsprechend der verinnerlichten Informationen zum globalen

Notfall zu handeln. Aus dem einfachen Grund, weil es nicht Informationen in Form von wissenschaftlichen Erkenntnissen sind, die uns und unser Verhalten verändern. Es sind andere Informationen. Informationen, die wir häufig gar nicht als solche deklarieren. Weil sie sich doch vor allem fühlen lassen – wir können sie nicht einfach aufschreiben, übermitteln oder greifen.

Trotzdem hoffe ich, dich bisher so weit mitgenommen zu haben, dass du bereit bist, auch Gefühle und Emotionen als Informationen anzuerkennen. Als einen Mix aus neurophysiologischen und anderen körperlichen Informationen, die ständig in dir vorhanden sind. Denn nur, weil wir sie noch nicht oder vielleicht auch niemals vollständig begreifen werden, sollten wir ihnen nicht ihre Existenz absprechen. Ich kann mir nicht helfen und stelle mir beim Schreiben dieser Zeilen eine kleine Schar von »emotionalen Informationen« vor, die bunt und wuselig mit kleinen Pappschildern in den Blutbahnen und auf anderen Straßen unseres Körpers um Einlass in den Informations-Klub bitten. »Lasst mich rein!«, brüllt die Wut. »Ich will auch rein!«, schluchzt die Trauer. Es sind diese Informationen – mit oder ohne Pappschild, auf Basis derer die meisten von uns in den meisten Situationen ihre Entscheidungen treffen. Dazu gehören kleine Entscheidungen, wie die Frage, ob wir Keks Nummer 14 noch zu uns nehmen, weil wir gerade gestresst sind, bis zu den ganz großen, wie der Ort, an dem wir leben, die Menschen, die wir lieben, und die Arbeit und Aktivitäten, denen wir nachgehen. Kausal formuliert stimuliert unser Gefühlsleben Ideen und Gedanken in uns. Die zentrale Erkenntnis, die sich daraus ergibt, hat der englische Musikproduzent Brian Eno in einem Vortrag im November 2022 am Imperial College London wunderbar zusammengefasst: »So how do we change minds? A change in feelings changes minds.«[22]

Und bei aller Unterschiedlichkeit gilt dieses Prinzip universell – für alle Geschlechter, Altersgruppen und Kulturen. Gerade mit Blick auf Ersteres hören und lesen wir ja häufig, dass Frauen »emotionaler« seien als Männer. Weit gefehlt. Ich erinnere mich in diesem Zusammenhang immer gern an eine Begegnung mit einem Kaufmann (seine Selbstbeschreibung!) am Rande einer Veranstaltung im Sommer 2022 in Potsdam, bei der ich gerade vor hauptsächlich männlichen Entscheidungsträger:innen aus Kommunen zum dynamischen Denken und Emotionen gesprochen hatte. Er kam nach dem Vortrag zu mir, lächelte mich an, und es war wie ein Moment des gegenseitigen Erkennens. Maximal unterschiedlich – er im biederen Jackett, graue, kurze Haare und irgendwie aus der Zeit gefallen – standen wir voreinander, und es entwickelte sich in wenigen Sätzen ein tiefgründiges Gespräch darüber, wie Menschen stets auf Grundlage von Gefühlen und Emotionen Entscheidungen treffen. »Männer sind nichts anderes als Emotionen!«, schloss er seine Anekdoten und Einordnungen mit einem zufriedenen Lächeln ab. In dem Moment wünschte ich mir, ihn bei der nächsten Veranstaltung mit auf der Bühne zu haben, damit er genau diese Botschaft auf so nahbare und gleichzeitig überzeugende Weise vermitteln könnte.

Ich denke, wenn wir von unterschiedlichen Leveln an Emotionalität bei Frauen und Männern sprechen, verwechseln wir häufig die Anwesenheit von Emotionen mit dem Umgang mit ihnen – also die emotionale Reife. So hat mit Blick auf die emotionale Reife seiner Geschlechtsgenossen ein sehr guter Freund vor einigen Wochen folgende Frage formuliert: »Was wäre der Weltgeschichte erspart geblieben, wenn mehr Jungs mit sich im Reinen aufgewachsen wären?« Abgesehen davon, dass mich diese Frage nickend und nachdenklich zugleich am Bahnsteig in Königswinter zurückließ, kann ich mir gerade keine bessere Überleitung für den nächsten Abschnitt vorstellen …

Wir wollen alle nur das Eine

Ein Schelm, wer bei der Aussage »Wir wollen alle nur das Eine« an Geschlechtsverkehr und innigen Körperkontakt denkt. Aber damit wärst du tatsächlich auf der richtigen Spur, zumindest teilweise. Doch bevor ich zu den harten Fakten zum Körperkontakt mit Blick auf die Forschungsergebnisse aus Psychologie und Neurowissenschaften komme, hier eine wichtige, ehrliche Bestandsaufnahme zum menschlichen Dasein insgesamt. Wer könnte da besser weiterhelfen als der bekannte Geschichtenerzähler Wilhelm Busch? Tatsächlich hat er es geschafft, die ganze Sache mit dem Sinn und Zweck des Lebens in einem fast poetischen Satz zusammenzufassen:

> *»Das Schönste aber hier auf Erden*
> *ist lieben und geliebt zu werden.«*[23]

Als ich irgendwann mal wieder an der Welt beziehungsweise den Menschen auf derselben zu verzweifeln drohte, schoss mir plötzlich genau dieser Gedanke in den Kopf. Es war wahrscheinlich einer meiner ersten intensiven Berührungspunkte mit und in Absurdistan. Sinngemäß habe ich so etwas gedacht wie: »Wir wollen alle nur in den Arm genommen werden, gestreichelt und geliebt werden. Dabei geht es um Anerkennung und Zuneigung. Egal ob kleiner Junge oder diktatorischer Machthaber – mit potenziell der emotionalen Reife eines kleinen Jungen, aber disproportional sehr viel mehr Macht und Einfluss, sodass die emotionalen Ausbrüche nicht mehr nur dafür sorgen, dass ein Spielzeug durch den Raum fliegt und für einen blauen Fleck sorgt, sondern Panzer und Raketen über Ländergrenzen fliegen und töten.«

Selbstverständlich war mir auch schnell klar, als ich diese Erkenntnis das erste Mal spürte, dass ich nicht der erste Mensch auf Erden bin, dem dieser tragische Zustand bewusst geworden ist. Es ist viel schlimmer. Denn jeder Blick in die Geschichtsbücher und auf uralte Schriften von Gelehrten zeugt von dieser fast banalen Einsicht. Auch hier begegnet es uns, das grundlegende Paradox, das *eine* zu wissen und das *andere* zu tun. Immer und immer wieder. Und mit jeder Stufe technischen Fortschritts sind die Folgen dieses Paradoxes zunehmend gewaltiger und grausamer. So stehe ich erneut vor der Wahl zwischen Tragödie und Komödie. Brauche ich in einem besonders fordernden Moment einen Hauch Komödie, stelle ich mir vor, wie bei jeder politischen Verhandlung der Vergangenheit, Gegenwart und Zukunft mindestens zwei Psycholog:innen mit im Raum sitzen, die zuvor den Anwesenden einen Crashkurs in emotionaler Reife gegeben haben und nun dafür sorgen, dass die Kommunikation angemessen geführt wird. Immer wieder ein herrliches Bild – das sich zumindest mit Blick auf die Gegenwart und Zukunft umsetzen ließe.

Wie weit wir davon entfernt sind, unserem grundlegenden Wunsch nach Liebe und Anerkennung gerecht zu werden, zeigen die weltweit steigenden Zahlen an Menschen, die nicht nur allein leben, sondern sich auch einsam fühlen.[24] Die Pandemie der Einsamkeit ist als globale Gesundheitsgefahr längst erkannt.[25] Zahlreiche Studien belegen die dramatisch negativen Auswirkungen auf unsere Gesundheit inklusive einer verkürzten Lebenserwartung[26] und einem erhöhten Risiko, an Demenz zu erkranken.[27] Maßnahmen gegen die Einsamkeit gibt es nicht erst seit der Corona-Pandemie,[28] die dem Thema zusätzliche Aufmerksamkeit beschert hat.[29] So gibt es in Großbritannien bereits seit 2018 ein Einsamkeitsministerium.[30]

Selten ist eine Studienlage so klar wie mit Blick auf die Bedeutung von menschlichen Beziehungen für unser Leben: Gute soziale Beziehungen sind die wichtigste Zutat für ein zufriedenes Leben,[31] und auf die Frage, was das schlimmste Ereignis in ihrem Leben gewesen sei, antworten die meisten Menschen mit »der Verlust einer innigen Beziehung«.[32] Menschen, die Freunde und Familie außerhalb des eigenen Haushalts regelmäßig zu Gesicht bekommen, leben länger.[33] Das gilt auch für Ehepartner:innen, die mehr gemeinsame positive Momente von Liebe und Verbundenheit erleben als andere.[34] Studie um Studie zeigt: Unser Gehirn ist darauf ausgelegt, dass wir uns gemeinsam mit anderen Menschen gut fühlen. So werden angenehme Berührungen über spezielle Rezeptoren an den Insular-Kortex im Gehirn weitergeleitet.[35] Diese Region spielt eine wichtige Rolle bei der Verarbeitung von Emotionen und zwischenmenschlichen Beziehungen. Ähnlich sieht es mit der Verarbeitung von sozialen Beziehungen insgesamt aus: Unser Gehirn »weiß«, wie wichtig sie für unser Überleben und Leben sind, und operiert entsprechend so, dass sozialer Austausch sich entlastend und erfolgs- sowie gesundheitsfördernd auf uns auswirkt.[36] Diese neuronale Basis für prosoziales Verhalten macht selbst vor Fremden nicht halt: Auch wenn wir uns ihnen gegenüber kooperativ verhalten, sind die Gehirnregionen, die für die Verarbeitung von Belohnungen wichtig sind, besonders aktiv.[37]

Ich könnte noch seitenweise ähnliche Ergebnisse und entsprechende Erklärungsversuche für »das soziale Wesen Mensch« anführen. Doch ich hoffe, dass auch ohne das klar geworden ist, wie grundlegend wichtig positive emotionale Verbindungen mit anderen Menschen für dich und mich sind.

Und was machen wir? Als Menschen und als Weltbevölkerung? Wir erzählen uns häufig und vielerorts weiterhin die Geschichte, dass Emotionen was Schönes, aber eben auch immer ein Zeichen von Schwäche oder mindestens einer gewissen Unzurechnungsfähigkeit seien. Ich kenne das von mir selbst und stelle mich gerade während meiner Arbeit an diesem Buch immer wieder der Frage: Wie viel Emotion lasse ich zu? Wie emotional ehrlich kann und möchte ich kommunizieren? Das ist in gewisser Weise sicherlich nachvollziehbar, denn Emotionen nach außen zu transportieren ist Chance und Risiko zugleich. Denn genau wie die eben zitierten Studienergebnisse zeigen, können Emotionen im Austausch mit anderen Menschen sowohl das Schönste als auch das Schlimmste für uns bedeuten. Aus dem einfachen Grund, weil emotionale Intensität die Maßeinheit für Bedeutsamkeit ist. Und trotzdem frage ich mich, warum wir häufig so schlecht darin sind, unserer eigenen emotionalen Natur mehr Anerkennung entgegenzubringen. Vielleicht müssen wir ihr mit mehr Stolz und mit mehr »Coolness« begegnen. Dass das funktioniert, haben Studienergebnisse ebenfalls bereits gezeigt: Wenn die coolen Kids in der Klasse Empathie vorleben und als neuen Trend einführen, setzt sich Empathie insgesamt als Wert durch, dem die Klasse nacheifert.[38] Die Sache ist im Prinzip also ganz einfach: Um unserer Verweigerungshaltung zu entkommen und endlich anzuerkennen, dass wir nichts weiter sind als »emotionale Blobs, die geliebt werden wollen«, müssen wir die Sache populärer machen.

Wir brauchen nicht nur ein Ministerium für – oder besser gegen – Einsamkeit, sondern ein Ministerium für Liebe. Ja, du hast richtig gelesen. Ich schlage im vollen Bewusstsein ein Ministerium für Liebe vor – und zwar auf allen politischen Ebenen. Bevor du jetzt das Buch nun doch beiseitelegst, weil das alles zu weit geht oder du das angesichts der dramatischen Weltlage für naiv hältst, kann ich dich erneut nur einladen, dabeizubleiben. Denn vielleicht liegt gerade in dieser scheinbar naiven Forderung eine grundlegende Wahrheit verborgen, die wir zu lange ignoriert haben und die uns in den aktuellen Diskursen fehlt. Um das zu ändern, müssen wir uns gemeinsam der Frage widmen, was Liebe eigentlich ist – nachdem ich nun schon mehrmals den Begriff verwendet habe, ohne näher auf ihn einzugehen.

Das wohl populärste »Thema« der Menschheit zu definieren ist keine einfache Aufgabe. Wichtig ist mir zunächst, Liebe nicht auf die romantische Liebe zu begrenzen oder gar zu reduzieren. Gerade im deutschen Sprachgebrauch ist das häufig der Fall, und die drei wichtigsten Wörter »Ich liebe dich« sind meist exklusiv für den:die Partner:in gedacht. Im angelsächsischen Raum dagegen rufen sich durchaus auch mal Kumpels und Kollegen nach dem Training oder dem gemeinsamen Abend »Love you, man!« zu, ohne dass das in irgendeiner Weise sexuell konnotiert ist. Beschränken wir Liebe auf eine Form und die damit verbundene Beziehung, schränkt das unsere Möglichkeit der emotionalen Verbindung zu anderen stark ein. Statt nun unterschiedliche Formen der Liebe in einer Art Nomenklatur aufzuführen und dann verschiedene Definitionen gegeneinanderzustellen, frage ich stattdessen: Wo beginnt Liebe? Oder anders formuliert: Was ist die Basis von Liebe? Der Kern, auf den wir uns im besten Fall einigen können?

Mir gefällt in diesem Kontext die Annäherung des 2022 verstorbenen vietnamesischen buddhistischen Mönchs und Friedensaktivisten Thich Nhat Hanh.[39] Für ihn bedeutet zu lieben, sein Gegenüber verstehen zu wollen. Liebe ist also immer aktiv und ein Prozess, kein Zustand. Er beginnt mit der Akzeptanz. Und die wiederum beginnt bei mir selbst. Mich zu akzeptieren, meine Bedürfnisse – Stichwort »wir wollen alle nur das Eine« – verstehen und anerkennen zu wollen. Darum beginnt dieses Buch mit radikaler Aufmerksamkeit. Wenn ich mich und andere sehen, akzeptieren und verstehen – also lieben – will, muss ich verstanden haben, dass meine wichtigste Ressource dafür meine Aufmerksamkeit ist.

Thich Nhat Hanh beschreibt es so:

»Verstehen ist der andere Name der Liebe. Wer nicht versteht, kann nicht lieben. […] Wenn wir lernen, uns selbst zu lieben und zu verstehen, und wahres Mitgefühl für uns selbst haben, dann können wir eine andere Person wahrhaftig lieben und verstehen.«[40]

Dieser Logik folgend ist das wertvollste Geschenk, das ich

geben kann, meine Zeit. Im deutschen Wort »Präsent« und dem englischen »present« steckt genau diese ursprüngliche Bedeutung vom »Geschenk«. Entsprechend ist wahre Liebe nicht mehr und auch nicht weniger als die vermeintlich einfache Präsenz – verbunden mit der Absicht, sich oder den anderen verstehen zu wollen.[41]

Nehmen wir die Herausforderung an, uns und andere Menschen wirklich – also so richtig! – verstehen und lieben zu wollen, öffnen sich wie von selbst ungeahnte Höhen und Tiefen. Um die zu durchlaufen, brauchen wir vor allem eines: eine Form des Ausdrucks, für das, was da in uns wabert. Wörter, um uns und unser Dasein als »emotionale Blobs« zu greifen und im besten Fall erfolgreich vermitteln zu können. Das ist gar nicht so einfach …

Emotionale Analphabet:innen

Ich schaute in den Spiegel und war mir nicht sicher, ob ich die Person, die mich dort anschaute, noch erkannte. Nicht weil ich eine besonders aufwendige Maske oder Verkleidung trug, sondern weil ich mein eigenes Handeln nicht mehr verstand. Vor knapp zwei Wochen hatte ich mich auf eine Art und Weise verhalten, die ich selbst nicht nachvollziehen konnte. Egal wie sehr ich mich bemühte, zu verstehen, was da genau passiert war und mich zu meinem Verhalten bewogen hatte – es wollte mir nicht gelingen. Und das frustrierte mich zunehmend. Selbst in zwei Gesprächen, in denen ich mein Unverständnis über mich selbst offenbart hatte, waren meine jeweilige Zuhörerin und ich nicht weitergekommen.

Als ich die Hoffnung nach zahllosen weiteren, suchenden Blicken in den Spiegel fast aufgegeben hatte, konnte ich eines Mittags nach einer zünftigen Radtour plötzlich ganz klar und eindeutig meinen emotionalen Zustand benennen, der mein Handeln ausgelöst hatte. Betäubung. Fasziniert und traurig zugleich, weil ich mich nicht betäubt fühlen wollte, auch nicht rückblickend, griff ich zum Telefon und berichtete von meinem Durchbruch.

Vielleicht kennst du ähnliche Situationen von dir selbst. Wenn du dich nicht zu verstehen scheinst, egal wie sehr du dich bemühst und den Blick nach innen wendest. Tatsächlich fehlen vielen Menschen häufig die Worte, wenn sie versuchen, ihr emotionales Dasein zu beschreiben. So berichtet die bekannte US-amerikanische Autorin und Podcasterin Brené Brown[42] von einer Untersuchung mit circa 7500 Menschen, bei der die Befragten alle Emotionen auflisten sollten, die sie erkennen und benennen können, wenn sie diese erleben. Im Durchschnitt waren es drei Zustände: zufrieden, traurig und wütend. Oder in der häufiger notierten Variante: glücklich, traurig und stinksauer (im Original: happy, sad and pissed off).[43] Brené Brown war schockiert angesichts des limitierten Vokabulars, das viele Menschen für ihr Gefühlsleben zur Verfügung hatten. Ihre Untersuchung steht symbolisch für die fehlende emotionale Reife, die ich in diesem Teil I des Buches in den Mittelpunkt stelle, um auch bei dir ein größeres Interesse für sie wachzurufen. Vor dem Hintergrund unseres sehr beschränkten emotionalen Vokabulars bin ich gar davon überzeugt, dass wir ein gehöriges »Emotionalitäts-Problem« haben: Wir sind größtenteils »emotionale Analphabet:innen«. Glücklicherweise können wir das ändern.

Die besondere Herausforderung einer emotionalen Alphabetisierung besteht darin, dass wir kein festes Alphabet mit einer vorgegebenen Anzahl an Buchstaben lernen können. Statt um ein konkretes Lernziel geht es bei emotionaler Reife um einen lebenslangen Prozess. Denn schon auf die vermeintlich einfache Frage, wie viele Emotionen wir haben, gibt es keine klare Antwort. Fest steht, dass psychologische und neurowissenschaftliche Ergebnisse hier nicht immer im Einklang sind: So gibt es Wörter für bestimmte Emotionen, die aber kein eindeutiges Aktivierungsmuster auf neurophysiologischer Ebene zu haben scheinen, und umgekehrt bestimmte Aktivierungsmuster im Gehirn, die wiederum nicht mit bestimmten Emotionen auf sprachlicher Ebene einhergehen. Und selbst wenn wir es auf die psychologische, also sprachliche, Ebene reduzieren, kann es potenziell unendlich viele Emotionen geben. Praktischerweise wird die Anzahl durch die Liste an benannten und im Lexikon erfassten Emotionen begrenzt. Die wiederum unterscheidet sich in unterschiedlichen Sprachen und Kulturen.

Statt angesichts dieses Gewusels zu kapitulieren, können wir uns der eigenen und fremden emotionalen Vielfalt und der unterschiedlichen Facetten immer wieder annehmen. In der Psychologie wird die Fähigkeit, feine Unterscheidungen in den eigenen Gefühlen machen zu können, als Fähigkeit zu »emotionaler Granularität« bezeichnet. Erste Studienergebnisse belegen die positiven Auswirkungen dieser Kompetenz, und aktuell wird beispielsweise untersucht, inwieweit sie erlernt und trainiert werden kann.[44] Es gibt also Hoffnung, dass wir den Durchschnitt von drei Gefühlsvokabeln in Zukunft toppen werden, dass wir morgen emotional reifer sein werden als gestern und so im wahrsten Sinne selbst-bewusster unserem Dasein als »emotionale Blobs« begegnen können werden.

Wenn du wissen willst, wie es um deinen aktuellen emotionalen Alphabetisierungsgrad bestellt ist, notiere einfach mal in einer Minute alle Emotionen, die du kennst. Wenn du mehr als die drei genannten Durchschnittsantworten zu Papier bringst, ist das ein guter Ausgangspunkt – und wenn nicht, dann hast du vielleicht einen dieser Plopp-Momente.

Es gibt keine negativen Emotionen!

Hast du deine Liste parat? Dann geht es direkt weiter: Wie vielen der notierten Emotionen würdest du das Label »negativ« geben? Mehr als der Hälfte? Fast allen? Vielleicht stehen Angst, Wut, Trauer und Hass auf deiner Liste. Sie gehören zu den klassischen Kandidatinnen für die Kategorie negativer Emotionen, die wir in unterschiedlicher Form und Ausprägung sehr wahrscheinlich alle persönlich kennen, aber kein besonders gutes Verhältnis zu ihnen haben. Stärker noch: Wir verwenden häufig einen großen Teil unserer Lebenszeit darauf, uns nicht zu intensiv mit ihnen beschäftigen zu müssen, geschweige denn, sie zu spüren. Wir bauen Häuser, ziehen Grenzen und schließen Verträge, um der Angst vor Kälte, Fremden und Verlusten zu begegnen. Wir geben uns zwei bis drei Tage, um zu trauern, wissen nicht so richtig, wohin mit Schmerz, Wut und Langeweile, und betäuben sie mit den unterschiedlichsten Formen der Unterhaltung und Ablenkung.

Wie kann es sein, dass wir so viel Energie, Zeit und Ressourcen darauf verwenden, unsere »negativen« Emotionen nicht zu spüren, und uns dadurch gar nicht gut fühlen? Oft gestehen wir der Vermeidung negativer Emotionen mehr Raum zu als ihrem möglichen Dasein, würden wir sie einfach willkommen heißen. Eine gewisse Sonderstellung hat der Hass, den wir häufig gar verbieten und ihn doch so vieles regieren lassen. Aber auch beim oft sogar öffentlich geäußerten Hass geht es darum, dass eine ehrliche, radikal aufmerksame Auseinandersetzung mit der eigenen Gefühlslage zuvor nicht stattgefunden hat. So ist der auf ein Individuum oder Gruppen gerichtete Hass meist Folge einer mindestens mangelhaften Auseinandersetzung mit anderen »negativen« Emotionen wie Angst, Schmerz und Unsicherheit. In der Emotionsforschung gibt es für diese Verdrängung ein anschauliches Bild: Stell dir vor, du bist im Meer damit beschäftigt, einen aufgeblasenen Ball unter der Wasseroberfläche zu halten. Das gelingt mit einer gewissen Anstrengung, je nach Größe des Balls und eigener Geschicklichkeit, einigermaßen gut. Jetzt stell dir vor, der Ball wird größer. Dann kommt ein zweiter und vielleicht noch ein dritter hinzu. Schnell wird die Aufgabe sehr anstrengend und dann unmöglich, denn immer ploppt irgendwo mindestens ein Ball an die Oberfläche, und du bist mit nichts anderem mehr beschäftigt, als einen Ball nach dem anderen zumindest wieder für eine gewisse Zeit nach unten zu drücken. So verhält es sich mit Emotionen, die wir – im wahrsten Sinne des Wortes – zu unterdrücken versuchen.

Lassen wir unsere scheinbar negative Emotion zu, passiert etwas Unerwartetes: Wir spüren die Emotion nicht nur, sondern können sie auch viel besser kontrollieren. Indem wir sie beschreiben, uns fragen, wer oder was die jeweilige Emotion ausgelöst haben könnte, und in letzter Konsequenz, was wir angesichts dieser Emotion eigentlich gerade brauchen. Um beim Bild der Bälle im Wasser zu bleiben: Lassen wir den Ball an die Oberfläche, können wir ihn greifen, begutachten und entscheiden, wie wir mit ihm umgehen wollen. Wir verwenden dann keine Energie mehr darauf, den Ball zu verbergen, sondern nutzen unsere Kraft und Aufmerksamkeit, mit ihm umzugehen. Dabei erkennen wir auch, dass der Ball genau wie die Emotion von einer Welle, also einem bestimmten Umstand in uns und unserer Umwelt, an uns herangetragen wird und genauso mit der nächsten Welle wieder von uns weggetrieben werden kann. Ja, Wellen können uns »mitnehmen«, uns vielleicht sogar umwerfen oder nach Luft schnappen lassen, aber sie gehen vorbei. Und je mehr wir das Wellenreiten und dabei die Betrachtung der vorbeikommenden Bälle üben, desto sicherer werden wir im Kontakt mit unseren Emotionen. Als emotionale Alphabet:innen können wir die Bälle dann nicht nur benennen, sondern auch routiniert mit ihnen umgehen.

Wenn wir dieses Gedankenspiel wirken lassen, hat das Folgen für die Einteilung in »negative« und »positive« Emotionen. Es wird damit hinterfragt, ob es so etwas wie »negative« Emotionen tatsächlich gibt. Das ist nicht unproblematisch, denn längst hat sich eine gewisse Kultur gegen die »Tyrannei der Positivität« entwickelt, die sich bewusst gegen die ständigen »Feel Good«-Slogans und »Happiness«-Kurse richtet. So legt die südafrikanische Psychologin und Autorin Susan David im Rahmen ihres Konzepts der emotionalen Agilität entsprechend dar, warum schlechte Emotionen gut seien.[45]

Ich kenne alle diese Dynamiken und verstehe sie vor dem Hintergrund der momentanen Weltlage auch sehr gut. Trotzdem lade ich dich zu einem noch radikaleren Perspektivwechsel ein: Ich schlage vor, die Einteilung in »negative« und »positive« Emotionen aufzugeben. Der innere Widerspruch, den diese Idee vielleicht in dir auslöst, würde »klassisch« als »negativ« kategorisiert werden. Doch was, wenn wir diesen Impuls einmal kurz ehrlich betrachten und möglicherweise erkennen, dass unsere Ablehnung daher rührt, dass wir ein lieb gewonnenes Konzept aufgeben sollen. Wenn wir versuchen, meinen Vorschlag wertfrei einfach kurz wirken zu lassen. »Oh, hallo, Ablehnung, interessant, dass du da bist!« In diesem vermeintlich trivialen Prozess des Erkennens steckt der Kern eines emotional reifen Umgangs mit sich selbst als »emotionaler Blob« und gleichzeitig die Erkenntnis, dass Emotionen per se keine Wertigkeit haben. Sie »sind« einfach da – ob wir wollen oder nicht, ob wir sie kategorisieren oder nicht. Das, was »positiv« oder »negativ« sein kann, ist unser Umgang mit ihnen.

Heißen wir eine Emotion willkommen? Lassen wir sie und alle Gefühle, die mit ihr einhergehen, zu? Geben ihr ihre Zeit, um sie zu erkennen und besser zu verstehen? Zu verstehen, dass Wut und Hass, die wir vielleicht mit Blick auf unser Gegenüber oder eine bestimmte Gruppe verspüren, eine Reaktion auf ganz andere unverarbeitete Gefühle und Stimmungen in uns sind. Oder lenken wir uns ab? Betäuben und berauschen uns? Versuchen, uns anders zu stimulieren? Oder unternehmen gar (un-)bewusst den Versuch, gar keine echte Aufmerksamkeit mehr auf irgendetwas oder irgendjemanden zu richten, weil die ehrliche emotionale Auseinandersetzung mit sich selbst anstrengend und zeitintensiv ist?

Nehmen wir diesen kurzfristig weniger mühsamen Weg, macht uns das mittel- und langfristig nicht nur unzufrieden, sondern auch weniger erfolgreich, weniger resilient und in letzter Konsequenz krank. Das zeigt ein stetig wachsender Berg an Studienergebnissen zur Rolle von und dem Umgang mit Emotionen.[46] Spätestens jetzt sind wir mit beiden Hirnhälften in Absurdistan angekommen.

Oder kann mir irgendjemand schlüssig erklären, dass wir als Menschen und Gesellschaft ständig versuchen, gesund, erfolgreich und resilient zu sein, und dafür offensichtlich Strategien anwenden, die genau das Gegenteil bewirken? *Das* ist die Definition von Wahnsinn!

Ein wenig poetischer hat es die US-amerikanische Rechtsanwältin, Autorin und ehemalige First Lady der Vereinigten Staaten Michelle Obama in einem Beitrag für die *TIME* im November 2022 formuliert. Darin beschreibt sie mit ihren Worten, warum der Umgang mit den eigenen Emotionen so zentral für unser Dasein ist: »Doch worin bestand meine eigentliche Kraft? Ich wusste, dass sie nicht in meinem Schmerz und meiner Wut lag, zumindest nicht in ihrer rohen Form. Meine Kraft bestand in dem, was auch immer ich mit diesem Schmerz und dieser Wut schaffen konnte, wohin ich sie bringen konnte. Es hing davon ab, ob ich diese Gefühle in etwas erheben konnte, das für andere schwieriger war abzuschreiben, etwas, das eine klare Botschaft war, ein Aufruf zum Handeln, und ein Ergebnis, für das ich bereit war, mich einzusetzen.«[47] Ich erinnere mich noch sehr gut, wie ich immer stärker nickend und mit wachsender Begeisterung den Artikel am Küchentisch las, als

Michelle Obama auch noch die prozesshafte Natur des emotional reifen Daseins treffend zusammenfasst: »Ich möchte verdeutlichen, dass dies ein Prozess ist, und nicht immer ein kurzer. Er kann Zeit und Geduld erfordern. Es ist in Ordnung, sich rauszunehmen und es für eine Zeit in sich brodeln zu lassen, in der Aufregung und Unruhe zu leben, die durch Ungerechtigkeit oder Angst oder Trauer ausgelöst wurde, oder seinem Schmerz Ausdruck zu verleihen. Es ist in Ordnung, sich selbst den Raum einzugestehen, den man braucht, um sich zu erholen und zu heilen.«

Zugegebenermaßen klingt die tiefe und ständige Auseinandersetzung mit den eigenen Emotionen ziemlich anstrengend, oder? Ja, es hat Gründe, dass wir uns das beschriebene Vermeidungsverhalten angeeignet haben – doch das bedeutet nicht, dass es uns guttut oder unserer Natur entspricht. Zu guter Letzt ist genau die zunächst ungemütliche Auseinandersetzung mit uns selbst der biologische Mechanismus, der uns nicht nur am Leben hält, sondern darüber hinausgehend auch das Gefühl vermittelt, ein sinnvolles Leben zu führen. Oder wie es die bereits erwähnte Susan David ein wenig epischer formuliert: »Unwohlsein ist der Eintrittspreis für ein bedeutungsvolles Leben.«[48]

Um diese Aussage und die dahinterstehende menschliche Biologie besser nachvollziehen zu können, lohnt sich ein Blick auf die »Mutter aller (vermeintlich) negativen Emotionen«: die Angst.

Warum haben wir Angst? Anders gefragt: Hattest du schon mal Angst? Also so richtig?

Ich meine nicht die Angst, dass deine Frisur nicht richtig sitzt oder du im richtigen Moment das Falsche sagst. Sondern existenzielle Angst. Eine Angst, die zu Panik führen kann. Die einem die Kontrolle über den eigenen Körper entzieht. Dieser Angst hat sich der US-amerikanische Autor und Journalist Matt Gutman gewidmet. Als Chief National Correspondent für

ABC News berichtet er regelmäßig live von und aus Krisen- und Konfliktregionen. Acht Jahre lang lebte er in Tel Aviv und berichtete von dort über die Kriege im Irak, Afghanistan, Syrien und dem Libanon. Wer sich einmal Bilder seiner Berichterstattung angeschaut hat, kann schnell zu dem Schluss kommen, einen angstfreien, in jederlei Hinsicht »toughen« Reporter zu beobachten, den so schnell nichts aus der Bahn werfen kann.

Im September 2023 veröffentlichte Matt Gutman sein zweites Buch *No time to panic: How I Curbed My Anxiety and Conquered a Lifetime of Panic Attacks,*[49] also frei übersetzt: »Keine Zeit für Panik: Wie ich meine Angst zügelte und ein Leben aus Panikattacken besiegte«. Darin beschreibt er mit radikaler Ehrlichkeit – um die es vor allem in Teil II dieses Buches gehen wird – sein paradox erscheinendes Dasein: »Ein TV-Reporter, dessen größte Angst die Live-Berichterstattung ist, ist wie ein Free-Solo-Kletterer[50] mit Höhenangst.« Lange lebte er genau mit diesem zunehmend kräftezehrenden Konflikt. Bis er aufgrund eines inhaltlichen Fehlers »live on air« für einen Monat suspendiert wurde und die freie Zeit nutzte, um sich auf eine ungewöhnliche Art der Recherche zu begeben, die er als »persönliche Reise in die Wissenschaft und Behandlung von Panikattacken« beschreibt.

Der Ausnahme-Journalist beginnt diese Reise mit der einfachen Frage: Wie kann es sein, dass Angst und Ängste nach wie vor ein wichtiger Teil des menschlichen Daseins sind? Wo doch hinlänglich belegt ist, wie ungesund und schädlich häufige bis chronische Angst und damit einhergehende Erkrankungen für den menschlichen Organismus sind.[51] Evolutionsbiologisch gefragt: Warum hat sich Angst als Verhalten durchgesetzt? Das ist nur möglich, wenn ihr eine nützliche – im Sinne von überlebensförderliche – Aufgabe zukommt. Denn sonst hätten wir Angst, ähnlich anderen unnützen Eigenschaften wie Ganzkörperbehaarung, bereits hinter uns gelassen. Aus dem einfachen Grund, weil sich »Individuen mit Angst« weniger erfolgreich fortgepflanzt hätten als »Individuen ohne oder mit geringer Angst«. Genau das Gegenteil ist jedoch der Fall. Und wieder reagiere ich mit Schmunzeln und Nicken, als ich Matt Gutmans Schilderungen zu seinem persönlichen Plopp-Moment in Bezug auf die zentrale Rolle von Angst und Ängsten in einem Podcast-Gespräch lausche.

Er beschreibt das mir gut bekannte angstgesteuerte Frühwarnsystem für Gefahren, das uns Menschen am Leben hält. Wenn ich in Unterhaltungen, Vorträgen und Interviews auf ebendiesen tief in unserer Biologie verankerten Hang zum Negativen[52] verweise, geht es genau darum: Unser Gehirn reagiert schneller, besser und intensiver auf alles Negative,[53] weil genau das eine potenzielle Gefahr darstellt, die wiederum unser Leben bedrohen kann.[54] Einmal den Säbelzahntiger im Gebüsch – oder den heranrauschenden SUV auf der Straße – übersehen, und das war's. Die Affinität für alles Negative ist evolutionsbiologisch also sehr leicht nachvollziehbar.[55] Denn die wichtigste Aufgabe unseres Gehirns besteht darin, uns am Leben zu halten. Oder noch drastischer formuliert: Wenn wir tot sind, hat alles andere keine Bedeutung mehr.[56] Es »lohnt« sich also, lieber einmal mehr im harmlosen Stock auf dem Waldboden eine Schlange zu sehen als einmal weniger. Genauso rettet es im Zweifel das eigene Leben, im fremden Gegenüber erst einmal eine:n potenzielle:n Angreifer:in zu sehen.

Grob gesprochen können wir zwischen zwei Arten von Angst unterscheiden. Bei der ersten Art geht es um die gerade beschriebene Angst, ausgelöst durch eine akut wahrgenommene Gefahr. Die Löwin in der Savanne, der SUV am Zebrastreifen, die Säge in bedrohlicher Nähe zum Finger. Die zweite Angst hat mehr mit uns als soziale Wesen und weniger mit einer direkten Lebensbedrohung zu tun. Auf den ersten Blick erscheint sie vielleicht »irrationaler« als die erste, deren Zweck mit dem direkt verbundenen Überlebensdrang leicht nachzuvollziehen ist. Doch keineswegs. Ich nähere mich dieser zweiten Art der Angst immer gern so an, indem ich Menschen nach dem Erfolgsrezept der eigenen Spezies befrage. Die Zyniker:innen fragen gern zurück: Welches Erfolgsrezept?

Ja, auch mir fällt es nicht leicht, die bereits in der Einleitung skizzierte planetare Notlage auszublenden, in die wir uns in den vergangenen Jahrzehnten katapultiert haben. Lassen wir das aber für einen Moment zu und schauen auf die Entwicklung unserer Spezies mithilfe von ein paar Zahlen, lässt sich ein gewisser Erfolg nicht ignorieren. Für einen umfangreichen Überblick dazu empfehle ich das Buch *Factfulness*[57] und die Arbeit der Gapminder-Stiftung[58] sowie die Datensammlungen des Ökonomen Max Roser und seines Teams auf der Website *Our World in Data.*[59]

Exemplarisch kann ein kurzer Blick auf die Entwicklung der Lebenserwartung herhalten. Die hat sich in Deutschland in den letzten 150 Jahren circa verdoppelt.[60] So betrug die durchschnittliche Lebenserwartung 1871/81 – das sind die Daten auf den ältesten Sterbetafeln aus dem Gebiet, das heute Deutschland entspricht – von Frauen 38,5 Jahre und von Männern 35,6 Jahre. Aktuell liegt sie inklusive eines Rückgangs um circa ein halbes Jahr seit Beginn der Corona-Pandemie für Frauen bei 82,8 Jahren und für Männer bei 78,1 Jahren.[61]

Wie haben wir beziehungsweise unsere Vorfahren diese evolutionäre Erfolgsgeschichte geschafft? Schließlich haben wir keine besonders scharfen oder langen Zähne, keine Flügel zum Fliegen, keine Flossen zum Schwimmen. Wir können auch nicht besonders schnell (weg-)rennen oder uns durch ausgeklügelte Abwehrmechanismen mit Stacheln, Gift oder sonstigen Superfunktionen verteidigen. Tatsächlich haben wir sogar weniger Muskelmasse und dafür mehr Gehirnmasse als unsere Vorfahren.[62] Warum? Um besser kooperieren zu können. Um uns besser mit anderen Menschen auszutauschen, um gemeinsam etwas zu schaffen. Etwas, das niemand allein schaffen würde – auch nicht mit mehr Muskeln. Was ich weniger gut kann, liegt dir vielleicht besonders gut – und umgekehrt. Zwei Gehirne schaffen mehr als eines, und das Ergebnis von gelingender Verständigung ist mehr als die Summe aus den Einzelteilen.

Kooperation und die damit einhergehende Kommunikation ist der Kern eines jeden sozialen Miteinanders, das dafür sorgen kann, das sehr viel stärkere Mammut zu erlegen, eine neue Route zu finden, ein Unternehmen zu gründen oder ein neues Medikament zu entwickeln. Oder wie Matt Gutman sagt: »Wir haben uns entwickelt, um massiv kooperativ zu sein.«[63] Umgekehrt ist der soziale Ausschluss oder gar die Verbannung ebenso lebensgefährlich, wie vom Mammut aufgespießt zu werden. Deshalb ist die zweite Angst – die wir vielleicht »soziale Angst« nennen können – ebenso wichtig für unser Überleben wie die erste.

Die dringendste Ausprägung von Angst im sozialen Kontext – erlebt als Panikattacke – ist in gewisser Weise die Kommunikation beider Formen der Angst: Unser Gehirn signalisiert dem gesamten Körper die Gefahr, von den anderen, der Gruppe, ausgeschlossen zu werden. Das wiederum würde die Wahrscheinlichkeit für eine akute Bedrohung des eigenen Körpers erhöhen; allein in der Steppe ist die Gefahr, vom Mammut getötet zu werden, bedeutend höher als in Begleitung. Eine ähnliche Gesundheitsgefahr geht mit der besagten Pandemie der Einsamkeit im 21. Jahrhundert einher. Die erwähnte Panik ist entsprechend ein Alarmzustand, in dem uns unmissverständlich klargemacht wird: »TU WAS! JETZT!«

Dieser Exkurs hat hoffentlich verdeutlicht, dass sich beide Arten der Angst biologisch begründen lassen. Die wichtigste Erkenntnis, um die es mir hier bei der Bedeutung von Angst und Panik geht, liegt darin, beide als »normal« zu begreifen. Denn sie sind wichtige Schutzmechanismen unseres Gehirns, um uns am Leben zu halten. So zitiert Matt Gutman den US-amerikanischen Mediziner und Evolutionsbiologen Randolph Martin Nesse, der ihm während seiner Recherchereise sagte: »Panik ist vollkommen natürlich. Sie ist vollkommen normal. Unser Geist und Körper ist darauf ausgelegt, 1000 Panikattacken zu haben. 1000 falsche Alarme, um nicht einen einzigen Alarm zu verpassen.« All das ist nichts anderes als eine Risikoabwägung unseres Körpers. Denn auch wenn ein falscher Alarm – und jede:r mit Panikattacken-Erfahrung kennt das Ausmaß des damit verbundenen Unwohlseins – sehr unangenehm sein kann, kostet er uns im Gegensatz zum verpassten Alarm nicht das Leben.

Was nehmen wir aus dieser ersten Frage »Was fühle ich?« nun mit? Ich hoffe, die Erkenntnis, dass Gefühle und Emotionen per se weder als gut noch schlecht kategorisiert werden sollten, sondern es vor allem um unseren Umgang mit ihnen geht. Grundmotivation hinter dem ganzen menschlichen Dasein als »emotionale Blobs« ist immer, zu überleben. Dafür brauchen wir andere Menschen und eine einigermaßen erfolgreiche Kommunikation mit ihnen. Um diese besser gestalten zu können, müssen wir zunächst verstehen, was da gerade in uns vorgeht. Um zu emotionalen Alphabet:innen zu werden, brauchen wir vor allem Übung – also Zeit und Aufmerksamkeit, um uns auf das »Wofür« fokussieren zu können.

Genau darum geht es in der zweiten Frage dieses ersten Teils des Buches. Es geht darum, worauf ich achte, was ich in mein Gehirn reinlasse – und was nicht. Es geht um Fokus und die Frage: Wie möchte ich mich eigentlich fühlen? Wen und was benötige ich dafür? Und vielleicht auch um die Frage: Was brauche ich dafür nicht? (Ohne mich bei der Beantwortung der letzten Frage im »Wogegen« zu verlieren.)

Frage 2: Worauf achte ich?

Ich bekam gerade einen Crashkurs in modernen Lego-Bausätzen und stellte ein wenig wehmütig fest, wie wenig Raum für Selbstwirksamkeit, Kreativität und Bewusstsein die fast fertigen Häuser, Beachbars und Raumschiffe zuließen. Ohne jetzt wie die alte Frau klingen zu wollen, die für ihr »früher war Lego noch Fantasie und nicht fertige Plastikwelten, die Stereotype transportieren« nicht mehr als ein mitleidiges Schulterklopfen erntet, war ich tatsächlich ein wenig schockiert. Vor allem, als mir eine Siebenjährige eine Lego-Figur mit den Worten zeigte: »Das ist ein Frauenkopf, der ist geschminkt.« Die beiden älteren Jungs im Teenageralter führten mir derweil ihre Burgen, Schiffe und Raumstationen vor. Schnell war klar: Meine Aufmerksamkeit war hart umkämpft, da schob sich auch schon mal ein Arm zwischen mich und eine:n der anderen beiden, um meine Blickrichtung mit dem nötigen Nachdruck zu ändern. Wir saßen zu viert auf dem Boden, und so bemerkte ich zunächst nicht den Vater der drei, ein guter Freund von mir, der uns mit Sicherheitsabstand amüsiert zuschaute. Als sich unsere Blicke trafen, dachte ich, einen Hauch Wehmut in seinem Blick erkannt zu haben. Später, als wir zu zweit waren, sollte sich mein Eindruck bestätigen. »Als ich euch dort vorhin zusammen gesehen habe, fiel mir auf, wie selten ich wirklich präsent bei den dreien bin. Ständig ist ein Teil meiner Aufmerksamkeit bei etwas anderem. Und das spüren sie natürlich.« Auch hier spielt das »Präsentsein«, das ich im Abschnitt »Wir wollen alle nur das Eine« eingeführt habe, eine große Rolle. Er habe sogar ein gewisses Neidgefühl verspürt, als er uns dort so habe sitzen sehen, gab der Freund ganz offenkundig zu. Ich denke, ziemlich genau zu wissen, was er meinte.

Denn auch wenn ich den drei Kindern im Beispiel meine

Aufmerksamkeit schenken konnte, bin ich doch alles andere als eine Musterschülerin der Präsenz. Wie oft bin ich mit meinen Gedanken überall, aber nicht dort, wo sich mein Körper gerade befindet? Wie oft ertappe ich mich dabei, dass ich im Sekundentakt von einer Sache zur nächsten springe und dabei in einem Mix aus Gehetztsein und Erledigungsmodus am Limit eines sicheren Daseins operiere – bis ich mir selbst einen Denkzettel zu mehr Innehalten verpasse? So wie an einem Tag im Mai 2022, an dem ich meine Sporteinheit vor der bevorstehenden Zugfahrt nach Hamburg auf dem Rad geplant hatte. Gleichzeitig türmten sich aber die offenen Aufgaben, Nach- und Anfragen in meinen diversen digitalen Anwendungen weiter auf. Immer wieder holte ich beim Fahren das Smartphone aus der Hosentasche, und mein Blick wanderte von der Straße auf den kleinen Bildschirm in meiner Hand. Bis das passierte, was passieren musste. Denn auch wenn die kleine Straße zwischen den Feldern und vereinzelten Bauernhöfen außer mir um diese Zeit niemand zu nutzen schien, gab es andere Hindernisse. Es machte »Wumms«, und mir schoss ein fieser Schmerz durch den linken Fuß – ich hatte vor lauter Abgelenktheit den Leitpfosten übersehen. Mit schmerzendem Fuß radelte ich in die Notaufnahme, für den geplanten Vortrag in Hamburg organisierte mein Team Ersatz, und als ich neben einer Frau mit einer riesigen Beinschiene im Wartebereich der Notaufnahme Platz genommen hatte, fühlte ich plötzlich eine fast unbekannte Ruhe in mir. Mir schlich sich gar ein Hauch von einem Lächeln ins Gesicht, während ich dort saß und nichts tat, außer zu warten. Ich hatte keine Schmerzmittel erhalten und konnte mir den Anflug von Erleichterung zunächst selbst kaum erklären, bis ich verstand, was gerade in mir passierte. Zum ersten Mal seit Wochen hatte die ständige Hetzerei eine abrupte Unterbrechung erfahren. Das dringende Gefühl, allen Aufgaben gerecht werden zu müssen, es dabei allen involvierten Menschen recht machen zu wollen und parallel der

Weltlage aus Klima-, Corona- und Energiekrise irgendwie zu folgen, erfuhr eine kurze Pause. In diesem Moment des Ausgebremstseins kam ich endlich einmal wieder in einer Form von Ruhe und damit verbundener Präsenz an. Der Präsenz, um die mich der gute Freund beneidet hatte. Einer Präsenz, die mich dazu brachte, der Frau mit der riesigen Beinschiene Mut zuzusprechen. Sie hatte gerade erfahren, dass es noch einige Wochen dauern würde, bis sie wieder ohne Hilfsmittel einen Fuß vor den anderen würde setzen können.

Das Lächeln von meinen Lippen schien sich auf meinen ganzen Körper zu übertragen, bis es zu einem Lachen wurde. Über mich selbst. Wie oft hatte ich andere Menschen darauf hingewiesen, dass unsere wichtigste Ressource unsere Aufmerksamkeit ist, dass jeder Moment und jeder Gedanke unser Gehirn verändert, weil er natürlich im Gehirn stattfindet und eine physische Basis hat? Wie oft hatte ich den kurzen Moment der andächtigen Stille im Raum genossen, wenn ich genau diese Erkenntnis in Vorträgen von der Bühne aus mit meinen Zuhörer:innen geteilt hatte? Und wie verschwenderisch und unnachsichtig war ich selbst in den vergangenen Wochen mit ebendieser Ressource umgegangen? In dem kläglichen Versuch, mein Gehirn besonders effizient nutzen zu wollen.

So landete ich an diesem Freitagnachmittag in der Notaufnahme des Uniklinikums mal wieder bei einer Frage, die mich mindestens seit Beginn meines Bachelorstudiums der Kognitionswissenschaften umtreibt: Wie viel unseres Fühlens, Denkens und Handelns wird durch unsere einzigartige biologische Zusammensetzung und wie viel durch unsere Umgebung und der Interaktion mit ihr bestimmt? Mein Fokus bei dieser Frage liegt stets darauf, zu verstehen, was unser Leben ausmacht. Dazu hat der häufig von mir zitierte Begründer der Psychologie William James bereits 1890 eine kluge Einsicht verschriftlicht: »Unser Leben ist nichts anderes als das, worauf wir unsere Aufmerksamkeit richten.«[64]

Wer oder was bestimmt darüber, worauf ich, worauf du, worauf wir als Menschen, als Mitmenschen, als Weltbevölkerung unsere Aufmerksamkeit richten?

Henne oder Ei: Der Mix aus Umwelt und Genen

Die schlechte und zugleich auch ein wenig befreiende Nachricht direkt vorangestellt: Der Versuch, den jeweiligen Einfluss von Umwelt und Genen auf den Inhalt meiner Aufmerksamkeit in jedem beliebigen Moment zu bestimmen, ist müßig. Um das anzuerkennen, braucht es keine komplizierten Studien, sondern lediglich eine realistische Betrachtung der Komponenten, die über einen beliebigen Lebensweg bestimmen.

Durch meine Geburt sind nicht nur meine Genetik und die dadurch »vorgegebene« Anatomie beeinflusst, die wiederum die möglichen Prozesse bestimmt, die mein Fühlen, Denken und Verhalten ermöglichen. Nein, meine Geburt entscheidet initial und später mittelbar auch über die mögliche Umwelt, in der ich mich bewegen und leben kann, muss, soll oder darf. (Je nach Geburtsort überwiegen dabei unterschiedliche Verben aus der kleinen Liste.) Wäre ich als Frau in einem kleinen Dorf in der Mongolei geboren, würde ich sehr wahrscheinlich nicht an diesem Montagabend an einem Laptop und einem Bildschirm sitzend ein Buch über radikale Emotionalität schreiben. Und natürlich sind weder meine Gene allein noch die Tatsache, dass ich in einem mittelgroßen Dorf in Nordrhein-Westfalen aufgewachsen bin, dafür verantwortlich. Stattdessen hat mich eine fast unendliche Abfolge an Momenten der (Un-) Aufmerksamkeit, die immer durch eine Interaktion aus Komponenten meiner Biologie und meiner (gewählten) Umgebung bestimmt wurde, genau hierher gebracht. All das ist völlig wertfrei lediglich eine Zustandsbeschreibung, die mit unterschiedlich ausgeprägten Komponenten auf jeden anderen Lebenslauf genauso zutrifft.

Wagen wir trotzdem den Versuch, die Komponente der Umwelt ein wenig isolierter zu betrachten und nach Einflussfaktoren aufzuteilen, kommen wir um die zentrale Rolle aller Medien bei der Lenkung unserer Aufmerksamkeit nicht herum. Wie sehr mediale Inhalte, vor allem durch bestimmte technische Geräte mit den entsprechenden Programmen, Apps und Einstellungen, unsere Aufmerksamkeit bestimmen, beschäftigt mich nicht nur in meiner täglichen Arbeit als Professorin für Medienpsychologie, sondern ist auch Thema meines ersten Buches *Schluss mit dem täglichen Weltuntergang*[65] aus dem Jahr 2019.

Durch den zunehmenden Einsatz von immer ausgeklügelteren Algorithmen in zunehmend »intelligenteren«[66] Programmen wird es immer schwieriger, Herr:in der eigenen Aufmerksamkeit zu sein, zu bleiben oder zu werden. Die Veröffentlichung des Chatbots ChatGPT im November 2022 hat das Dasein der sogenannten künstlichen Intelligenz als Nischenthema endgültig beendet und damit die Herausforderungen an die individuelle, mediale und gesamtgesellschaftliche Verantwortung auf ein neues Level katapultiert, inklusive entsprechenden Oberthemen wie Glaubwürdigkeit, Urheberrechten und damit verbundenen Fragen der Regulation.[67]

Solche »intelligenten« Programme, die darauf ausgelegt sind, unsere Aufmerksamkeit möglichst schnell, lange und intensiv zu fesseln, bedienen sich des Wissens über unsere biologischen Mechanismen – wir sind also mitten im Thema der Interaktionen aus Umwelt und Individuum. Einer der stärksten dieser Mechanismen ist der bereits im Abschnitt »Es gibt keine negativen Emotionen!« erwähnte, tief in uns verankerte Hang zum Negativen. Wie stark dieser unsere vermeintlich objektive Informationsumwelt und -auswahl beeinflusst, hat eine im März 2023 veröffentlichte Studie mit dem klingenden Titel »Negativität lenkt den Online-Nachrichtenkonsum«[68] auf eine leicht greifbare Zahl runtergebrochen: In Überschriften durchschnittlicher Länge steigert jedes negative Wort die Wahrscheinlichkeit eines »Klicks« um 2,3 Prozent. Positive Wörter in der Überschrift hingegen verringern die Wahrscheinlichkeit, dass Online-Nutzer:innen den entsprechenden Beitrag anklicken. Auch vorherige Studienergebnisse haben immer wieder gezeigt, dass negative Sprache in Online-Inhalten zu erhöhter Nutzer:innen-Aktivität führt, zum Beispiel gemessen daran, wie häufig ein Beitrag »geteilt« wird[69] und wie viele Reaktionen in Form von »Likes« und Ähnlichem sie generieren.[70] Negative Nachrichten sorgen außerdem für stärkere körperliche Reaktionen[71] und landen mit höherer Wahrscheinlichkeit in unserem Gedächtnis.[72]

Parallel zu den zahlreichen Studien zu verhältnismäßig einfachen Fragestellungen, die sich vor allem darum drehen, wie bestimmte Umweltfaktoren – zum Beispiel in Form von negativen Überschriften – unsere Aufmerksamkeit lenken, haben sich in den vergangenen Jahren zahlreiche Wissenschaftler:innen auch immer stärker den Henne-Ei-Fragen rund um unsere Aufmerksamkeit gewidmet. Die möglichen Zusammenhänge aus biologisch-genetischen und Umweltfaktoren, die darüber bestimmen, wie wir unsere Aufmerksamkeit nutzen, lassen sich besonders gut an jungen Gehirnen untersuchen. Warum? Weil sie besonders plastisch, also veränderbar sind und die Komplexität und Dauer von Umwelteinflüssen noch keine Jahrzehnte, sondern lediglich ein paar Jahre umfassen. Um einen kleinen Einblick in die dabei untersuchten Forschungsfragen und unterschiedliche Methodiken zu bekommen, hier zwei Beispiele aus der jüngsten Vergangenheit.

In den Neurowissenschaften wird die kognitive Leistungsfähigkeit inklusive der Aufmerksamkeit von Individuen häufig anhand der sogenannten Exekutiven Funktionen[73] untersucht.

Damit sind alle geistigen Funktionen gemeint, die wir (und andere Lebewesen, mit entsprechend komplexen Gehirnen) nutzen, um uns in einer bestimmten Umgebung möglichst gut zurechtzufinden und zu agieren. Vereinfacht ausgedrückt kommen die Exekutiven Funktionen vor allem dann zum Einsatz, wenn Routinen und Gewohnheiten nicht mehr ausreichen und ein bewusstes, aufmerksames Handeln nötig wird. Vier Wissenschaftler:innen der Universität Ulm untersuchten die Ausbildung dieser Exekutiven Funktionen bei vier- bis sechsjährigen Kindern unter Berücksichtigung genetischer und umweltbedingter Faktoren.[74] Konkret erforschten sie, ob die Ausschüttungslevel des neuronalen Botenstoffs Dopamin (genetischer Faktor) und der Bildungsstand sowie das Erziehungsverhalten der Eltern (umweltbedingte Faktoren) mit einer unterschiedlich guten Ausprägung Exekutiver Funktionen des Nachwuchses einhergingen. Die beiden zentralen Ergebnisse der 2023 veröffentlichten Studie:

1. Je besser die Bildung der Eltern, desto ausgeprägter waren die Exekutiven Funktionen der Kinder.
2. Eine Interaktion aus der Funktionsweise von Dopamin und dem Erziehungsverhalten der Eltern korrelierte mit dem Verhalten der Kinder, sodass eine besonders gut ausgebildete Dopaminfunktion zusammen mit einer hohen Ansprechbarkeit der Eltern die Exekutiven Funktionen des Nachwuchses positiv beeinflussten.

Das zweite Beispiel ist eine Metastudie – also eine Zusammenfassung der bisherigen Studien zum Thema – zu möglichen Zusammenhängen zwischen (exzessiver) Smartphone-Nutzung auf der einen und neuronalen Funktionen und Strukturen auf der anderen Seite.[75] Dabei betonen die beiden Autoren der 2023 erschienenen Veröffentlichung zunächst, dass die Studienlage trotz der Tatsache, dass Smartphones bereits seit über 15 Jahren im Umlauf sind, noch sehr dünn ist und sie keine stabilen Aussagen über potenzielle Effekte von hoher oder exzessiver Smartphone-Nutzung auf das menschliche Gehirn treffen können. Denn auch wenn sich Einzelstudien zum Thema häufen, deren Ergebnisse beispielsweise nahelegen, dass die intensive Nutzung von Smartphones mit einer geringeren Produktivität,[76] schlechteren Lernergebnissen und akademischen Leistungen[77] sowie erhöhten Leveln negativer Emotionalität[78] korreliert, mangelt es in dem Forschungsfeld vor allem an einer guten vergleichbaren Methodik. Wie wird Smartphone-Nutzung gemessen? Über Selbstberichte, Datenauslese oder beides? Welche Rolle spielt die reine Nutzungszeit und welche die Anzahl der Unterbrechungen anderer Tätigkeiten durch den Griff zum Smartphone?[79]

Was vielleicht auf den ersten Blick als reiner Mangel erscheint, ist gleichzeitig tatsächlich der Grund, warum ich gerade dieses Thema und diese Veröffentlichung als Beispiel für die übergeordnete Henne-Ei-Frage heranziehe. So verweisen die beiden Autoren in ihrer Zusammenfassung entsprechend auf die eingeschränkte Aussagekraft von Ergebnissen einzelner Studien. Da diese meist retrospektiv fragen, ist eine Entwirrung von Einflüssen durch bereits vorhandene individuelle Unterschiede im Gehirn und einer erhöhten Smartphone-Nutzung kaum möglich. In den Worten der Autoren: »Die Studien erlauben uns nicht, zu bestimmen, ob die beobachteten Charakteristiken des Gehirns Ergebnis einer bestimmten Nutzungsweise von Smartphones sind oder lediglich eine Prädisposition repräsentieren, das Smartphone auf eine bestimmte Weise zu nutzen.«

Die Liste an Studienergebnissen aus dem Bereich der Aufmerksamkeitsforschung zu bestimmten »Vorlieben« unseres Gehirns und den komplexen Interaktionen dabei zwischen Genetik, Erfahrungen und Umwelt ist bereits sehr umfangreich und wächst stetig. Vor allem motivieren die aktuellen

Entwicklungen die zweite Fokusfrage »Worauf achte ich?« Oder präziser: Wie gut und selbstbestimmt können wir unsere Aufmerksamkeit lenken und uns entsprechend über uns, andere und den Zustand der Welt informieren?

Um sich dieser Frage möglichst offen annehmen zu können, hilft vor allem eines: eine gewisse Demut vor dem eigenen Dasein als »emotionaler Blob«, dessen Aufmerksamkeit beeinflusst wird durch seine Gene, seine bisherigen Erfahrungen und das Umfeld, in dem er sich mehr oder weniger »freiwillig« befindet. So möchte ich diesen Abschnitt mit einem Zitat des US-amerikanischen Neurowissenschaftlers, Autors und Wissenschaftskommunikators David Eagleman beenden, das gleichzeitig eine gute Brücke zum nächsten Abschnitt baut: »Wir sind Reflexionen der Welt, die uns umgibt. […] Ein Fakt des Lebens: In einer Sache gut zu werden, bedeutet, die Tür für andere zu schließen. Denn du besitzt nur ein einziges Leben. Die Dinge, denen du dich hingibst, bringen dich auf spezifische Wege, während die anderen Wege für immer unbetreten von dir bleiben werden.«[80]

Diesen simplen Fakt müssen wir verstehen und akzeptieren, um gleichermaßen zu begreifen, dass wir den genannten Faktoren nicht vollkommen passiv ausgeliefert sind. Wir können und sollten uns so oft wie möglich fragen: Welche Wege will ich einschlagen – und welche nicht?

Weniger ist tatsächlich mehr

»Die Kunst, weise zu sein, ist zu wissen, was übersehen werden kann.« Mit diesen Worten von William James habe ich Teil I des Buches und damit den Teil zu radikaler Aufmerksamkeit begonnen. Mit der »Vorarbeit« bis hierhin kann die Aussage des Begründers der Psychologie, dessen Erkenntnisse mit durch dieses Buch leiten, nun seine vollständige Wirkung entfalten. Denn jetzt geht es darum, wie wichtig die Fähigkeit des Auswählens für unser Dasein als »emotionale Blobs« ist. Und welchen zentralen Irrtum über unsere eigene Biologie beziehungsweise die damit verbundene Vorstellung, wie unser Gehirn Informationen verarbeitet, dabei häufig unseren Alltag, unser Zusammenleben und so auch unsere Politik prägt.

Was bestimmt unsere Aufmerksamkeit? Funktioniert unser ganz persönlicher Aufmerksamkeits-Haushalt nach dem Prinzip: »Mehr führt zu mehr!«? Wer lauter schreit, wird am Ende doch gehört. Wer mithalten will, hat keine Freizeit. Wer wirklich erfolgreich sein will, muss immer und überall erreichbar sein. Und die, die meinen, sich dem entziehen zu können und trotzdem erfolgreich zu sein, sind am Ende zum Scheitern verurteilt. Ich meine die Menschen, die Vorträge über Work-Life-Balance halten, Meditations-Apps nutzen, zum Yoga-Retreat fahren und eine Abwesenheitsnachricht für die Urlaubszeit einstellen. Von wegen! Während des Kinoabends beantworten sie Anfragen auf dem Handy, auf dem Meditationskissen erstellen sie gedanklich die nächste To-do-Liste, beim Yoga hören sie Nachrichten, einen Podcast oder sonstige wichtige Dinge, und ihre E-Mails bearbeiten sie auch im Familienurlaub. Weil sie genau wissen, dass das ganze Gerede vom »Bei-sich-Sein« nichts weiter als die nächste fixe Idee ist, die findige Menschen zu potenziell sehr viel Geld machen. Oder?

Ja und nein …

»Ja«, weil tatsächlich sehr viele Produkte, Dienstleistungen und Angebote da draußen rumschwirren, die uns vermeintlich dabei helfen wollen, durch bestimmte Techniken und Praktiken, die im weitesten Sinne etwas mit Fokussierung zu tun haben, noch produktiver, leistungsfähiger und insgesamt einfach »besser« zu werden. Ich nenne dieses Phönomen mittlerweile gern »Achtsamkeits-Schmu«. Je nach Stimmungslage kann mein Tonfall dabei durchaus auch mal energischer bis wütend sein. Warum? Das bringt mich zum »Nein« – und damit zu dem vielleicht wichtigsten Missverständnis unserer vermeintlich modernen Zeit mit Blick auf die Frage, wie unsere Gehirne und damit wir als informationsverarbeitende Wesen »funktionieren«. In aller Kürze: Der Slogan »Mehr führt zu mehr!« ist falsch und weniger ist tatsächlich mehr.

Wie sieht unser Alltag aus – beziehungsweise wie hört er sich an? Er ist vor allem eines: laut. Und er wird immer lauter. Damit meine ich nicht nur die Geräusche, die uns direkt umgeben. Die Sirenen, das Hupen und Klingeln, die (Hintergrund-)Musik und die ständigen Pings von digitalen Geräten. Sondern auch die Dichte an Informationen insgesamt, mit der wir ständig konfrontiert sind. Unsere Umgebung wird immer aufdringlicher. Die Lautstärke von Sirenen ist ein guter Indikator dafür, da sie alles andere übertönen muss, um entsprechend von allen gehört zu werden. Heute sind Feuerwehrsirenen in US-amerikanischen Städten bis zu sechs Mal lauter als vor 100 Jahren.[81]

Kurzfristig stresst uns Lärm – sowohl der akustische als auch der Informationslärm –, weil er dafür sorgt, dass wir die Stresshormone Adrenalin und Cortisol ausschütten. So hinterlassen bereits wenige laute Nächte negative Spuren in unserem Körper. Zum Beispiel in Form einer gestörten Funktionalität der Blutgefäße,[82] einer erniedrigten Insulinsensitivität[83] und eines gestörten Haushalts der Hormone, die unser Hungergefühl steuern.[84] Dazu kommen negative Auswirkungen auf unsere kognitiven Fähigkeiten, wie ein schlechteres Gedächtnis.[85] Gleichzeitig ist die bunte, laute Welt, in der wir uns bewegen, eine sehr erfolgreiche Ablenkungsmaschinerie, die uns – euphemistisch formuliert – permanent einlädt, etwas anderes zu tun als das, was wir gerade versuchen zu tun. Der ständig lauter werdende Lärm auf allen Ebenen ist also nicht nur stressig, nervig und anstrengend, sondern beeinflusst unsere Gesundheit und damit auch unsere Leistungsfähigkeit massiv und langfristig. Das zeigen zahlreiche Studienergebnisse über verschiedene Disziplinen hinweg, von den Neurowissenschaften über die Psychologie hin zur Kardiologie.[86] Erhöhte Risiken bei und für Herz-Kreislauf-Krankheiten,[87] Herzinfarkte[88] und Depression[89] sind nur drei der vielen langfristigen negativen Folgen unseres lauten Alltags. Dabei ist der Zusammenhang zwischen Lärm und Gesundheit alles andere als ein »junges« Forschungsfeld: Bereits im Jahr 1859 berichtete die legendäre britische Krankenschwester Florence Nightingale über die Erfahrung mit ihren Patient:innen: »Unnötiger Lärm ist der grausamste Mangel an Pflege, der sowohl Kranken als auch Gesunden auferlegt werden kann.«[90] In den 1970er-Jahren folgten erste Studien zu den negativen Auswirkungen von Lärm auf unsere Leistungsfähigkeit. So hinkten die Lesefähigkeiten von Schüler:innen im Teenageralter, deren Klassenzimmer in Richtung einer lauten Straßenbahn lag, im Vergleich zu den Mitschüler:innen aus einem ruhigeren Klassenzimmer am anderen Ende des Gebäudes um ein Jahr hinterher.[91] Es scheint, als sorge »externer« Lärm für mehr »inneren« Lärm und Unruhe. Dieses mentale Geschnatter stört unsere Aufmerksamkeit und damit die bereits erwähnten Exekutiven Funktionen einschließlich unseres Gedächtnisses.

Moment mal! Ist dir was aufgefallen? Ich werde gerade meiner eigenen »Forderung« nicht gerecht. Denn statt mich auf das »Wofür« zu konzentrieren, habe ich die letzten Absätze darauf verwendet, »gegen« Lärm zu wettern. Also schnell wieder in den »Wofür«-Modus schalten und Ausschau halten nach …

Stille.

Ich mache es kurz und schmerzlos: Stille ist förderlich für unsere Gesundheit, unsere Leistungsfähigkeit und unsere Zufriedenheit. Eigentlich ist damit alles gesagt, aber ich befürchte, dass dich das noch nicht richtig überzeugen könnte. Und so komme ich zu dem in diesem Abschnitt eingangs erwähnten Irrtum über unsere eigene Biologie beziehungsweise die damit verbundene Vorstellung, wie unser Gehirn Informationen verarbeitet. Unser Gehirn ist kein Computer, mit Löschen- und Speichern-Taste. Es verarbeitet Informationen nicht nur, wenn wir Informationen präsent haben, sondern auch noch lange danach. Es braucht Stille und Ruhe, um die nachfolgenden Verarbeitungsschritte erfolgreich zu bewerkstelligen. Das bedeutet auch, dass nicht die Menschen am besten »informiert« sind, die die meiste Zeit mit Nachrichten und Co. verbringen, sondern diejenigen, die Phasen des mentalen Umschaltens, der Stille und Ruhe in ihren Alltag integrieren. Anders formuliert: Stille verdient unsere Aufmerksamkeit, weil sie mehr ist als die Abwesenheit von Lärm und weil sie mehr ist als Ruhe. Das vermeintliche Paradox hinter dieser Aussage lösen die Ergebnisse einer Studie zur neuronalen Plastizität – also der Formbarkeit unseres Gehirns – auf anschauliche Art und Weise auf.[92]

Dabei wurden Mäuse in fünf Gruppen mit unterschiedlichen Versuchsbedingungen aufgeteilt. Die Nager verbrachten zwei Stunden am Tag entweder mit weißem Rauschen, den Geräuschen von jungen Mäusen, einer Mozartsonate, Umgebungsgeräuschen oder in Stille. Im Nachgang maßen die Wissenschaftler:innen die Neurogenese – also die Bildung neuer Gehirnzellen – im Hippocampus. Das ist die Gehirnregion, die sowohl bei Mäusen als auch bei Menschen essenziell für das erfolgreiche Anlegen neuer Gedächtnisinhalte ist. Die Wissenschaftler:innen vermuteten, dass die Mäuse unter Einfluss der Geräusche ihres Nachwuchses das stärkste Zellwachstum zeigen würden. Und sie lagen damit falsch. Die Mäuse in Stille waren die neuronalen Wachstums-Gewinner:innen.

Studien mit bildgebenden Verfahren und menschlichen Proband:innen konnten zeigen, dass beim Versuch, in Stille zu hören, unser auditiver Kortex besonders aktiv ist.[93] Also der Bereich des Gehirns, der Geräusche verarbeitet. So wird aus dem vermeintlichen Paradox eine wichtige Erkenntnis und die

Bestätigung der Überschrift dieses Abschnitts »Weniger ist tatsächlich mehr«: Der Stille zuzuhören aktiviert nicht nur die Gehirnbereiche, die uns hören lassen, sondern es stimuliert auch die Bildung und das Wachstum neuer Gehirnzellen. So wird unsere Wahrnehmung verstärkt, was wiederum unser Denken und damit in letzter Konsequenz unsere Entscheidungen sowie unser Handeln verbessert.

Hättest du das vermutet? Dass die Essenz radikaler Aufmerksamkeit in der Stille liegt? Dass es die Stille ist, die uns zu wahren Höchstleistungen und neuen Erkenntnissen verhelfen kann? Ich kann mich noch gut an den Moment erinnern, als mir diese Erkenntnis kam. An einem Sommermorgen an einem See, zehn Radkilometer von meiner Wohnung entfernt lag er da, in vermeintlicher Stille, weil kein Wind wehte und keine Menschen in Sicht- oder Hörweite waren. Ich hielt an und nahm in der (vermeintlichen) Stille auf einmal so viel wahr. Ich spürte einen Mix aus tiefer Ergriffenheit und fast banaler Zufriedenheit zugleich.

Vielleicht regen sich in dir trotzdem Zweifel, und du denkst so etwas wie: »Na ja, das mag ja sein, aber für mich funktioniert das nicht!« Dazu kann ich nur sagen: Mir fällt Stille alles andere als leicht. Ein ehemaliger Kollege hat das vor Jahren schnell erkannt und formulierte eine Herausforderung für mich, an die ich mich bis heute nicht herangetraut habe: »Lass uns einmal für ein paar Stunden einfach nur dasitzen. Mehr nicht.« Heute weiß ich, dass dieses »Mehr nicht« ganz viel wäre und alles andere als »nichts«. So wünsche ich dir und uns, dass wir den Wert der Stille für uns erkennen und erfahren können.

Dafür müssen wir als Gesellschaft umdenken und Stille als echten Luxus begreifen. Als Luxus, zu dem wir nicht im Stundentakt über eine App aufgefordert werden oder einmal im Jahr zum Schweigen ins Kloster fahren, um danach wieder in die alten Routinen zu verfallen. Weil wir möglicherweise immer noch irgendwie an der Überzeugung festhalten, dass wir ohne die Dauerbeschallung eben doch nicht mithalten können – mit all den Entwicklungen, Nachrichten und Debatten, Fragen und Einladungen. Wie können wir diesen Irrtum überwinden? Indem wir dynamisch denkend die alte Überzeugung über Bord werfen, weil wir selbst erfahren, dass es die Stille ist, die uns produktiver macht und uns die besseren Entscheidungen treffen lässt.

Ja, das ist nicht einfach. Vor allem nicht, wenn um uns herum alles und jede:r um unsere Aufmerksamkeit zu kämpfen scheint und gleichzeitig die globalen Krisen inklusive planetarem Notfall schnelles Handeln einfordern. Der (innere) Konflikt könnte kaum größer sein – umso wichtiger ist es, zu verstehen, was in unseren Gehirnen vor sich geht, und bei vollem Bewusstsein den Herausforderungen entgegenzutreten. Darum geht es im letzten Abschnitt zur zweiten Fokusfrage.

Die Basis für alles: Unser Bewusst-sein

Es gibt eine Fähigkeit, die als das ultimative Rätsel der Neurowissenschaften angesehen wird. Zu ihr kursieren zahlreiche Theorien, es werden Konferenzen veranstaltet, und unterschiedliche Lager innerhalb der Neurowissenschaften führen regelrechte Fehden um ihre neuronale Basis.[94] In regelmäßigen Abständen behauptet immer mal wieder jemand, nun endlich die finale Erklärung gefunden zu haben. Ich selbst habe meine Forschungen während meiner Promotion in den Neurowissenschaften in London in einer Forschungsgruppe[95] durchgeführt, die sich mit dem Verstehen dieser alles entscheidenden Fähigkeit von uns Menschen beschäftigt: Es geht um unser Bewusstsein. Umso »bewusster« ist mir die Schwierigkeit der Aufgabe, die in diesem Moment vor mir liegt. Denn ich möchte gleichzeitig der unfassbar komplexen Thematik gerecht werden *und* unseren roten Faden beibehalten. Was folgt, ist also eine sehr konzentrierte Betrachtung des Bewusstseins.

Ich beginne mit einer weiteren Komponente des bereits mehrfach erwähnten und biologisch begründeten Hangs zur Negativität. Er spiegelt sich auch ganz offensichtlich in unserem Bewusstsein wider. Denn wir scheinen sehr schlecht darin zu sein, mit uns selbst – zurückgeworfen auf das eigene Bewusstsein – eine gute Zeit zu haben. Das zeigen die Ergebnisse einer weit über Fachkreise hinaus bekannt gewordenen Studie aus dem Jahr 2014.[96] Das zentrale Ergebnis der Studie mit Studierenden, die in einem leeren Raum die Aufgabe hatten, einfach mal »nichts zu tun«, ist auf fast komische Art und Weise unterhaltsam und traurig zugleich. Bekamen die Proband:innen die Möglichkeit, sich von den eigenen Gedanken durch Elektroschocks abzulenken, nutzten tatsächlich 67 Prozent der männlichen Probanden und 25 Prozent der weiblichen diese Option. Ein Großteil der (männlichen) Menschen ist also so ungern mit sich und dem eigenen Bewusstsein allein, dass sie bereits nach kurzer Zeit – die Aufenthaltsdauer im Raum betrug maximal 15 Minuten – einen unangenehmen externen Reiz gegenüber den eigenen Gedanken bevorzugen. Wow! Das war in etwa meine Reaktion, als ich vor Jahren das erste Mal von den Ergebnissen erfuhr und im Zuge dessen auch einer viel zitierten Aussage des französischen Philosophen Blaise Pascal aus dem 17. Jahrhundert (!) begegnete: »Alle Probleme der Menschheit rühren von der menschlichen Unfähigkeit, in Stille allein in einem Raum zu sitzen.«[97]

Nach einer Phase aus Zynismus, Trauer und einer gewissen Resignation kehrte ich bewusst zum »Wofür«-Modus zurück und fragte mich, ob und wie wir diesen Zustand einer tiefen Unzufriedenheit mit uns selbst ändern können. Mittlerweile bin ich davon überzeugt, dass wir es können. Und ich lade dich ein, mir in zwei Gedanken zu folgen, um vielleicht selbst bei dieser Überzeugung anzukommen.

Gedanke eins führt uns zu einer aktuellen Studie von 27 Wissenschaftler:innen der Stanford University um den bekannten US-amerikanischen Neurowissenschaftler und Professor für Bioengineering, Psychiatrie und Verhaltenswissenschaften Karl Deisseroth. Die Ergebnisse der 2023 in der renommierten Fachzeitschrift *Nature*[98] veröffentlichten Studie liefern eine wichtige Teilantwort auf die ultimative Frage der Neurowissenschaften nach unserem Bewusstsein und sind gleichzeitig zentral für meinen Ansatz der radikalen Emotionalität.[99] Ohne mich hier in methodischen Details zu verlieren, sind die Ergebnisse im Kern der physiologische Beweis für das, was William James vor einhundertvierzig Jahren zum Ursprung unserer Emotionen spekulierte: In seiner Veröffentlichung »What is an Emotion?«[100] beschreibt er einen dreischrittigen Prozess, der sich nun empirisch auf physiologischer Ebene zu bestätigen scheint. Im ersten Schritt nimmt das Gehirn die aktuelle Situation wahr, dann antwortet der Körper angemessen, und erst im dritten Schritt – also aufgrund der körperlichen Reaktionen aus Schritt zwei – fühlen wir eine bestimmte Emotion. Konkret bedeutet das: Nicht die Trauer sorgt dafür, dass wir weinen, sondern die Träne löst in uns Trauer, Betroffenheit oder eine andere Emotion aus.

Was bedeutet das für unser potenziell bewusstes oder bewussteres Dasein? Dafür brauchen wir den zweiten Gedanken. Wollen wir der Negativität entkommen, die wir bei vollem Bewusstsein auf uns selbst verspüren, müssen wir – mit Blick auf die gerade beschriebenen drei Schritte der Emotionsentstehung – bei Schritt eins ansetzen, also unserer eigenen Wahrnehmung der Situation. Das ist nicht nur möglich, sondern auch lohnenswert. Genau das zeigen mehr und mehr Studienergebnisse zum Training der eigenen Wahrnehmung und Gedanken hin zu einer positiveren Gedankenwelt. Die (deutschen Übersetzungen der) Titel der Studien sprechen für sich: »Mit ein wenig Hilfe für unsere Gedanken: So wird es einfacher, zum Vergnügen zu denken«[101] oder »Du kannst es, wenn du es wirklich versuchst: Die Effekte von Motivation auf Denken zum Vergnügen«.[102] Was diese und andere Veröffentlichungen alle zeigen: Denken und das eigene Bewusstsein als etwas Angenehmes wahrzunehmen, erfordert zwar ein wenig Anstrengung (schließlich sind wir biologisch auf die Negativität und ständige Stimulation von außen »gepolt«), aber einfache Hilfsmittel, die auf den möglichen positiven Inhalt des eigenen Bewusstseins hinweisen, können die Fokussierung auf die eigenen Gedanken nicht nur einfacher, sondern auch angenehmer gestalten.

Dieser kleine Exkurs in die faszinierende Welt der Bewusstseinsforschung soll damit enden, zu begreifen, welche Verantwortung und Chance wir in jedem Moment unseres Lebens haben. In jedem Moment haben wir die Möglichkeit, uns bewusst für (oder gegen) einen Gedanken zu entscheiden.

So gleicht jeder Moment deines Lebens einem geistigen Pinselstrich und bestimmt damit gleichzeitig die Zukunft, weil er grundlegend für alle noch folgenden Momente ist. Vielleicht lädt dich dieses Bild des Pinselns ein, dich öfter zu fragen: Wie schaue ich gerade auf die Situation? Ist meine Perspektive nützlich? Hilft sie mir und anderen weiter?

Es liegt in unserem Hirn und Körper – das zeigen uns sämtliche Studienergebnisse aus der Emotions- und Wahrnehmungsforschung –, wie wir uns und die Welt »sehen«. Mit diesem Wissen im Kopf können wir uns der dritten und letzten Frage der radikalen Aufmerksamkeit widmen. Denn nach dem Denken folgt – im besten Fall – das weitere Handeln.

Frage 3: Wie bin ich?

Mit meiner besten Freundin habe ich ein Gedankenexperiment entwickelt, bei dem wir uns vorstellen, wie es ist, eine andere Person zu sein. Diese Routine kommt vor allem dann zum Einsatz, wenn wir versuchen zu verstehen, warum ein Gegenüber so handelt, wie sie oder er es tut – vor allem, wenn die Handlung aus unserer Sicht sehr weit entfernt von unseren Vorstellungen und möglichen Reaktionen erscheint. Weil uns das Verhalten der anderen Person vielleicht sogar »irrational« vorkommt.

Wir stellen uns dann vor, welche Sorgen und Ängste, aber auch welche Hoffnungen und Wünsche die Person haben könnte. So versuchen wir, besser zu verstehen, was ein guter und was ein schlechter Zustand für sie oder ihn wohl sein mag. Diese Übung hilft uns, die vermeintliche Irrationalität im Handeln anderer aufzulösen. Wenn es gut läuft, kommen wir bei so etwas an wie: »Aus ihrer Perspektive ist genau diese Reaktion jetzt sinnvoll!« Und auch wenn wir niemals selbst so handeln würden, hat uns die kleine Routine sicherlich bereits das ein oder andere Mal zu einem verständnisvolleren Umgang mit anderen Menschen gebracht.

Wer sich ein wenig in der Psychologie auskennt, hat in unserer Übung bestimmt schon das dahinterliegende Konzept der »Theory of Mind«, also »Theorie des Mentalen«, erkannt.[103] Gemeint ist damit die Fähigkeit, sich und anderen mentale Zustände zuzuschreiben und diese als Ursache für das eigene oder fremde Verhalten zu begreifen, um so Handlungen verstehen und antizipieren zu können. Das kann natürlich nur gelingen, wenn ich selbst in der Lage bin, meine eigenen und fremde Überlegungen, Gefühle, Absichten und beeinflussende Rahmenbedingungen überhaupt zu erfassen. Ich hoffe, dass spätestens jetzt sämtliche Bereiche in deinem Gehirn auf Hochtouren laufen, die bis hierhin alles zum Thema emotionale Reife abgespeichert und verarbeitet haben. Denn genau diese Reife benötigen wir natürlich für eine gute Theory of Mind.[104] Dabei geht es um so viel mehr als ein kleines Gedankenexperiment. Das wurde mir vor nicht allzu langer Zeit in einem Gespräch mit meinem Vater erneut sehr deutlich. Wir waren gemeinsam unterwegs, und ich hatte ihm soeben von der kleinen Routine, die ich mit meiner Freundin pflege, und der Theory of Mind erzählt. So kamen wir zwangsläufig bei meinem Aufruf zu mehr emotionaler Reife an. Plötzlich machte es gefühlt mal wieder laut Plopp in meinem Kopf, als ich eine aus meiner Sicht sehr leicht nachvollziehbare, maximal dringliche Forderung in den Raum stellte. Ich holte kurz Luft und begann mein Mini-Plädoyer:

»Die Aufgabe von Politik ist es, unser Zusammenleben gut zu strukturieren und es für möglichst viele Menschen mittel- bis langfristig so angenehm wie möglich zu gestalten. Das kann nur gelingen, wenn Menschen, die in der Politik arbeiten, die Fähigkeit haben, sich in die Lage anderer Menschen hineinzuversetzen. Sonst entscheiden sie stets aus ihrer eigenen, beschränkten Weltsicht heraus über andere Menschen, deren Ängste und Wünsche sie gar nicht kennen (können). Wie sehr die Vorstellungen von Politiker:innen und Wähler:innen häufig voneinander entfernt sind, zeigen doch nicht nur die Vorwürfe ›vom kleinen Mann‹ und ›der kleinen Frau‹ gegenüber ›denen da oben‹, sondern auch ganz reale Unterschiede zwischen den Lebensrealitäten.

Weißt du noch, wie ich dir während meiner Promotion in London von den Lebensläufen der Parlamentarier:innen erzählt habe? Wie soll jemand, der vom Eliteinternat über die Eliteuni in ein politisches Amt kommt, sich auch nur ansatzweise vorstellen können, was es bedeutet, jedes ›Pfund‹ umdrehen zu müssen, mit der ›Tube‹ durch London zu fahren oder sich Sorgen darüber zu machen, wie die nächste Zahnbehandlung bezahlt werden kann?«

Auch wenn es hierzulande weniger Eliteinternate gibt, wird das Grundproblem natürlich auch von vielen Menschen mit Blick auf die deutsche Politik immer wieder benannt. Ich schaute kurz zu meinem Vater, der gespannt zuhörte, und schloss meinen kleinen Vortrag mit der entscheidenden Forderung ab: »Was es also braucht, ist doch völlig klar! Im Einstellungsverfahren müssen alle Politiker:innen einen Test für emotionale Reife bestehen. Inklusive eines nicht unwesentlichen Teils zur Theory of Mind.« Mit seiner ersten Reaktion setzte er direkt noch einen drauf: »Interessant, aber ehrlich gesagt, erachte ich das für jeden Menschen als sinnvoll!«

Meinen Vater hatte ich offensichtlich überzeugt – und wir mussten beide schmunzeln bei der Vorstellung, wie dieser Test wohl aussehen könnte. Nicht zu vergessen, dass unser Vorschlag grundlegend für den ersten Teil der modernen Reifeprüfung ist – also die emotionale Reife –, zu der ich in diesem Buch einlade. Und natürlich ist es selbsterklärend, dass gelebte emotionale Reife bei jeder Tätigkeit, die irgendeine Form des zwischenmenschlichen Austauschs involviert, genau diesen verbessern kann.

So träume ich in mutigen Momenten von einer greifbaren Zukunft, in der in sämtlichen Lehr-, Ausbildungs- und Studienplänen ganz selbstverständlich emotionale Reife fest verankert ist. Aus dem einfachen – und vor allem rationalen – Grund, weil sie grundlegend für eine gute Gestaltung unseres Zusammenlebens ist. Denn das wird durch die vielen einzelnen Verhaltensweisen aller Beteiligten bestimmt.

Mein, dein und unser Verhalten wiederum hat viel damit zu tun, für wen oder was wir uns eigentlich halten. So beginnt dieser letzte Teil der emotionalen Reife und damit die Beantwortung der dritten Fokusfrage »Wie bin ich?« mit einer kleinen Identitätssuche.

Wer bin ich wann und wo?

»Jeder Mensch erfindet sich früher oder später eine Geschichte, die er für sein Leben hält.«[105] Dieses Zitat des Schweizer Schriftstellers und Architekten Max Frisch aus seinem Roman *Mein Name sei Gantenbein* fasst poetisch und klar zugleich zusammen, worum es in diesem Abschnitt gehen soll. Nämlich die Frage, über was und welche Rollen wir uns selbst definieren. Wissenschaftlich beschäftigen sich damit verschiedenste Disziplinen von der Persönlichkeitspsychologie über die Anthropologie hin zu den Sozialwissenschaften und der Soziologie. (Auf der Metaebene auf diese Disziplinen geschaut sind sie nichts anderes als verschiedene Perspektiven – also Geschichten – darüber, wie wir menschliches (Zusammen-)Leben betrachten und erforschen können und wollen.) Doch die von mir angekündigte Identitätssuche soll sich nicht in wissenschaftlichen Studien erschöpfen, sondern nimmt zunächst einige wichtige Fragen in den Fokus: Kannst du dir eine Welt ausmalen, in der sich Menschen stets ehrlich einander vorstellen? Also so richtig ehrlich?

»Guten Tag, ich bin verlogen, käuflich und feige.« Egal in welcher Situation – ob am Rednerpult, auf der Familienfeier oder von der Kanzel herunter –, würde sich jemand so vorstellen, wären die Anwesenden zunächst wohl vor allem eines: verwirrt. Denn keine der drei erwähnten Eigenschaften ist erstrebenswert, geschweige denn wünschenswert oder vorstellungswürdig.

Vielleicht wären wir je nach Situation gar ein wenig amüsiert. Wie oft haben wir uns schon angesichts fauler Versprechen, korruptem Verhalten und fehlenden Mutes über Politiker:innen, Unternehmer:innen und Menschen generell geärgert? Oder anders gefragt: Wie sehr haben wir uns daran gewöhnt – halten es gar für normal –, dass Menschen sich zwar wie in der ausgedachten Begrüßung verhalten, aber niemals so vorstellen würden? Spätestens in einer bestimmten Machtposition gilt es als offenes Geheimnis, dass die erfolgreichen Anwärter:innen sich anders geben müssen, um dort hinzukommen.

So haben wir uns eine Kultur mit entsprechender Kommunikation geschaffen, in der wir zwar Ehrlichkeit als Wert loben, aber uns gleichzeitig klar ist, dass sie spätestens bei den wirklich großen Fragen und Diskussionen maximal ein frommer Wunsch ist. Hinzu kommt, dass wir aus der Psychologie und der Verhaltensforschung wissen: Niemand – von wenigen pathologischen Fällen abgesehen – will ein:e Lügner:in sein.

Zack. Schon wieder sind wir in Absurdistan gelandet. Weil wir nicht nur uns, sondern auch andere und die Welt allgemein ständig belügen. An dieser Stelle böte sich ein ausführlicher Exkurs in die Tiefen unserer Hirnwindungen und die wissenschaftliche Betrachtung gesellschaftlicher Strukturen an, um sich einer Antwort auf die Schuldfrage möglicherweise anzunähern. Aber es soll ja um das »Wofür« statt das »Wogegen« (inklusive Sündenbocksuche) gehen.

So schlage ich stattdessen einen anderen – auf den ersten Blick vielleicht naiven – Weg vor. Einen, der nach vorn zeigt, einen, bei dem wir uns fragen: »Wie wollen wir uns vorstellen?« Das können wir nur, wenn wir selbst begriffen haben, was unsere Identität wirklich ausmacht. Wollen wir uns primär über gesellschaftlich anerkannte Titel definieren und entsprechend als Professor:in, Soldat:in oder Abgeordnete:n vorstellen? Oder wollen wir uns vor allem über unsere Besitztümer präsentieren? Frei nach dem Motto: »Willkommen, ich bin Susanne Kant und habe ein Vermögen von über 20 Milliarden US-Dollar.« Oder: »Hallo, ich bin Raphael Pelzmer und habe fünf Jahre ohne Geld gelebt.« Oder definieren wir uns vor allem über unsere Rolle als Partner:in einer anderen Person? Letzteres betrifft in unserer Kultur vor allem Frauen beziehungsweise Ehegattinnen, die wohl selten freiwillig, aber eben sehr häufig als eine Art Anhängsel des »erfolgreichen« Mannes genannt werden. Wie eine Umkehrung dieser Praxis klingen kann, führte im November 2023 Jason Carter, Enkel der ehemaligen First Lady Rosalynn Carter, bei der Gedenkveranstaltung für seine Großmutter vor: »Ein spezieller Dank geht an Sie, Secretary Clinton, Mrs Bush, Mrs Obama, Mrs Trump und Doktorin Biden. Ich danke Ihnen allen für Ihr Kommen und erkenne diese bemerkenswerte Schwesternschaft an, die Sie mit meiner Großmutter teilen. Ich danke Ihnen allen für Ihren Einsatz, den Sie unserem Land und der Welt bereitgestellt haben. – Secretary Clinton und Dr. Biden, wir heißen auch Ihre liebenswerten Ehemänner willkommen.«[106] Nachdem ich mir das entsprechende Video zu der Gedenkveranstaltung, das mir eine gute Freundin zugeschickt hatte, nochmals angeschaut habe, stelle ich tippend fest, dass ich selbst in die Einordnungsfalle getappt bin, indem ich Jason Carter als »Enkel von« vorgestellt habe und beispielsweise nicht als US-amerikanischen Anwalt und Politiker.

Natürlich sind Professionen, Titel und Besitztümer Teil von uns. Sie geben uns die Sicherheit, nach der sich unser Gehirn so sehr »sehnt«. Sie bestimmen unser Leben entscheidend mit. Doch hängen sie stets – und damit stärker, als wir im Alltag häufig anerkennen – von kulturgesellschaftlichen Absprachen ab. So bekommt die Professorin im Dschungel nicht automatisch einen Platz in der ersten Reihe, und jeder Euro auf dem Konto basiert am Ende des Tages auf nichts weiter als Vertrauen. Dem Vertrauen, dass er auch morgen noch von den Mitmenschen als Gegenwert für Haus, Hof und Hafer akzeptiert wird. Titel und Besitztümer sind also stets zeitlich und räumlich begrenzt. Das Einzige, das wir wirklich besitzen und das damit das Zeug zu einer ehrlichen Vorstellung unserer selbst hat, steht auf keiner Visitenkarte und keinem Vermögensindex.

Es sind unsere Handlungen, die stets im Kopf unseres Daseins als »emotionale Blobs« beginnen und über unsere Kommunikation inklusive allen Verhaltens in die Welt getragen werden. Sie beginnen und enden bei jeder realen und metaphorischen Tür, die ich aufhalten kann, um ein »Wofür« zu leben, oder sie mit einem lauten Knall und »Wogegen« zufallen lassen kann. Denn jede Handlung verändert unsere Vorstellung – unsere Geschichte – von uns selbst. Vor allem auch darüber, was möglich ist und wie wir sein wollen. (Der Mix aus Genen und Umwelt lässt grüßen.)

Folgen wir meinem Tagtraum von einer emotional reifen oder zumindest reiferen Menschheit noch für einen Moment weiter und stellen uns vor, Menschen würden sich im Zuge dessen nicht nur ehrlich vorstellen (können), sondern auch immer mal wieder selbst hinterfragen. Vielleicht geleitet durch die Frage: Was sollen Menschen jetzt und in Zukunft über mich sagen? Auch oder gerade dann, wenn ich nicht anwesend bin? Interessanterweise bereut niemand am Sterbebett, zu wenig gearbeitet zu haben, zu viel Zeit mit Freunden und Familie verbracht zu haben, zu viel auf die eigene Gesundheit geachtet zu haben oder zu viele soziale Kontakte gepflegt zu haben.[107]

Fest steht auch, dass diese ganze Träumerei nicht irgendeine Spinnerei ist, bei der es um die schon erwähnten »Feelgood«- und »Happiness«-Angebote unterschiedlichster Couleur geht, sondern das Potenzial hat, unser Zusammenleben grundlegend anders und vor allem menschenfreundlicher (bezogen auf jede:n Einzelne:n und Gruppen jeder Art) zu gestalten. Denn trotz allem Frust und Ärger über die anwesenden Mitartgenoss:innen wissen wir eben auch: Wir sind diese sozialen Wesen, die zum Überleben und zum guten Leben andere Menschen brauchen. (Stichwort Kooperation und die Gedanken aus dem Kapitel »Wir wollen alle nur das Eine«.)

Bezogen auf die großen Herausforderungen unserer Zeit liegt darin eine gewisse Ironie. Was meine ich damit? Haben wir begriffen, dass unsere eigene Identität stets maßgeblich von anderen Menschen bestimmt wird, bedarf es nur noch eines weiteren Schrittes zum großen Ganzen der menschlichen Spezies insgesamt. Dieser Schritt besteht darin, zu erkennen, dass auch mein Überleben als Vertreterin der Spezies Mensch stets von anderen Individuen abhängt.[108] Er besteht darin, zu begreifen, dass die zunehmende Zerstörung der eigenen Lebensgrundlage und das Überschreiten weiterer planetarer Grenzen zwar stets die jeweils »Schwächsten« und »Ärmsten« zuerst trifft, doch irgendwann auch mich und dich betreffen wird. Spätestens an dem Punkt, wenn wir selbst zu den »Schwächsten« gehören.

Wie unbegreiflich schwierig diese Erkenntnis besonders den Menschen fällt, die aktuell zu den »Reichsten« gehören, hat der US-amerikanische Medientheoretiker, Autor und Dozent Douglas Rushkoff am eigenen Leib erfahren und in seinem neuesten Buch *Survival of the Richest: Escape Fantasies of the Tech Billionaires*[109] anschaulich dokumentiert. Darin beschreibt er sein ominöses Treffen mit fünf Tech-Milliardären in einem luxuriösen Wüstenresort. Die Einladung entpuppt sich nach Rushkoffs Ankunft in der Wüste als Bitte der Milliardäre, ihnen eine Überlebensstrategie aufzuzeigen. Denn sie haben vor allem eines: Angst. Angst angesichts der bevorstehenden sozialen Katastrophe, die aufgrund der zunehmenden Zerstörung unserer Lebensgrundlage unausweichlich scheint. Douglas Rushkoffs Antwort und Empfehlung an die fünf hat entgegen den Erwartungen der verängstigten Milliardäre nichts mit Panzern, Bunkern, Abschottung, künstlicher Intelligenz oder sonstigen Technologien zu tun. Seine Empfehlung ist banal und bahnbrechend zugleich: Wie wäre es, wenn wir – inklusive der Anwesenden – die antizipierte Katastrophe einfach verhindern?

Der einzige Erfolg versprechende Weg dafür bestehe darin, das gegenseitige Abhängigkeitsverhältnis aller Menschen zu erkennen und zu leben. Sprich: Wer seine Mitmenschen als Teil seines Lebens begreift und sie einfach »menschlich« behandelt, benötigt keine Wüstenresorts, um sich (vermeintlich) zu beschützen.

Was bedeutet das für das eigene Identitätsverständnis und damit verbunden den Umgang mit Menschen, die augen- und ohrenscheinlich »gegen« die eigenen Überzeugungen anreden, argumentieren und vielleicht sogar kämpfen? Es bedeutet, auch diese Menschen in das Verständnis von sich selbst immer wieder zu »integrieren«.

Ich versuche das, indem ich mir jedes Mal, wenn ich angesichts von Positionen meiner Gegenüber kurz vorm Verzweifeln stehe, erneut bewusst mache, dass auch sie betroffen sind. Betroffen vom Überschreiten der planetaren Grenzen. Auch wenn sie es nicht wahrhaben wollen und/oder können. Ich versuche es, indem ich mich daran erinnere, dass dieser Kampf anders ist als alle anderen, weil es mittel- und langfristig keine Trennung zwischen Gewinner:innen und Verlierer:innen geben wird.

Was bedeutet das für unsere Reifeprüfung? Es bedeutet, dass die immense, die radikal emotionale Aufgabe darin besteht, auch die Menschen in das eigene Gehirn einzuschließen, die ein vollkommen anderes Weltbild und andere Werte haben, die gegen einen wettern, die einen beleidigen und vielleicht sogar bekämpfen. Das ist nichts weiter als bedingungslose Liebe. (Das klingt vielleicht spirituell oder religiös, aber damit meine ich Liebe in der Form, wie ich sie bei Frage 1 als Präsenz und den Wunsch, den anderen verstehen zu wollen, vorgestellt habe.)

Was bedeutet das für mich – und kann es vielleicht für dich bedeuten? Ich stehe jeden Morgen in der vertrauten Gewissheit auf, auch die Menschen zu lieben, von denen ich lange Zeit dachte, sie seien meine Kontrahent:innen. Das ist nicht leicht, denn ich habe einigen Vertreter:innen aus dieser Gruppe gegenüber lange Zeit so etwas wie Ekel gespürt. Wahrscheinlich begründet in einer tiefen Abneigung gegenüber ihrem Denken, Reden und Handeln. Wobei ich Ersteres nur vermuten kann und mir nicht anmaße, ihr Denken bis ins Letzte nachvollziehen zu können. Immerhin sorgt meine und die häufig gegenseitige Abneigung und Distanz in der Regel ja dafür, dass kein Vertrauensverhältnis als Grundlage für einen ehrlichen Austausch zwischen uns entstehen kann. Ich kann also nur spekulieren, welche Gefühle und Gedanken in den entsprechenden Köpfen und Körpern rumsausen.

Ich habe hier bewusst keine Personengruppen oder gar Namen genannt. Obwohl es bei mir konkrete Personen gibt, die in diese Kategorie fallen. Aber es geht mir hier nicht um ein Bloßstellen, um ein Ab- oder Ausgrenzen, um ein »Wogegen«, sondern um einen konstruktiven, nach vorn gerichteten Ansatz, der uns weiterbringt. Darum lade ich ein, dich zu fragen: Wer sind deine Namen und Gesichter? Die Menschen, die gefühlt gegen dich sind und gegenüber denen du Ablehnung, Ekel, vielleicht sogar Hass verspürst? Hast du die Argumentation um Douglas Rushkoffs Antwort durchdrungen, weißt und fühlst du, dass auch diese Menschen zu dem Kreis gehören, für den du morgens aufstehst.

Ich bin mittlerweile davon überzeugt, dass ich nur deshalb tun kann, was ich tue, weil ich begonnen habe, Menschen bedingungslos zu lieben. Vor allem auch die, die am weitesten entfernt scheinen. Bei aller Schwierigkeit, die das mit sich bringt, ermöglicht es mir, mich einzubringen. Für eine lebenswerte Zukunft. Denn nur, wenn ich stark genug bin, diese Liebe aufzubringen, habe ich auch die notwendige Kraft, Gedanken zu sortieren, mich zu konzentrieren und im nächsten Schritt ehrliche Gespräche zu führen, Vorlesungen und Vorträge zu halten, Texte und Bücher zu schreiben.

Neben der Liebe benötige ich dafür noch ein weiteres Gefühl: die Überzeugung, dass alles, was ich denke, fühle und tue, nicht nur mich beeinflusst, sondern auch eine Bedeutung in meiner Umgebung und damit der großen, weiten Welt hat.

Die Sache mit der Motivation, oder: Pandemie der Hilflosigkeit

Die Beschäftigten in vielen sozialen Berufen sind am Limit. So lautet das zentrale Ergebnis einer aktuellen Analyse der Hochschule Fulda und der Gewerkschaft ver.di aus dem Frühjahr 2023.[110] Parallel erscheinen die Ergebnisse einer Umfrage unter Erzieher:innen, die auf ähnliche Notstände hinweisen. »Personalmangel und Burnout – Soziale Berufe an der Belastungsgrenze« verkündet die Überschrift zu den beiden Berichten entsprechend auf *ZDF.de*.[111] Die zunehmende Erschöpfung sorge bereits für eine verminderte Leistungsfähigkeit und damit natürlich für Qualitätseinbußen bei der Arbeit. So leiden nicht nur die Beschäftigten selbst, sondern auch die Kinder, Kranken und alle anderen »Empfänger:innen« der sozialen Leistungen. Der Gesundheitssektor droht nicht nur in anderen Ländern wie Großbritannien[112] und den USA (weiter) zu kollabieren, sondern hat auch hierzulande bereits in vielen Bereichen einen »gesunden Zustand« verlassen. Der Ärzt:innen-Mangel ist dafür nur eines von vielen Symptomen.[113]

Insgesamt fallen Arbeitnehmer:innen immer länger wegen psychischer Belastungen aus, die bereits seit Jahren zu den drei wichtigsten Gründen für Krankschreibungen gehören. Von 2012 bis 2022 stieg die durchschnittliche Fehlzeit aufgrund psychischer Diagnosen um mehr als 35 Prozent an.[114]

Diese und ähnliche Zahlen lassen sich für viele andere Bereiche mit ein wenig Recherche schnell finden und belegen vor allem zweierlei: Ein Großteil der Gesellschaft ist überfordert und überlastet. Sei es mit Blick auf die nationalen Notstände oder die nicht enden wollenden Hiobsbotschaften über die Krisen, Kriege und Konflikte in der Welt, die uns tagtäglich auf sämtlichen Kanälen erreichen.

Was all das mit uns macht? Es fördert das Gefühl von Hilflosigkeit. Denn wie soll ich als Einzelperson das Gesundheitssystem wieder auf die Beine bekommen, geschweige denn dazu beitragen, eine globale Konfliktsituation aufzulösen oder den Klimanotfall zu beenden? In den vergangenen Jahren habe ich nicht nur zahlreiche Studien zur Thematik der (erlernten) Hilflosigkeit[115] gelesen und ungezählte Interviews darüber gegeben, sondern bin bei einer drastischen Schlussfolgerung angekommen: Wir befinden uns mitten in einer Pandemie der Hilflosigkeit, und diese ist möglicherweise die größte Gefahr für eine gute Zukunft der Menschheit auf diesem Planeten. Glaube mir, ich habe mir gut überlegt, ob ich so große Worte wähle, um meine Einschätzung zu beschreiben – und natürlich kann ich mich irren. Tatsächlich wäre ich froh, sollte sich meine Analyse als falsch erweisen. Warum aber bin ich so überzeugt davon?

Nehmen wir die bekannteste Vertreterin der psychischen Beschwerden als Anfangspunkt – die Depression. Stell dir vor, du dürftest lediglich ein Symptom erfragen, um zu entscheiden, ob eine Person eine Depression hat oder nicht. Welches wäre das? Sprich, welches Symptom sagt am ehesten vorher, ob jemand depressiv ist?

Hoffnungslosigkeit.[116]

Die Hoffnungslosigkeit ist die Schwester der Hilflosigkeit. In meinem Kopf formt sich ein Bild, auf dem beide Hand in Hand tanzen und dabei immer größer werden, weil sie sich gegenseitig bedingen und hochschaukeln. Wer sich hilflos fühlt, verliert die Hoffnung, dass sich Dinge zum Guten wenden können, und wird dadurch noch hilfloser, entsprechend hoffnungsloser und so weiter. Möglicherweise endet dieser Teufelskreis in vollständiger Handlungsunfähigkeit. Doch Politik beziehungsweise eine Demokratie lebt von Menschen, die mitdenken und -handeln. Sie lebt von Menschen, die davon überzeugt sind, dass auch ihre Stimme zählt, dass ihre Beteiligung am politischen Prozess wichtig ist, vielleicht sogar systemrelevant.

Diese Herleitung ist der Kern radikaler Emotionalität. Sie ist der Grund dafür, warum dieses Buch den Untertitel trägt »Wie Gefühle Politik machen«. Auf meine Betrachtung zugespitzt könnte ich leider noch hinzufügen: »und wie Hilflosig- und Hoffnungslosigkeit dafür sorgen, dass Menschen keine Politik (mehr) machen«.[117]

Wollen wir dieser Dynamik entgegenwirken, müssen wir also den teuflischen Tanz der beiden Schwestern aus Hilflosig- und Hoffnungslosigkeit stoppen. Das geht nur, wenn wir verstanden und begriffen haben, dass es vor allem Gefühle sind, die Politik machen. Dass es nicht ausreicht, Menschen etwas zu erklären, und sie dann, aufbauend auf neuem Wissen, ihr Verhalten ändern. Dass Menschen in diesem traditionellen Verständnis von Rationalität, bei dem neues Wissen stets zu verändertem Handeln führt, eben weniger »vernünftig« und »rational« sind als lange Zeit angenommen.

Das ist kein leichter Brocken, und wenn es dir jetzt gerade schwerfällt, das alles mental zu verdauen, bist du nicht allein. In der Psychologie sprechen manche Wissenschaftler:innen gar von einer Krise der Theorienbildung, weil diese Erkenntnisse den Grundbaustein des lange geltenden kognitiv-verhaltensorientierten Ansatzes quasi mit einem Vorschlaghammer zertrümmert haben. Dieser Paradigmenwechsel zu radikaler Emotionalität ist so gesehen selbst radikal. Im Kern steht die Erkenntnis, dass Motivation – also das Gegenmittel zur (drohenden) Handlungsunfähigkeit und Passivität – immer zusammen mit Emotionen gedacht werden muss. Sprich, wir werden nicht politisch aktiv, weil wir bestimmte Fakten vermittelt bekommen, sondern weil wir bestimmte Gefühle (möglicherweise teilweise über die entsprechenden Fakten ausgelöst) spüren und dadurch motiviert sind, aufzustehen und aktiv zu werden. Dieser Zusammenhang gilt auch für alle anderen Lebensbereiche und wird unter anderem gerade sehr »aktiv« in der Sportpsychologie und dem Gesundheitsverhalten allgemein erforscht.[118] Vielleicht fällt es dir bei dieser Thematik ein wenig leichter, die Idee des Menschen – und dir selbst – als (rein) vernunftbasiertes Wesen aufzugeben. Weil du vielleicht aus eigener Erfahrung weißt, dass die hinlänglich bekannten Informationen »regelmäßige Bewegung ist essenziell für eine gute Gesundheit« und »gesunde Ernährung basiert auf gering verarbeiteten Lebensmitteln, einem hohen Anteil pflanzlicher Zutaten und hält das richtige Maß« (noch) nicht dazu geführt haben, dass du ein entsprechendes Bewegungs- und Ernährungsverhalten umsetzt.

Denn auch wenn wir alle »wissen«, dass Laufen, Radfahren und jede Form der Bewegung besser als keine Bewegung ist, hat das noch nicht dazu geführt, dass wir motiviert genug sind, um uns ausreichend zu bewegen.[119] Was tatsächlich hilft, weiß Ralf Brand, Professor für Sportpsychologie an der Universität Potsdam: »Es geht bei der Motivation darum, eine Betätigungsform zu finden, bei der ich während des Sporttreibens noch überwiegend positive Gefühlserlebnisse habe.«[120] Diese vermeintlich banale Erkenntnis sorgt nicht nur in der Sportpsychologie gerade für viel Aufruhr, sondern impliziert auch, dass sämtliche Bereiche des Gesundheitswesens ihre Kommunikations- und Behandlungsstrategien überdenken sollten.

Wie lässt sich die Sache mit den »positiven Gefühlserlebnissen« auf Politik übertragen? Bei der Antwort auf diese Frage kommt nicht die Schwester, sondern die Gegnerin der Hoffnungslosigkeit aus ihrem Versteck: die Hoffnung. Doch Vorsicht. Hoffnung wird gern falsch verstanden – oder besser gesagt, auf ihre »passive« Form reduziert. Menschen mit passiver Hoffnung gehen davon aus, dass irgendjemand anderes dafür sorgen wird, die Welt so zu gestalten, wie wir sie uns wünschen, und mündet damit genau wie die Hoffnungslosigkeit in Passivität. Die legendäre 94-jährige US-amerikanische Umweltaktivistin und Autorin Joanna Macy sieht darin gar die größte Gefahr: »Von allen Gefahren, mit denen wir konfrontiert sind, von Klimachaos bis Atomkrieg, ist keine so groß wie das Abtöten unserer Erwiderung.«[121]

Als aktiv hoffnungsvoller Mensch hingegen werde ich selbst aktiv, um mich für die von mir erhofften Veränderungen einzusetzen.[122] Aktive Hoffnung fußt also in einer im extremen Fall unerschütterlichen Überzeugung, dass das, was ich tue, tatsächlich zu Veränderungen führt. Václav Havel, letzter Präsident der Tschechoslowakei sowie Autor, Dramatiker, Dissident und Menschenrechtler, beschrieb die zugrunde liegende Gefühlslage der aktiven Hoffnung in seinen Gesprächen mit dem tschechischen Journalisten Karel Hvížďala in den Jahren 1985/86: »Hoffnung ist nicht das Gleiche wie Optimismus. Hoffnung ist nicht die Überzeugung, dass etwas gut ausgehen wird, sondern die Gewissheit, dass etwas sinnvoll ist, unabhängig davon, wie es ausgehen wird.«[123]

Damit trifft er den Nagel auf den Kopf. Denn im Kern besteht aktive Hoffnung darin, dass wir überzeugt sind, etwas Sinnvolles und Bedeutsames mit unserem Handeln bewirken zu können. Das zeigen uns nicht nur zahlreiche Studienergebnisse aus der Psychologie, den Neuro- und Gesundheitswissenschaften,[124] sondern auch unsere eigenen Lebenserfahrungen. So äußert sich unser Drang, uns wirksam fühlen zu wollen, besonders offensichtlich in Phasen, wenn die Möglichkeiten für selbstwirksames Handeln eingeschränkt sind. Etwa in Hochzeiten der Corona-Pandemie, als viele Menschen mit großen Veränderungen und Einschränkungen ihres Alltags konfrontiert waren. Auf die eigenen oder gemieteten vier Wände zurückgeworfen, richteten sie ihren Drang, etwas Sinnvolles zu tun, entsprechend auf ebendiese Umgebung – also auf Küche, Flur und Bastelkeller. Darum waren die Backabteilungen leer gekauft und die Baumärkte überfüllt. Weil wir uns in Zeiten maximaler Handlungsunfähigkeit und Auf-uns-selbst-Zurückgeworfensein besonders stark danach sehnen, mit den eigenen Händen (und Füßen) etwas zu schaffen. Wir sehnen uns dann besonders nach der Gegnerin der Hilflosigkeit und der Schwester der Hoffnung: der Selbstwirksamkeit. Sie ist ein Rauschmittel für uns und unser Gehirn,[125] weil sie uns so unfassbar gut fühlen lässt, unseren Schmerz dämpft[126] und uns über uns hinauswachsen lässt. So sehr, dass wir damit auch andere Menschen anstecken können.

So steht der Kombination aus Hoffnungs- und Hilflosigkeit die starke Verbindung von Hoffnung und Selbstwirksamkeit gegenüber. Die zentrale Herausforderung auf individueller und gesellschaftlicher Ebene besteht darin, wie wir das letztgenannte Paar aktivieren und verstärken. Auch hier finden wir Antworten in aktuellen Forschungsergebnissen: Jeder Anfang besteht im »Tun«, im Erleben, im ersten Aktivwerden.[127]

Plopp! – Bei dir auch?

Ich hatte diesen Plopp vor einiger Zeit, während ich stets auf der Suche nach einem Begriff war, der echtes Verstehen kommuniziert, das über die reine Wissensebene hinausgeht. Denn wir wissen, dass die Fakten und Geschichten allein nicht ausreichen, um uns begreifen zu lassen. Und da war er plötzlich. Der Begriff, der das Verstehen mit dem ganzen Hirn und Körper am besten beschreibt. Der nahelegt, dass wir aktiv sein müssen, um »wirklich« oder vollumfänglich zu verstehen – als »emotionale Blobs«.

Wir müssen be-greifen, im besten Fall mit all unseren Sinnen – um wirklich zu verstehen. Wenn wir erleben, erfahren und begreifen, sorgen die damit einhergehenden starken Emotionen für intensive Spuren im Gedächtnis. Dann erleben wir uns selbst als wirksam, wächst unsere aktive Hoffnung, und die positiven Effekte verstärken sich gegenseitig. Das weiß übrigens auch ChatGPT.

Im Dezember 2023 stellte der Unternehmer und Berater David Wortmann dem Chatbot die Frage: »In einem Satz: In einer Welt mit schlechter werdenden Klima- und Umweltbedingungen, warum sollten wir den Blick auf positive Nachrichten nicht verlieren?« Die Antwort: »Inmitten schlechter werdender Klima- und Umweltbedingungen ist es entscheidend, den Fokus auf positive Nachrichten zu richten, um Hoffnung zu bewahren und das kollektive Handeln auf Lösungen zu lenken.«

Und dennoch bleibt eine Frage offen: Wie überwinden wir die anfängliche Hürde, überhaupt aktiv zu werden? Václav Havel formulierte seine Antwort Mitte der 1980er-Jahre im Angesicht einer extrem unsicheren politischen Lage im eigenen Land so: »Es ist auch diese Hoffnung, über allem anderen, die uns die Kraft zum Leben gibt und kontinuierlich neue Dinge ausprobieren lässt, auch unter Umständen, die so hoffnungslos scheinen wie unsere, hier und jetzt.«

Genau darum geht es. Und genau darum geht es deshalb auch im letzten kurzen Abschnitt von Teil I dieses Buches: das Gefühl, das uns Neues ausprobieren lässt.

Neugier als Gewohnheit

»Wer nicht will, findet Gründe, wer will, findet Wege.« Die Aussage begegnet mir in einem abgelegenen Café in der Lüneburger Heide bei einer Osterwanderung, und ich notiere sie auf meinem digitalen Notizzettel, der als Sammlung für dieses Buch dient. Warum? Weil er wunderbar schön und einfach zugleich beschreibt, welches Gefühl uns Menschen die Welt entdecken und erkunden lässt, uns Wissenschaft und Forschung betreiben lässt, uns andere Menschen verstehen wollen und lieben lässt. Das alles ist nur möglich, wenn und weil wir Neugier verspüren. Weil wir Lust haben auf was oder wen Neues, weil wir uns nicht mit dem Status quo zufriedengeben können oder wollen.

Wir werden alle als kleine neugierige Wesen geboren, die sich mit dem Verlassen des Mutterleibs auf ihre ganz persönliche Entdeckungsreise begeben. Bis … ja, bis wir Gewohnheiten im Denken und Handeln etablieren, die es uns zunehmend schwieriger machen, neue Denk- und Handlungspfade zu erkunden. Warum sind Gewohnheiten so attraktiv? Weil sie unsere Überlebenschancen auf mindestens zwei Weisen erhöhen: Erstens sorgen sie für einen geringeren Energieverbrauch, da automatisiertes Handeln schlichtweg weniger Ressourcen kostet. Zweitens geben sie uns – mindestens teilweise – die allseits ersehnte Sicherheit, die unser Gehirn uns so nachdrücklich »suchen lässt«. Hinzu kommt: Je länger wir bereits eine Gewohnheit haben, desto schwieriger ist es, sie zu ändern. (Generell ist eine Gewohnheitsänderung einfacher als ein vollständiges Ablegen.) Dieser Zusammenhang basiert auf dem grundlegenden Mechanismus von Lernen, beziehungsweise auf neuronaler Ebene ausgedrückt, der bereits im Abschnitt »Weniger ist tatsächlich mehr« erwähnten neuronalen Plastizität: »What fires together, wires together.«[128] Also frei übersetzt etwa: »Was zusammen aktiv ist, verdrahtet sich.«

So wird im Rahmen der Gewohnheitsbildung aus einem neuronalen Trampelpfad durch zahlreiche Wiederholungen erst ein breiter Weg und schließlich eine mehrspurige Autobahn oder Fahrradschnellstraße. Darum ist es so schwierig, sich von einer einmal gefassten Überzeugung, egal wie »irrational« sie auch sein mag, wieder zu verabschieden. Denn genau das ist auf neuronaler und damit psychologischer Ebene sehr kostspielig und damit anstrengend. Warum? Weil wir im Neugier-Modus zunächst Unsicherheit aushalten müssen, weil wir den Weg vor uns noch nicht kennen, weil wir möglicherweise sogar die eigene Identität infrage stellen oder zumindest Zweifel zulassen müssen. Wie kostspielig das sein kann, »erklärte« der Anhänger einer Ufo-Sekte in einem Interview aus dem Jahr 1945 auf beeindruckende Art und Weise, nachdem die von der Sekte vorhergesagte Ufo-Landung nicht stattgefunden hatte: »Ich kann es mir nicht leisten zu zweifeln, ich muss glauben. Ich habe mein ganzes Leben darauf eingestellt. Ich muss an dieser Erklärung festhalten. – Das war ja nur ein Test.«[129]

Aber was, wenn die Neugier dafür sorgt, dass wir durch Entdeckungen, durch das Ablegen bisheriger Denk- und Verhaltensmuster, wiederum zu besseren, noch energiesparenderen und noch mehr Sicherheit versprechenden, neuen Gewohnheiten finden? Dann lohnt es sich, neugierig zu sein!

Der zentrale Balanceakt beim Leben und Überleben besteht also darin, einen gesunden Mix aus Neugier und Gewohnheit zu finden. Er besteht darin, zu erkennen, wann es »an der Zeit ist«, Altes aufzugeben, um am Ende besser dazustehen. Schauen wir auf die (Erfolgs-)Geschichte(n) der Menschheit, sind es immer das Hinterfragen und der Entdeckungsdrang gewesen, die uns – im wahrsten Sinne des Wortes – zu neuen Vorstellungen und Ufern haben aufbrechen lassen und so wissenschaftlichen sowie technischen und damit einhergehenden gesellschaftlichen Fort-Schritt ermöglicht haben.

Wollen wir die Erfolgsgeschichte also fortsetzen, brauchen wir viele neugierige Menschen, die in ihrem Gehirn und ihrem Leben vor allem eines schaffen: Neugier als Gewohnheit zu etablieren. Wir brauchen Menschen, die ihre Entwicklung nicht als abgeschlossen wahrnehmen, sondern sich immer wieder als Anfänger:innen sehen und so die Motivation aufbringen, weiterzukommen, zu erforschen, zu hinterfragen, und die mit aktiver Hoffnung im Gepäck mutig neu – also dynamisch – denken und handeln. Dieses »Beginner's Mind«[130] lässt sich auf alle Lebensbereiche anwenden, wenn du dir den kleinen Satz: »Mein Leben reicht nicht aus, um alles über X zu lernen!«, immer wieder ins Gedächtnis rufst. Um bei dieser zunächst ernüchternden Erkenntnis nicht in Hilflosigkeit und Passivität zu verfallen, kannst du, immer wenn du deine eigenen Grenzen erkennst, zu dir zurückkehren und mit radikaler Aufmerksamkeit fragen: »Liege ich schon bei allem richtig?«

Egal wie genial du sein magst, lautet die ehrliche Antwort wohl für jeden Menschen: Nein! Die logische Folgefrage, die sich daraus ergibt, lädt zur Neugier ein und lautet: Wo liege ich falsch? Oder noch stärker im »Wofür«-Modus formuliert: »Ich weiß noch nicht so viel über X, wie ich gern wüsste!«

So endet Teil I dieses Buches und damit der erste Teil der von mir vorgeschlagenen Reise, mittels radikaler Aufmerksamkeit zu emotionaler Reife zu gelangen, hoffentlich mit einer radikalen Erkenntnis. Ich habe sie bewusst nicht an den Anfang gestellt, um dich nicht abzuschrecken oder gar zu verjagen. Sie lautet: Unsere Wahrnehmung ist häufig falsch! Ich selbst erinnere mich noch sehr genau an meine eigene Reaktion, als ich das erste Mal den Gedanken an mich heranließ, dass (auch) meine Wahrnehmung in vielerlei Hinsicht und häufig schlichtweg »falsch« ist. Falsch, weil sie mir nicht das bestmögliche Abbild der Realität liefert, weil auch mein Gehirn aufgrund bestimmter Vorlieben und Mechanismen ein verzerrtes bis falsches Bild liefert. Ein falsches und verzerrtes Bild sowohl von mir und meinem aktuellen emotionalen Zustand als auch von vermeintlichen Wahrheiten, Risiken und Chancen auf gesellschaftlicher und politischer Ebene. Natürlich immer aus der »Motivation« heraus, mich am Leben halten zu wollen. Doch dabei hat mein Gehirn leider nicht immer – vor allem, wenn alles und alle um mich herum um meine Aufmerksamkeit kämpfen – die Kapazitäten, die mittel- und langfristige Perspektive einzunehmen. Weil mir die Ruhe und Fokussierung auf mich selbst, meine Gefühle und Gedanken fehlen. So will ich kurzfristig das zweite Stück Schokoladenkuchen essen und den Menschen mit der anderen Einstellung nicht mögen, geschweige denn lieben. So entstehen private und politische Konflikte, weil wir uns zu häufig im ultrakurzfristigen Überlebensmodus befinden und uns die Fähigkeit fehlt, unser Zusammenleben und Politik aktiv mitzugestalten. Gleichzeitig haben wir in diesem Teil I des Buches alles gelernt, was es braucht, damit dem nicht (länger) so ist.

Erkennen wir unsere wahre Biologie an und betrachten radikal aufmerksam uns und unsere Umgebung, gelingt es uns, die mittel- und langfristige Perspektive einzunehmen. Es gelingt uns, zu begreifen, dass unser Wohl immer vom Wohl unserer Umgebung abhängt und nicht getrennt betrachtet werden kann. Es gelingt uns vielleicht sogar, Politik (wieder) als Gemeinwohlunterfangen zu begreifen.

Ich schaue mittlerweile mit zunehmend mehr Freude auf die eigene Fehlbarkeit, auf die »falschen Wahrnehmungen«, die mich täglich begleiten. Ich versuche, ihnen, sooft ich es schaffe, mit Neugier zu begegnen, ohne mich selbst dabei zu verlieren. Seitdem ich mich auf diese Reise begeben habe, lerne ich auch mich selbst mit jedem Schritt immer besser kennen. Das ist kein emotional sicherer Hafen, sondern fordert mich und meinen Umgang mit meinen eigenen – eben nur vermeintlich negativen – Emotionen stets aufs Neue heraus. Doch genau darin besteht die unbesiegbare Kraft, mit aktiver Hoffnung mich und meine Umgebung mitzugestalten.

So lande ich bei der übergeordneten Frage, was dieses Buch sein kann: eine Einladung. Eine Einladung, deren erster Schritt darin besteht, mit neuer Perspektive auf das, was vermeintlich klar, verstanden und normal erscheint, radikal aufmerksam zu schauen. Um dann vielleicht zu spüren, was da eigentlich gerade in mir, in dir und in uns passiert. Wenn du beginnst, neu und neugierig mit allen Sinnen dich, die Welt und die vielen Zusammenhänge zu interpretieren, kommst du vielleicht zu einem ganz anderen Ergebnis als ich. Genau das wäre wunderbar, denn dann können wir gemeinsamen den zweiten Teil der Reifeprüfung beginnen: die kommunikative Reife. Sie lässt uns radikal ehrlich miteinander austauschen.

So frage ich erneut: Bist du bereit?

II Radikale Ehrlichkeit

> »Wir müssen heute mit der Wahrheit leben, die uns heute zur Verfügung steht, und bereit sein, sie morgen Unwahrheit zu nennen.«
>
> *William James*

Wie geht es dir? Die kleine, vermeintlich unscheinbare Frage nach dem eigenen Befinden ist der rote Faden, den ich auch zu Beginn dieses Kapitels wieder aufnehmen will. Denn auch nach einer ehrlichen Spurensuche in einem selbst ist längst nicht garantiert, die kleine Frage sich selbst und anderen gegenüber ehrlich zu beantworten. Wie sähen unser Zusammenleben und diese Welt aus, wenn wir die Frage häufiger oder (radikal gedacht) gar immer ehrlich beantworten würden? Wenn wir immer und überall eine möglichst ehrliche – also basierend auf unserem eigenen Zugang zum aktuellen Befinden – Antwort geben würden? Und zwar unabhängig von unserer Rolle in der jeweiligen Situation – sei es als Partner:in, Vorgesetzte:r oder Staatschef:in.

Damit jetzt kein Missverständnis aufkommt: Eine ehrliche Antwort besteht *nicht* darin, meinen Mitmenschen ständig alles mitzuteilen, was in mir vorgeht. Natürlich gibt es unterschiedliche Ebenen des Vertrauens, die dazu führen, dass ich mit manchen Menschen bestimmte Aspekte über meine Gefühle und Gedanken teilen möchte, die bei anderen nichts verloren haben. Ehrlichkeit fasse ich als Begriff zunächst einmal in der grundsätzlichen Bereitschaft, meine Antworten nach bestem Wissen und Gewissen zu geben. Antworte ich ehrlich, habe ich keine Strategie, am Ende besser als mein Gegenüber dastehen zu wollen, sondern verfolge das übergeordnete Ziel eines konstruktiven Austausches. Es geht also nicht in erster Linie um mich oder eine andere Person, sondern ein bestimmtes Thema, das uns beschäftigt. Nehmen wir ein einfaches Beispiel: In einem Ort steht zur Debatte, ob fünf Windräder gebaut werden oder nicht. Statt nun – wie meist der Fall – Befürworter:innen und Gegner:innen gegeneinander antreten zu lassen, bis eine Seite nach- oder aufgibt, kommen in einem ehrlichen Austausch alle zusammen. So können alle Beteiligten ehrlich über Gründe und die damit einhergehenden Gefühle sprechen, warum sie für oder gegen die entsprechende Planung sind. Tatsächlich hat eine ehrliche Kommunikation in diesem Verständnis nur Vorteile, denn sie spart Zeit, Geld und Frust.

Klar ist auch: Ehrliche Kommunikation setzt den ersten Teil der Reifeprüfung der emotionalen Reife voraus – ein Grund mehr, sie in sämtlichen Lehr-, Ausbildungs- und Studienplänen sowie Einstellungstests (auch für Politiker:innen) fest zu verankern.

Lassen wir uns kurz auf ein Gedankenexperiment ein, das im ersten Moment sehr weit weg von unserer Lebensrealität scheint: Stellen wir uns vor, dass wir diese ehrlichen Antworten zur »Norm« für jeden Austausch geworden lassen hätten und wir in einer Welt lebten, die auf ehrlicher Kommunikation basierte.

Diese Vorstellung bringt uns zurück zu den Vorteilen ehrlicher Kommunikation: Wie viel Ablenkung, wie viel Verdrängung, wie viel Zeit würden wir uns so sparen? Weil ehrliche Antworten »normal« wären und es nicht ständig darum gehen würde, abzuwägen, wie ehrlich wir uns »erlauben« könnten zu sein. Wie viel weniger strategische Überlegungen und Taktiken bräuchten wir? Wie viel mehr Zeit hätten wir für die eigentlichen Inhalte unserer Unterhaltungen, Debatten und Verhandlungen? Egal ob am Frühstückstisch, im Konferenzraum oder im Plenarsaal. Wie viel mehr Zeit hätten wir, um uns auf

Lösungen für die großen und kleinen Herausforderungen zu konzentrieren und diese entsprechend umzusetzen?

Wollen wir radikale Ehrlichkeit praktizieren, wird es automatisch persönlich, weil es um meine individuellen Werte und Überzeugungen sowie damit einhergehende Emotionen geht. Treffen diese auf deine – sehr wahrscheinlich zumindest teilweise anderen – Vorstellungen, entstehen Reibungspunkte. Und genau dann wird es spannend!

In meinen Jugendjahren habe ich erfahren, wie es sich anfühlt, ehrlich Dinge anzusprechen, die andere Menschen nicht hören wollen. Seit ich vierzehn bin, esse ich kein Fleisch. Ich habe einige Jahre damit verbracht, völlig sinnbefreite Gespräche darüber zu führen, ob und wie viel Fleisch der menschliche Körper zum (Über-)Leben braucht, statt zum Beispiel darüber zu sprechen, wie brutal und selbstzerstörerisch Fleisch und andere tierische Produkte im 21. Jahrhundert »produziert« werden.[1] Bist du beim Wort »selbstzerstörerisch« zusammengezuckt oder hast die Stirn gerunzelt? Zwei »ehrliche« Fakten reichen aus, um meine Wortwahl zu begründen beziehungsweise zu rechtfertigen: Die Treibhausgas-Emissionen von tierischen Nahrungsmitteln sind doppelt so hoch wie die von pflanzlichen,[2] und die aktuellen Emissionen durch die globale Nahrungsmittelproduktion allein reichen aus, um das im Rahmen des Pariser Klimaabkommens noch verbleibende Kohlenstoffbudget aufzubrauchen.[3] Das bedeutet: Wollen wir unsere eigene Lebensgrundlage erhalten, müssen wir unsere Ernährung verändern. Spreche ich dies ehrlich an, führt das nicht selten zu (emotionalen) Reaktionen, die ich seit meiner Jugend auch aus anderen Lebensbereichen kenne.

Mit fünfzehn begann ich, mich in einem Weltladen (damals hießen die noch Dritte-Welt-Laden) für den sogenannten »Fairen Handel«[4] einzusetzen. Ich tat das nicht, weil ich versuchte, ein »guter Mensch« zu sein oder Karmapunkte zu sammeln, sondern weil ich nicht verstand, wieso wir anscheinend vor allem »unfairen Handel« betreiben. Schließlich sind es die »fairen« Produkte, die ein Siegel, also eine besondere Auszeichnung, bekommen, während der (unfaire) Rest als »normal« gilt. Rückblickend waren das wohl meine ersten Besuche in Absurdistan …

Immerhin weiß ich seit 25 Jahren, was es mit Menschen macht, wenn ich Zusammenhänge ehrlich anspreche und eine aus deren Sicht radikale Gegenperspektive darlege. Wenn ich frage, warum wir es »normal« finden, andere Menschen, Tiere und unsere eigene Lebensgrundlage auszubeuten und zu zerstören, um für ein paar Sekunden, Minuten oder Stunden eine »gute Zeit« zu haben.

Ich habe mich ein Stück weit an die Rolle als Spielverderberin, Moralapostelin und Partybremse gewöhnt – und muss bei dieser Erkenntnis schmunzeln, weil ich mir die neuronale Straße in meinem Gehirn vorstelle, die aktiv ist, wenn ich wieder einmal in einem Mix aus diesen Rollen unterwegs bin. Zur ehrlichen Einschätzung gehört aber auch das Gefühl der inneren Zerrissenheit, wenn ich ein ums andere Mal feststelle, wie »ver-rückt« vieles von dem ist, was wir als »normal« betrachten. (Die besondere Schreibweise von ver-rückt werde ich noch erläutern.)

Bevor es jetzt und hier erneut zur Zerreißprobe kommt, springe ich lieber zurück auf die Metaebene – schließlich sollen diese ersten Seiten von Teil II des Buches dazu dienen, einen Ausblick von dem, was folgt, zu geben. Und natürlich, um neugierig zu machen, was mir hoffentlich auf diesem Wege gelingt. Also, worum soll es nun gehen?

Nach der Ehrlichkeit sich selbst gegenüber durch radikale Aufmerksamkeit auf die Fragen »Was fühle ich?«, »Worauf achte ich?« und »Wie bin ich?« geht es in Teil II darum, diese Ehrlichkeit in den Austausch mit anderen zu tragen. Unsere Fokusthemen sind also Kommunikation und die zugrunde liegenden Wert-, Moral- und Kulturvorstellungen. Wir werden uns mit den Gewohnheiten und Geschichten beschäftigen, die wir uns erzählen und die so unsere persönlichen Beziehungen ebenso wie die gesellschaftlichen Zusammenhänge bestimmen. Um diese ehrlicher betrachten zu können, lade ich dich auf zwei übergeordnete Gedanken ein: Der erste dreht sich um die bereits angedeutete vermeintliche Normalität, und der zweite beschäftigt sich mit unserer Definition von Erfolg beziehungsweise, was es bedeutet, »es geschafft zu haben«. Da darf die vielerorts präsente Forderung nach »Freiheit!« natürlich nicht fehlen.

Inhaltlich spielen bei alldem unsere Belohnungsstrukturen in sämtlichen Lebensbereichen von Konsum über Arbeit hin zu Lebensmodellen und die psychologischen Erklärungen dahinter eine zentrale Rolle. Bei der Analyse geht es stets um die Frage: Welche Geschichte(n) erzählen wir uns, und entsprechen die darin vermittelten Ideen und Werte unserer »wahren« Natur und Biologie? Ohne zu viel zu verraten, aber um gleichzeitig die Neugier hoffentlich weiter zu fördern, kann ich guten Gewissens vorausschicken: Zentrale Erkenntnis aller Studienergebnisse und historischer Ereignisse ist es, dass Ehrlichkeit einen initialen Preis hat. Egal ob beim Gespräch über die individuelle Ernährung, in der Versammlung zur kommunalen Energieversorgung oder am geopolitischen Verhandlungstisch. In allen Fällen macht sie verletzbar, angreifbar und ist häufig ungewohnt – also »unnormal«. Sie zahlt sich aber mittel- und langfristig immer aus. Sowohl auf privater, auf zwischenmenschlicher als auch auf gesellschaftlicher Ebene. Stärker noch: Ehrlichkeit ist *der* zentrale Faktor für die Auflösung oder Vermeidung von Konflikten, weil sie entwaffnend wirkt.

Ehrlichkeit im Kontext der von mir vorgeschlagenen radikalen Emotionalität bedingt also eine **kommunikative Reife,** die wir im 21. Jahrhundert bitter nötig haben. Um sie zu erlangen, brauchen wir eine weitere Zutat des dynamischen Denkens, die unsere Gewohnheiten narrativ bestimmt. Sie lautet:

Neue Geschichten erzählen!

Steigen wir zu Beginn also tiefer in die Beantwortung der Fragen ein, welche Geschichten wir uns tagtäglich darüber erzählen, was »normal« ist, und welche Gewohnheiten wir pflegen, weil wir sie für »normal« halten.

Das ist (nicht) normal!

»Haben Sie auch normale Milch?« Meine Begleitung und ich unterbrechen unseren eiligen Schritt über den Domplatz und horchen genauer hin. Unsere Blicke treffen sich, und wir wissen, dass wir den gleichen Gedanken haben, ohne ihn aussprechen zu müssen: Was ist eigentlich normal?

Die Frau, die ihren Kaffee an diesem Montagnachmittag am Rande eines Filmsets bestellt, will einfach die Milch, die sie als normal betrachtet. Vermutlich in den Kaffee, den sie während des Drehs immer um etwa diese Uhrzeit trinkt. Sie hat keine Lust auf laktosefrei, geschweige denn auf Hafer-, Mandel- oder Sojadrink.

Die Sehnsucht nach Normalität beobachten wir nicht nur auf dem Markt und beim Kaffeekauf. Denn in Zeiten wie diesen, in denen alles durcheinandergeraten scheint, fordern nicht mehr nur Parteien am rechten Ende des Spektrums ein »Zurück zur Normalität«. Spätestens seit den verschiedenen Wellen der Corona-Pandemie, die unsere bisherige Normalität in allen Lebensbereichen gestört haben, ist die Sehnsucht nach einem »Back to normal« in der Mitte der Gesellschaft angekommen. So ist der Wunsch nach Normalität selbst normal geworden.

Ich kann mich nicht daran erinnern, wann ich das erste Mal die Frage stellte, was denn eigentlich »normal« sei. Ich weiß auch nicht mehr, wann ich begann, Menschen kritisch zu hinterfragen, wenn sie mir etwas von »Normalzuständen« und »normalem Verhalten« erzählten. Oder wenn sie gar versuchten, mich mit einem »Das ist doch nicht (mehr) normal!« zurechtzuweisen. Und ich kann nicht den Tag benennen, an dem ich das erste Mal eine Normalverteilung im Matheunterricht kennenlernte und verstand, dass »normal« immer durch die Umgebung bestimmt wird.

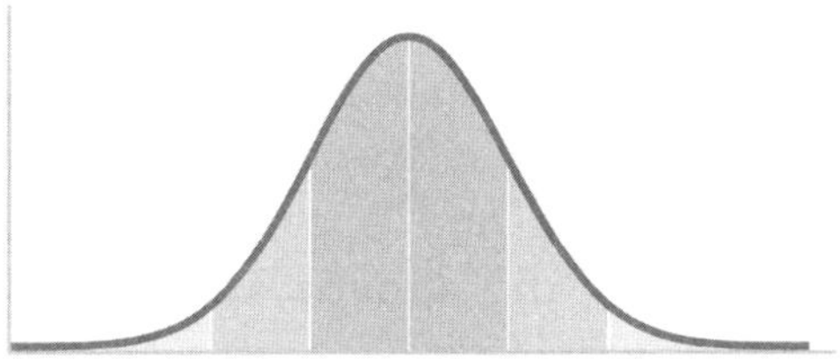

Die Normalverteilung bildet Häufigkeiten von Daten und Beobachtungen ab. Die Werte in der Mitte kommen am häufigsten vor und gelten entsprechend als »normal«. Beispielsweise ist die Körpergröße in Deutschland »normalverteilt«, mit wenigen sehr kleinen und sehr langen Menschen an den Rändern der Verteilung.

Mittlerweile ist mir klar: Was normal ist, hängt immer davon ab, was hier und jetzt relativ häufig ist. Normal sind die Werte, die in der Normalverteilung liegen. Normal ist also das, was nicht abweicht, was nicht ver-rückt ist – so erhält die zuvor genutzte Schreibweise ihre Bedeutung.

Wir halten das für normal, was wir kennen. Egal ob es um die Milch oder den Haferdrink im Kaffee geht, das angemessene Auftreten inklusive Outfit, die Definition von (harter) Arbeit oder die Vorstellungen von Frieden, Fortschritt und Freiheit. Eine »neue Normalität« entsteht also immer durch ein Ver-rücken des Status quo. In jüngster Vergangenheit wurde vieles ver-rückt. Nicht nur durch die Corona-Pandemie. Der russische Angriffskrieg auf die Ukraine im Februar 2022 hat unsere Vorstellung von einem friedlichen Europa erschüttert. Die spürbaren Auswirkungen des Klimanotfalls in Form von zunehmend drastischeren Hochwassern, Dürren und Bränden im »eigenen« Land oder gar vor und hinter der eigenen Haustür[5] haben für viele Menschen die vermeintliche Sicherheit eines geregelten Alltags offengelegt.

Während ich an diesem Buch arbeite, beobachte ich in der Vorweihnachtszeit 2023 ein regelrechtes Aufbäumen gegen all diese Unsicherheit. Menschen gehen auf Weihnachtsmärkte, schmücken ihre Bäume und kaufen Geschenke, um dem Krisenmodus wenigstens für einige Momente zu entkommen. Den hat die Gesellschaft für deutsche Sprache (wie in Teil I bereits erwähnt) soeben zum Wort des Jahres 2023 gekürt. Egal wie sehr ich versuche, mich der »besinnlichen Adventszeit« zu entziehen, weil sie mir mit jedem weiteren Jahr zunehmend wie eine riesige »unehrliche« Ablenkung vorkommt, kann ich Engelsdekorationen, Glühweingeruch und Weihnachtsbaumverkäufen im Alltag nicht vollständig entkommen. Es ist die Zeit der Grußkarten, Geschenkaktionen und guten Wünsche. Wo ist er also, der Krisenmodus?

Erneut begegnen wir einem vermeintlichen Paradox, das sich mithilfe der Psychologie und Neurowissenschaften schnell als solches entlarven lässt. Der Krisenmodus zeigt sich nämlich in der kollektiven Suche nach Harmonie und Geselligkeit, nach Vertrautheit und Geborgenheit, nach Sicherheit und Traditionen. Angst, Unsicherheit und Ohnmacht angesichts von Pandemieerfahrungen, Kriegen und gewalttätigen Konflikten, Inflation, Bildungsmisere, Haushaltsdebatten und unzureichenden Klimabeschlüssen drücken sich genau darin aus. In einer übersteigerten Sehnsucht nach Normalität und bekannten Mustern. Je unsicherer und unnormaler die Umgebung erscheint, desto wichtiger werden die sprichwörtlichen Strohhalme – und Strohsterne –, an die wir uns klammern.

Gleichzeitig wächst auf der anderen Seite unseres mentalen Spektrums als »emotionale Blobs« die Abwehrhaltung gegenüber Veränderungen, gegenüber neuen Ideen und Konzepten, gegenüber allem, was (noch) nicht als normal gilt. So sinkt die Bereitschaft, eigene Denk- und Verhaltensweisen zu hinterfragen, geschweige denn sie zu ändern.

Das führt uns zur großen Herausforderung unserer Zeit: Mit unserem ungebändigten Wunsch nach Normalität haben wir uns Routinen und Gewohnheiten geschaffen, die alles andere als »normal« sind. Wir haben uns Verhaltensweisen und Belohnungsstrukturen aufgebaut, die unsere Normalität nicht nur gefährden, sondern die Zukunft der menschlichen Spezies auf diesem Planeten existenziell infrage stellen. Wir haben uns in vielen Ländern und Kulturen eine toxische Normalität geschaffen, die unser Leben auf diesem Planeten in den schon erwähnten »Belagerungszustand« geführt hat, dessen Ausmaß uns in »unbekanntes Terrain« gebracht hat.[6] Wir haben durch unser Handeln sechs von neun planetaren Grenzen überschritten.[7] Damit ignorieren wir faktisch die ökologischen Grenzen der Erde, deren Überschreiten nicht nur die Stabilität des Planeten, sondern auch unsere eigene Lebensgrundlage gefährden – so sehr, dass wir uns bereits in einem »globalen Gesundheits-Notfall« befinden.[8] All das zeigen uns zahlreiche wissenschaftliche Ergebnisse, und eine rationale Reaktion bestünde darin, nun alles daranzusetzen, diesen Ausnahmezustand zu beenden.

Und was tun wir? Wir lassen uns leiten von unserem emotionalen Drang nach Normalität und dem kurzfristigen Dopamin- und Endorphin-Kick. Wir karren Schneekanonen in Gebiete mit »Schneegarantie«, wir verschließen unsere Sinne vor dem bereits vorhandenen Leid und der zunehmenden Zerstörung der eigenen Lebensgrundlage.

Diese Zeilen mit ihrer Deutlichkeit und radikalen Ehrlichkeit zu lesen löst bei dir vielleicht eine Abwehrreaktion aus.

Denn auch wenn ich das nicht beabsichtige, schwingt unterschwellig stets der Vorwurf mit, Teil dieses Wahnsinns zu sein. Ich kenne das Gefühl, diese großen Dynamiken auf mich als Individuum zu beziehen – schließlich bin auch ich Teil von ihnen, schließlich bin auch ich Teil der Normalitätssimulation, die wir global leben. Ich muss bei dem Begriff der Normalitätssimulation häufig an den Film *The Truman Show* denken, in dem der Versicherungsangestellte Truman Burbank erst im Erwachsenenalter herausfindet, dass sein bisheriges Leben auf dem Filmset einer Fernsehserie stattfindet, mit ihm als Hauptdarsteller. Doch es gibt einen zentralen Unterschied zwischen Truman und uns. Wir betreiben die tägliche Normalitätssimulation mit bestem Wissen und vollem Bewusstsein.

Erinnerst du dich noch an die *Energy and Man*-Konferenz im Jahr 1959 aus der Einleitung? Sie steht exemplarisch für das globale Wissen über die Zerstörung der eigenen Lebensgrundlage. Und Absurdistan lässt erneut grüßen!

Und nun? Wie können wir Absurdistan verlassen? Es im besten Fall ganz von der Landkarte streichen?

Wir müssen damit aufhören, zu einer Normalität zurückkehren zu wollen, die längst der Vergangenheit angehört. Stattdessen sollten wir den Blick nach vorn richten. In eine mittel- und langfristig gesunde Normalität, die zukunftsträchtige und tragbare Normen etabliert, die uns als Menschheit eine Chance geben. Eine Normalität, die ihrer eigenen Definition gerecht wird, weil wir Normen etabliert haben werden, die nicht nur gestern, sondern morgen und übermorgen für uns und die Menschen, die nach uns gelebt haben werden, tragbar sind.

Ich lade dich also ein, im Folgenden die ausgetretenen Pfade der bisherigen Normalität hinter dir zu lassen und ein wenig ver-rückt zu denken und zu kommunizieren. Los geht es mit der Frage, wie sehr unsere Normalvorstellungen von der jeweiligen Zeit abhängen.

Alles eine Frage der Zeit

»Global Weirding«. So nennen zunehmend mehr Ökolog:innen, Biolog:innen und Klimawissenschaftler:innen die Entwicklungen der letzten Jahre auf unserem Planeten. Gemeint sind mit dem »Globalen Durcheinander« die direkten und indirekten Folgen des »Global Warming«, also der »Globalen Erwärmung«, die schlichtweg nicht vollständig kalkulierbar sind. Wir begegnen ihnen zunehmend in heftigeren Wetterextremen oder dem massiven Artensterben.[9] Die kanadische Klimawissenschaftlerin und Wissenschaftskommunikatorin Katharine Hayhoe hat eine ganze Video- und Podcast-Serie nach dem Globalen Durcheinander benannt.[10]

Als ich das erste Mal bei einer Recherche über den Begriff stolpere, kann ich mir ein Schmunzeln nicht verkneifen: Global Weirding ist das Gegenteil der von uns ersehnten Normalität. So bin ich zwiegespalten, ob ich mich über den »Fund« freuen oder ihn bedauern soll. Denn natürlich ist die Tatsache, dass die US-amerikanische Umweltschützerin, Autorin und Mitgründerin des Rocky Mountain Institute, Hunter Lovins, die den Begriff geprägt hat[11] beziehungsweise einen »Bedarf« in einem Begriff für die zunehmend abnormalen Zustände und Entwicklungen auf dem Planeten sah, alles andere als erfreulich. Auf der anderen Seite fasst Global Weirding perfekt zusammen, worum es für uns bei dieser immensen Herausforderung geht und wie weit wir uns als Weltbevölkerung bereits von der »vorherigen Normalität« entfernt haben.

Wenn Jahrhunderthochwasser, -dürren und -stürme im Jahrestakt passieren, verlieren sie ihren Status als solche beziehungsweise benötigen sie einen neuen Namen. Ich lernte den Begriff Global Weirding im Jahr 2023 kennen. Dem Jahr, in dem wir den mit Abstand heißesten Sommer seit Beginn der globalen Aufzeichnungen 1850 erlebten,[12] inklusive der globalen Wetterextreme mit dramatischen Folgen für Millionen

Menschen. Dem Sommer, infolgedessen die Präsidentin der Europäischen Kommission, Ursula von der Leyen, in ihrer Rede zur Lage der Europäischen Union attestierte: »Das ist die Realität eines kochenden Planeten.«[13] Es ist das Jahr, in dem selbst hartgesottenen Klimawissenschaftler:innen die Superlative ausgingen, um die abnormalen Wetterextreme zu beschreiben.[14] Weil die aktuellen Werte immer weiter von den bisherigen Daten – also den normalverteilten Daten – entfernt lagen.

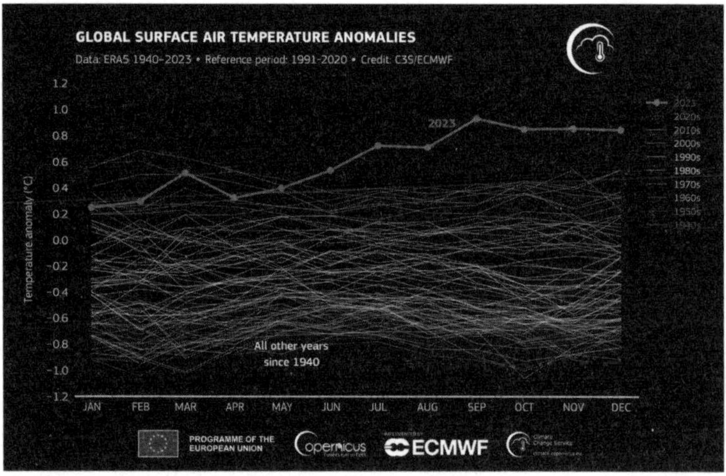

Zu Beginn des neuen Jahres 2024 steht auch fest: 2023 hat erneut den Rekord als heißestes Jahr geknackt.[15] Wahrscheinlich war es gar das heißeste Jahr seit 125 000 Jahren.[16] Die Rekorde gelten nicht nur für Landflächen, sondern auch die Ozeane, die 2023 erstmalig durchschnittlich global ein Grad wärmer waren als in der vorindustriellen Zeit.[17] Fühlt sich das, wenn du es so liest, für dich normal an? Oder löst es vielleicht auch in dir einen noch stärkeren Drang nach ein wenig Normalität aus? Einem Wunsch nach alltäglicher Leichtigkeit, den du – je nach Jahreszeit – vielleicht mit Freund:innen am Badesee oder beim

Glühweintrinken auf dem Weihnachtsmarkt ausleben möchtest? Auch wenn der Badesee bei über 40 Grad Außentemperatur längst keine Abkühlung mehr verspricht und der Glühwein bei Starkregen und zweistelligen Temperaturen auch nicht mehr das ist, was er mal war. Unabhängig davon, wie realistisch die Erfüllung deines Wunsches aktuell sein mag, ist er eine »normale« Reaktion in unserem Inneren auf die zunehmende Veränderung unserer Außenwelt.

Es ist ebendieser Drang und Wunsch, der von vielen politisch »konservativen« Stimmen mit entsprechenden Slogans und in Sonntagsreden bedient wird. Um einzuordnen, was ich damit meine, nehme ich dich mit in den Zug. Keine Sorge, du musst die Verspätung, die entsprechender ICE am Ende meiner Reise hatte, nicht aussitzen.

Weil sich ein Personenschaden auf der Schnellstrecke zwischen Frankfurt und Köln ereignet hatte, fuhren wir die »Panoramastrecke« am Rhein lang, vorbei an Burgen und Schlössern, historischen Altstädten, der Loreley und dem UNESCO-Weltkulturerbe Oberes Mittelrheintal, das sich über 67 Kilometer von Bingen bis Koblenz erstreckt.[18] Hier wird konserviert – das steht fest. Ich war vor einigen Jahren einmal die Strecke von Mainz bis Koblenz mit dem Rad gefahren und erinnerte mich noch gut an die liebevoll erhaltenen und restaurierten Fachwerkhäuser in einigen Orten entlang der Strecke. Mindestens eine Burg oder ein Schloss war auf der gesamten Route immer in Sichtweite.

An diesem Tag hatte ich keine Radtour geplant, sondern wollte die Rückreise aus Mannheim nutzen, um meine aktuelle Kolumne für die *Frankfurter Rundschau* zu verfassen. Ich konnte mir kaum eine bessere Umgebung vorstellen, um über das von mir geplante Thema zu schreiben, das sich vor allem um einen Gedanken drehte. Einen Gedanken, der die Mammutaufgabe zusammenfasst, die wir dringend besser lösen müssen als bisher, um nicht auch wie die Mammuts zu enden.

Der Gedanke lautet: »Wer konservativ sein will, muss sich verändern.«

Eine spontane Reaktion in deinem Gehirn sorgt vielleicht gerade reflexartig dafür, dass du denkst, »Parad…«. Weil du aber in diesem Buch schon mehrmals auf vermeintliche Paradoxe gestoßen bist, hältst du vielleicht kurz inne und liest weiter, da du davon ausgehst, dass sicher wieder ein derartiger Hinweis folgt. Und du liegst damit genau richtig – und »beweist«, dass du die Sache mit dem dynamischen Denken ernst nimmst. Eine solche Reaktion illustriert tatsächlich meinen Punkt: Das statische, automatische und stets kurzfristig orientierte Denken muss »dynamischer« und damit längerfristig orientiert werden. Um für diesen mentalen Kraftakt ein wenig aktive Hoffnung zu stimulieren: Wir haben und wissen bereits alles, was wir für diesen Schritt benötigen. Woran es noch hapert, ist der effektive Austausch darüber. Die kommunikative Reife ist also gefragt.

Um nun das vermeintliche Paradox als solches zu entlarven, beginne ich mit einer Frage, die mir vor einigen Monaten eine junge Frau stellte, nachdem ich gemeinsam mit vier weiteren Vortragenden in der Aula der Universität Mainz gut zwei Stunden über die Rolle der Wissenschaft in Multikrisenzeiten diskutiert hatte.[19] Die junge Frau aus dem Publikum fragte mich: »Wenn Sie eine Sache in der Welt direkt umsetzen könnten, was wäre das?«

Meine Antwort kann ich heute – zugegeben mit ein wenig mehr Zeit zum Nachdenken – auf einen Satz runterbrechen: dass wir endlich begreifen, wie notwendig radikaler Wandel ist, wenn wir unsere Lebensgrundlage erhalten wollen. Oder anders formuliert: Echter Konservatismus ist das Gegenteil von Konservieren. Denn je länger wir »weitermachen wie bisher«, um eine bekannte Normalität zu bewahren, desto größer werden die Veränderungen zwangsläufig, mit denen wir klarkommen werden müssen. Desto weniger konservativ wird unser Alltag in Zukunft sein können. Und desto höher werden die Kosten, die dabei automatisch entstehen. Das zeigt jede aktuelle betriebswirtschaftliche Berechnung. Konkret bedeutet das: Schon jetzt kosten uns die Folgen des menschengemachten Klimanotfalls jede Stunde (!) 16,3 Millionen US-Dollar. Das zeigen die Berechnungen einer *Nature*-Studie vom September 2023, die ebenfalls belegen: Wir haben die Kosten bisher massiv unterschätzt. Machen wir so weiter wie bisher, werden die jährlichen Kosten 2050 vermutlich zwischen 1,7 Milliarden und 3,1 Milliarden US-Dollar liegen. Selbst diese Zahlen sind laut den beiden Autor:innen Rebecca Newman, Analystin bei der Zentralbank Neuseelands, und Ilan Noy, Professor für Wirtschaftswissenschaften an der Victoria University of Wellington, eine »signifikante Untertreibung«.[20] Denn berücksichtigt wurden lediglich Schäden an Infrastruktur, Eigentum, Landwirtschaft und Gesundheit – es fehlen beispielsweise die Kosten für Jobverluste und Bildungseinbußen.[21]

Ich frage mich, wann das die vermeintlich »konservativen« Politiker:innen begreifen. Wann sie endlich aufhören, uns ihre fehlgeleitete Politik des Konservierens verkaufen zu wollen. Denn sosehr wir uns die vom nach der hessischen Landtagswahl frisch gewählten Ministerpräsidenten Boris Rhein (CDU) proklamierte »sanfte Erneuerung«[22] auch wünschen, kann es sie nicht (mehr) geben. Sie ist – um bei der Überschrift dieses Abschnitts anzuknüpfen – nicht mehr zeitgemäß, oder anders ausgedrückt: Für »sanft« fehlt uns mittlerweile die Zeit. Wir brauchen ein radikales Umdenken. Der kurze Blick auf die weltweiten Entwicklungen allein im Jahr 2023 reicht aus, um zu begreifen, was ich meine. Die Ereignisse, die wir global beobachten, verhindern schlichtweg, dass unser Leben mittelfristig so bleiben kann wie bisher.

Vielen Menschen ist das nicht nur bekannt, sondern sie spüren die Veränderung bereits täglich. Etwa weil sie ihre Häuser wegen Überflutung oder Bränden verlassen müssen oder gar verloren haben, weil die Ernten nicht nur bedroht sind, sondern stellenweise ausfallen, weil der Fluss, den sie mit Frachtschiff oder Fähre immer durchfahren haben, nicht mehr genug Wasser führt. Doch nach wie vor ist der Widerstand gegen die unumgängliche Veränderung immens. Es ist genau dieser Widerstand, den die Protestierenden der Letzten Generation zu spüren bekommen, wenn Passant:innen sie beschimpfen und teilweise handgreiflich werden. Der Soziologe Simon Teune, der an der Freien Universität Berlin Protest- und Bewegungsforschung betreibt, fasst das Dilemma in einem Interview so zusammen: »Die Protestierenden stören die Illusion, dass man sein Leben am Ende irgendwie doch so weiterführen kann wie bisher – nämlich ohne zusätzliche Einschränkungen.«[23] Er ist davon überzeugt, dass die Protestierenden »für viele eine Projektionsfläche des eigenen Dilemmas sind. Denn viele Leute wissen genau, dass sich ihr Leben ändern muss, weil sie auf Kosten der Zukunft leben. Das damit einhergehende Gefühl von Schuld und Scham gestehen wir uns nicht zu. Einfacher ist es, sich an denen abzureagieren, die einen an die eigene Unzulänglichkeit erinnern.«

Damit spricht er zwei weitere wichtige Gefühle an, die unsere kollektive Normalitätssimulation mitbestimmen: Schuld und Scham. Wie selten sprechen wir über sie? Wahrscheinlich noch seltener als über die Angst und Unsicherheit. So landen wir wieder bei der (noch) zu gering ausgebildeten emotionalen Reife bei den meisten Politiker:innen, denen aufgrund dessen auch die kommunikative Reife fehlt, ehrlich genug kommunizieren zu können, was wirklich Sache ist. Die nicht ehrlich aussprechen, in welcher Zeit wir leben und dass sich die bisherige Normalität nicht in dieser Form erhalten lässt, egal wie sehr wir uns danach sehnen.

Würden wir die aktuellen Zustände stattdessen als Chance annehmen, um zukünftige katastrophale Entwicklungen zu verhindern, wäre echte konservative Politik, die wir so dringend brauchen, möglich. Denn das Problem mit dem Konservatismus ist nicht der bewahrende Anspruch, der ihr innewohnt, sondern die Art und Weise, wie dieser kommuniziert und umgesetzt wird. Aber ich will mich nicht in Schuldzuweisungen verlieren, denn die bringen uns keinen gedanklichen und realen Meter weiter. Schließlich sind es nicht nur »die Politker:innen«, sondern liegt es an uns allen, ehrlich darüber zu sprechen, was mittlerweile »normal« geworden ist und welche Normalität wir uns für die Zukunft wünschen und gestalten wollen.

Mal abgesehen davon, dass wir schon lange keine Zeit mehr dafür haben, darüber zu streiten, ob »wir hier unten« oder »die da oben« es verbockt haben, ist die ständige Zankerei auch einfach anstrengend, unangenehm und wenig zielführend. Und sie ist auch betriebswirtschaftlich eine doppelte Verlustrechnung – lose-lose statt win-win. Denn je länger wir Zeit mit Zankerei verplempern, statt konstruktiv über Lösungen zu diskutieren und diese umzusetzen, desto teurer wird es für alle Beteiligten. Wie kommen wir zu Letzterem? Indem wir ehrlich(er) und damit radikal emotional darüber sprechen, was wir wirklich »brauchen«, um dann Nachfrage und Angebot in einen besseren Einklang bringen zu können.

Das Angebot bestimmt die Nachfrage?

Während ich im Herbst 2023 mal wieder in einem Hotel beim Frühstück saß, dieses Mal war ich für einen Vortrag in Leipzig, las ich an einem verregneten Novembertag meinen morgendlichen Newsletter der *New York Times* zur Lage der Welt. Darin häuften sich die Beiträge zu »Klimathemen« – schließlich stand die COP28, die globale Klimakonferenz in Dubai, kurz bevor. Beiträge rund ums »Klima« erfüllten also das journalistische Relevanzkriterium »Aktualität« und wurden mit erhöhter Frequenz bedient. Natürlich nur so lange, bis sie von der Weihnachtsstimmung abgelöst wurden, die wir uns nicht verderben lassen wollten – Stichwort: Normalitätssimulation. (In den USA ist das Ganze noch heikler, weil sich die Konferenz mit Thanksgiving überschneidet, dem Familienfest, das für viele noch wichtiger als Weihnachten ist.) Bei meinem Gang zum Frühstücksbuffet schoss mir die Frage durch den Kopf, wo all die Speisen und Getränke wohl herkamen, die mir hier serviert wurden. Gedanklich reiste ich mit der Haferflocke in meinem Müsli, dem Apfel neben meinem Teller und dem Teebeutel inklusive Plastikverpackung in meiner Tasse mit. Das alles überforderte mein Gehirn schnell. Beim Blick auf all die Zutaten am Buffet zeichnete sich vor meinem inneren Auge eine Landkarte mit Flug-, Schiffs- und Handelsrouten, die den Globus wie ein dichtes Spinnennetz überspannten. Parallel wurde ein Gast ungeduldig, als er ein paar Sekunden länger als von ihm geplant auf eine frisch aufgefüllte Platte warten musste. Ich schaute wieder auf mein Smartphone und überflog die »Klima«-Beiträge der *New York Times*.

Ich erfuhr, dass die Verluste durch Klimadesaster stiegen, aber ein US-Bericht auch gute Nachrichten enthalte, da dort bereits vorhandene kosteneffektive Maßnahmen dargelegt würden.[24] Ich las, dass Nationen in einem »Zeugnis für Globale Erwärmung« sehr schlechte Noten erhalten hätten, weil sie laut eines Vertreters der Vereinten Nationen lediglich »Babyschritte« machten. Außerdem ging es im selben Artikel um eine separate Studie, in der Wissenschaftler:innen aus Saudi-Arabien vor einer »existenziellen Krise« für ihr Land aufgrund steigender Temperaturen warnten.[25] Ich sog alle diese Informationen auf, und während ich die Beiträge zu »abnormalen Zuständen« las, musste ich an ein Interview zum Klimanotfall denken, das eine freie Journalistin wenige Tage zuvor mit mir geführt hatte.

Ich saß im Zug, als wir das Interview führten, und unsere Verbindung wurde immer wieder unterbrochen, was gut zum Inhalt des Gesprächs selbst passte, da wir uns nicht so richtig zu verstehen schienen. Ich versuchte, ihr zu beschreiben, dass der Klimanotfall kein Thema, sondern eine Dimension aller Lebensbereiche sei. Denn egal ob beim »Thema« Essen, Wohnen, Arbeiten, Sport oder Kultur, spüren wir »das Klima« und beeinflusst es unsere möglichen Entscheidungen.[26] Selbst nach zweimaligem Anlauf war ihre Reaktion: »Ich fühle es noch nicht!« Offensichtlich hatte sie die existenzielle Krise, die beispielsweise für Menschen in Saudi-Arabien längst zum Alltag gehört, noch nicht »auf dem Schirm«. Warum? Weil sie selbst die Auswirkungen noch nicht spürte und damit ein anschauliches Beispiel dafür lieferte, was uns weitreichende Forschungsergebnisse aus Psychologie, Soziologie und anderen Humanwissenschaften sowie der Blick in die Welt gleichermaßen immer wieder bestätigen: Die meisten Menschen ändern ihre »Nachfrage« erst, wenn sie selbst betroffen sind, wenn sie durch persönliche Erfahrungen berührt und bewegt werden. Wenn sie es (wie in Teil I beschrieben) be-greifen können. Sei es bei der Auswahl am Frühstücksbuffet oder der relevanten Themen, die es auf Seite 1 oder in die *Tagesschau* schaffen. Erst wenn die Normalität spürbar abnormal ist und die alten Geschichten nicht mehr aufrechtzuerhalten sind, schlagen sie einen neuen Weg ein. Einen anderen Weg als geplant. Im Englischen gibt es für diesen Zusammenhang den schönen Ausspruch: »Change by design or disaster?« Frei übersetzt also in etwa: »Wie schlimm, wie desaströs muss es sein, bis wir uns, bis wir unsere Routinen und Geschichten darüber, was normal ist, verändern?« Bis wir unsere Nachfrage(n) nach Produkten, Dienstleistungen und anderen alltäglichen Angeboten ändern, damit wir auch morgen noch ein Angebot haben? Darum soll es nun exemplarisch in drei Lebensbereichen gehen, die uns alle betreffen: Mobilität, Essen und Energie.

Mobilität

Als ich in der Stadt Singen in Baden-Württemberg Anfang November 2023 ein Rad ausleihen wollte, um vor einem Vortrag am Abend eine Runde zum nahe gelegenen Bodensee zu fahren, rief ich aus dem Zug, der mich aus Sachsen nach Süddeutschland brachte, ein Hotel an, das laut eigener Website Fahrräder für einen erschwinglichen Tagespreis vermietete. Die Antwort war ernüchternd: »Die Fahrräder sind nur für Hotelgäste, und wir vermieten nur innerhalb der Fahrradsaison.« Ich bedankte mich für die Auskunft und legte auf. Im selben Moment schoss es mir durch den Kopf: »Fahrradsaison?« Mal ganz abgesehen davon, dass wir gerade den wärmsten Oktober aller Zeiten hinter uns hatten,[27] fragte ich mich aus den Fenstern des Zuges schauend: »Wer zur Hölle legt eigentlich fest, wann Fahrradsaison ist? Oder bestimmt, dass es überhaupt eine Fahrradsaison gibt?« Ich stand kurz davor, auf Wahlwiederholung zu drücken, um nachzufragen. Doch schon hielt mich der nächste Gedanke davon ab: Denn gerade rollte der Zug mit gedrosselter Geschwindigkeit durch einen kleinen Bahnhof irgendwo in Sachsen, und draußen war nichts außer Autos zu sehen. Der Gedanke, der angesichts der präsentierten »Normalität« unweigerlich in meinem Gehirn aufploppte: »Wie irre ist es eigentlich, dass ich sehr wahrscheinlich leichter ein Auto als ein Fahrrad ausleihen oder mieten kann?«

Dass es auch anders geht, hatte ich nur wenige Tage zuvor in der Schweiz (und das Beispiel ist natürlich rein anekdotisch und sehr wahrscheinlich nicht repräsentativ) erlebt. Ich war für einen Vortrag und eine Podiumsdiskussion an der ETH Zürich zu Gast gewesen und hatte ohne Aufpreis ein Rad im Hotel ausleihen können. Ob das auch für Nicht-Hotelgäste möglich war, hatte ich nicht erfragt. Am Hauptbahnhof gab es aber für alle einen Gratisverleih von Rädern – ein derartiges Angebot habe ich bisher noch in keiner anderen Stadt erlebt. Um hier aber kein falsches Bild von der Schweiz und Zürich als Radlerparadies zu zeichnen, darf meine Erfahrung auf dem Rad am Zürichsee nicht fehlen. Der »Radweg« um den malerischen See ist durch eine der typischen gestrichelten Linien markiert, die wohl einfach die bereits vorhandene Straße für Autos, Busse und Lkws ein wenig schmaler gemacht hat. Ich verbrachte die Zeit auf dem Rad also vor allem damit, abzuschätzen, wie dicht ich am Bordstein fahren konnte, um weder demselben noch den mich überholenden Fahrzeugen zu nahe zu kommen. Entspanntes Radeln geht anders. Bei der hohen Aufmerksamkeit auf alles »Vorbeifahrende« bemerkte ich auch die wohl bisher größte Tesla-Dichte, die mir jemals aufgefallen war. Auch wenn das erneut rein anekdotisch und zudem getrieben durch meine gerichtete Aufmerksamkeit war, liefert meine Beobachtung eine gute Überleitung zur zentralen Frage dieses Abschnitts: Welche Form der Fortbewegung ist »normal«?[28] Und direkt damit verbunden: Welche Formen sind anerkannt und respektiert? Welche Arten der Mobilität kann ich mir »leisten«? Was drückt meine mehr oder weniger freiwillig gewählte Methode, um von A nach B zu kommen, über mein Selbstverständnis und meine gesellschaftliche Zugehörigkeit aus?

Fakt ist: Die aktuellen Zahlen belegen einen neuen Rekordwert für die Anzahl an Pkws in Deutschland.[29] 48,8 Millionen Fahrzeuge, Tendenz steigend. Das sind durchschnittlich 583 Autos pro 1000 Einwohner:innen, beziehungsweise besaßen 2022 78 Prozent aller Haushalte mindestens ein Auto. Der Anstieg in den vergangenen zehn Jahren (2012 bis 2022) ist mit einer Ausnahme in allen Bundesländern zu beobachten – Berlin. Dort zeugten die Wahlplakate zur Wahlwiederholung im Februar 2023 allerdings auch davon, wie sehr das Thema genutzt wurde, um Wähler:innen zu beeinflussen. Ich erinnere mich gut an die Slogans der CDU: »Berlin, lass dir das Auto nicht verbieten.« (Auf einem Plakat der FDP findet gar eine Art Vermenschlichung des »Deutschen liebsten Kindes« statt: »Verkehrspolitik für Berlin. Nicht gegen Autos.«[30])

Die beiden Beispiele eignen sich hervorragend für eine exemplarische Analyse der Frage: »Welche Geschichten werden auf Wahlplakaten eigentlich erzählt?« Oder ein wenig genauer: »Welche Geschichten von normaler Mobilität werden hier weitergetragen?«

Betrachten wir die politische Kommunikation im Ganzen, aber auch zu Mobilität im Speziellen, durch die Brille radikaler Emotionalität, spielt Angst eine Schlüsselrolle. Angst, etwas Vorhandenes, Liebgewonnenes zu verlieren. Solche Befürchtungen lassen keinen Neugier-Modus und kein dynamisches »Wofür«-Denken zu, sondern äußern sich vor allem im statischen »Wogegen«-Denken. Hinzu kommt die Angst, möglicherweise in Zukunft seinen Status zu verlieren, nicht mehr dazugehören zu können. Wenn in einer anderen neuen Welt, in der je nach Ausgang der Wahl, vielleicht den Autos – beziehungsweise den Menschen in ihnen – der Platz zum Fahren und Parken genommen wird. Oder zumindest das Parken sehr viel teurer wird. So stimmte Anfang Februar 2024 die Mehrheit der Pariser:innen dafür, die Parkgebühren für »schwere Stadtgeländewagen« zu verdreifachen.[31] Das Ergebnis ist mehr als Symbolik. Allein die Abstimmung als solche hatte im Vorfeld für rege Diskussionen auch hierzulande gesorgt. So kündigte der Oberbürgermeister der Stadt Hannover, Belit Onay (Bündnis 90/Die Grünen) an, dem »Vorbild der französischen Hauptstadt« folgen zu wollen.[32]

An dieser Stelle könnte ich ein ganzes Kapitel zum Thema SUVs und der ver-rückten Dynamik derselben folgen lassen. Ich könnte darüber schreiben, dass der tschechisch-kanadische emeritierte Professor für Umweltwissenschaften, Vaclav Smil, die »Erfolgsgeschichte« der SUVs als »bestes Beispiel« für die Versäumnisse beim notwendigen Ausstieg der Nutzung von fossilen Energieträgern nennt.[33] Dass im Jahr 2020 das durchschnittliche »Sport Utility Vehicle« 25 Prozent mehr CO_2 emittierte als ein »Standardauto«. Dass während der 2010er-Jahre

SUVs zum zweitgrößten Faktor steigender CO_2-Emissionen wurden – hinter Energiegewinnung (um die es wie versprochen gleich noch gehen wird).[34] Dass bei anhaltendem »Erfolgskurs« SUVs das »Potenzial« haben, alle CO_2-Einsparungen durch E-Fahrzeuge, die bis 2040 unterwegs sein werden, zunichtezumachen. Aber all das würde nur ablenken von der eigentlichen Frage, warum es hierzulande für die meisten Menschen »normal« ist, ein Auto – welcher Form und Größe auch immer – zu besitzen, um darin von A nach B zu kommen.

Eine Teilantwort auf diese Frage hat etwas mit einem weiteren Alltagsthema zu tun, das für unsere Mobilität eine grundlegende Rolle spielt: der Raumplanung. In seinem 2023 erschienenen Buch mit dem eindrucksvollen Titel *Beton. Massenkonstruktionswaffe des Kapitalismus*[35] beschreibt der Philosoph und Professor an der Accademia di Belle Arti di Roma Anselm Jappe die beiden »Partner:innen« Beton und Automobilität als »Couple fatal« des Kapitalismus. Warum?

Weil zur funktional getrennten Stadt, in der die Bewohner:innen entsprechend weite Strecken zwischen Arbeits-, Wohn-, Freizeit- und sonstigen Erledigungsorten zurücklegen müssen, das Auto wie der Topf auf den Deckel gehört. Auch wenn der Titel der Veröffentlichung vielleicht den (ersten) Eindruck vermittelt, hier handele es sich um eine bissige Streitschrift gegen alle Auto fahrenden und produzierenden Menschen, ist das Gegenteil der Fall. Vielmehr nimmt uns Anselm Jappe mit auf die lange Geschichte des Betons, die bereits vor über 10 000 Jahren begann und immer damit verbunden war, wie wir uns fortbewegen wollen und können.

Der Autor beschreibt eindrücklich, dass letztendlich immer zentral ist, was als »normal« festgesetzt und entsprechend gefördert wird. Schnell wird dabei offensichtlich: Wir können Mobilität nicht losgelöst von unseren anderen Lebens- und Wohnverhältnissen betrachten. So verweist der schweizerisch-französische Architekt Le Corbusier in seinem Buch *Urba-*

nisme von 1925 beispielsweise darauf, dass die Straßenführung in den zukünftigen Städten dem (damals) neuen Automobil anzupassen sei.[36] Entsprechend hat der Fluss des Autoverkehrs in den Manifesten des städtebaulichen Modernismus oberste Priorität.[37] Mit viel Beton und daran gekoppelten Interessen – ergo Emotionen – haben wir uns also in den letzten Jahrzehnten eine »neue Normalität« geschaffen. So gesehen haben Le Corbusier und Co. dynamisch gedacht, weil sie sich *für* etwas Neues eingesetzt haben. Sie haben sich für eine neue, moderne Stadtplanung eingesetzt, die eine wichtige Zutat für die Entwicklung von effizienten Abläufen in den aufkommenden Industrienationen waren und es nach wie vor sind. Waren- und Menschenströme benötigen eine bestimmte Mobilität, um den antizipierten und nun gelebten Wohlstand vieler Menschen zu ermöglichen. Doch längt wissen wir, dass viele der so entstandenen Strukturen nicht nur akut schädlich sind – Stichwort Luftverschmutzung,[38] Übergewicht und Versiegelung –, sondern mittel- und langfristig gar nicht tragbar sind. Wir landen also wieder bei dem in diesem Buch bereits mehrfach beschriebenen Konflikt zwischen kurzfristigen und mittel- sowie langfristigen Interessen.

Die zentrale Herausforderung besteht entsprechend darin, alte, überholte Normalitäten mit all unserem aktuellen Wissen zu hinterfragen und im nächsten Schritt neue, bessere Normalitäten zu etablieren. Wie langsam oder schnell das gehen kann, zeigen uns aktuelle Entwicklungen der letzten Jahre. Beispielsweise über eine zunehmende Akzeptanz und Umsetzung des Konzepts der sogenannten 15-Minuten-Stadt, in der alle Wege des Alltags in weniger als einer Viertelstunde – am besten zu Fuß, mit dem Rad oder ÖPNV – zurückgelegt werden können.[39] Oder in der Geschichte der »Fahrradnation« von nebenan: Die Niederlande sind zu dieser geworden, weil im Straßenverkehr »zu viele« Kinder starben und die Menschen deshalb eine neue Mobilität forderten.[40] Darum ist es in »Nederland«

jetzt »normal«, dass Regierungschef:innen und Monarch:innen mit dem Rad zum Parlament oder Empfang reisen.[41] Darum ist es »normal«, dass bei jeder neuen Raumplanung und jeder neuen Ampelkreuzung nicht der »Fluss des Autoverkehrs«, sondern der Fluss der Radfahrer:innen oberste Priorität hat.

Wie sehr es bei »neuen Normalitäten« auf Entscheidungen und Vorleben von »oben« ankommt, zeigt die Metamorphose der Hauptstadt Frankreichs zu einem zunehmend fahrrad- und fußgängerfreundlicheren Paris. Die 2022 wiedergewählte Bürgermeisterin Anne Hidalgo[42] sorgt mit ihren entsprechenden Kampagnen immer wieder für internationales Aufsehen: Etwa als sie im Januar 2021 verkündete, mehr als die Hälfte aller Pariser Parkplätze zu entfernen und die Champs-Élysées in einen »außergewöhnlichen Garten« zu verwandeln.[43] Auch das Konzept der 15-Minuten-Stadt soll in der dicht besiedelten Metropole Realität werden.[44] Ganz im Sinne eines ausgeprägten »Wofürs« betont die erste Bürgermeisterin der französischen Hauptstadt in ihren Kampagnen immer besonders, was durch die geplanten Veränderungen »gewonnen« wird (wohingegen viele Journalist:innen häufig das »Verlorene« hervorheben, wie bei obigem Beispiel die Parkplätze). Und sie kann dabei punkten: So sorgte die neue Priorisierung bei der Verkehrsplanung – oder sollte ich besser schreiben, die »Normalisierung« des Radfahrens und Zufußgehens – dafür, dass sich der Radverkehr innerhalb eines Jahres (von 2022 bis 2023) mehr als verdoppelte.[45] Das funktioniert im Übrigen auch hierzulande. So zeigen die Ergebnisse einer Untersuchung der Deutschen Umwelthilfe, dass nach der Fertigstellung eines sicheren Radwegs in Berlin-Mitte der Radverkehr um gut 30 Prozent anstieg.[46]

Vor diesem kurz skizzierten Hintergrund ist es nicht verwunderlich, dass wir über Mobilität so emotional diskutieren. Denn schließlich betrifft uns diese Debatte ganz direkt – wir sind alle irgendwie »unterwegs«. Abschließend möchte ich einige, wenige Zeilen einem besonderen Unterthema oder Aspekt von Mobilität widmen. Denn neben dem »Deutschen liebsten Kind« ist eine weitere Angelegenheit, für die unsere Fortbewegung zentral ist, hierzulande von großer Bedeutung – und damit natürlich ebenfalls hochemotional: der Jahresurlaub.

Während in den Talkshows der Nation angesichts von Aktionen der Letzten Generation an Flughäfen und auf Golfplätzen noch darüber gestritten wurde,[47] dass doch bitte »die Menschen« in den wohlverdienten Urlaub fahren sollten (dürfen), lieferte mir der Nachrichtenüberblick beim Mittagessen Anfang August 2023 das »neue Normal« der beliebten Sommerurlaubswochen. Zwei Drittel von Slowenien waren von heftigen Regenfällen betroffen, und ich sah Bilder von Orten, die ich selbst zwei Jahre zuvor besucht hatte.[48] Die Häuser der kleinen Städte sahen aus wie Pappkartons, die weggespült wurden. Urlauber:innen übernachteten in Turnhallen, während ganze Orte von der »Außenwelt abgeschnitten« waren.

Wenige Wochen zuvor hatte sich die Flutkatastrophe im Ahrtal und weiteren Regionen Deutschlands zum zweiten Mal gejährt. Ich konnte nur erahnen, was beim Anblick der Bilder aus Slowenien in den Köpfen und Körpern der Menschen vorging, die im Sommer 2021 in Deutschland betroffen waren und es nach wie vor sind. Auch wenn ihre Bilder und Geschichten nicht mehr in den aktuellen Nachrichten auftauchen. Meine kleine Nachrichtenübersicht lieferte mir Bilder von Bränden, Dürren und Fluten, von Hagelstürmen und Tornados an den Orten, die wir als Postkartenmotive und vielleicht von eigenen Urlaubsreisen kennen. Ein Artikel in der *New York Times* fasste die Situation zusammen: »Ist das hier das Ende des Sommerurlaubs, wie wir ihn kennen?«[49] In dem Artikel benennt der US-amerikanische Journalist Mac Schwerin die prekäre Situation, die unsere Normalitätssimulation im

Bereich »Urlaub« offenbart: Unser Wunsch, in den Sommerurlaub zu flüchten, bleibe ein großes Verlangen, aber befinde sich gleichzeitig an einem Kipppunkt.

Ja, nicht nur in den Klimawissenschaften gibt es Kipppunkte, sondern auch bei gesellschaftlichen Themen. In diesem Fall ist unklar, wie die Milliardenindustrie Tourismus – in der weltweit jede:r Zehnte beschäftigt ist[50] – sich entwickeln wird, beziehungsweise wie wir sie neu denken und entwickeln werden. Fest steht, dass die in den vergangenen Jahren geschaffene Normalität unserer Idee von Sommer-, Oster-, Herbst- und Winterurlaub und dem von einigen Menschen proklamierten »Recht« auf ebendiesen ihre Position als solche längst verloren hat. Aufgrund der genannten Extrembedingungen wurden allein im Sommer 2023 die Reisepläne von Millionen Menschen zunichtegemacht. Vielleicht ging es dann für den:die einen oder andere statt nach Rhodos Richtung Schweden. Doch was, wenn die erhoffte Alltagsflucht in Form von Sonne, Strand und Bergen sich auch durch zweifaches Umbuchen nicht mehr realisieren lässt? Oder wie Mac Schwerin es in seinem Artikel auf den Punkt bringt: »Du kannst dich nicht vor der Realität verstecken, wenn die Realität 38 Grad heißes Meerwasser oder ein rasender Waldbrand ist.« Einen Monat vor seinem Artikel war passenderweise eine Studie erschienen, deren Autor:innen die Todesfälle in Europa aufgrund von Hitze im Sommer 2022 berechnet hatten: Mehr als 61 000 Menschen starben.[51]

Okay, okay, die Urlaubsplanung müssen wir also (noch mal) gehörig überdenken. Aber die Wurst auf dem Teller, die lass ich mir nicht nehmen! Oder?

Essen

Ohne Essen geht es nicht – das steht fest. Denn egal, wie viel Geld und damit verbundene Forschung wir in die Entwicklung von Nahrungsergänzungsmitteln, Flüssignahrung und anderen Formen alternativer Versorgung mit Nährstoffen stecken wollen, sind wir als Menschen darauf angewiesen, ausreichend Kalorien in Form von Lebensmitteln zur Verfügung zu haben. In der Einleitung habe ich bereits kurz unsere Abhängigkeit von fruchtbaren Böden und Regen erwähnt. Ein wenig poetischer formulierten es einst der US-amerikanische Radiomoderator Paul Harvey und die Farm Equipment Association of Minnesota and South Dakota: »Trotz all unserer Errungenschaften verdanken wir unsere Existenz einer fünfzehn Zentimeter dicken Schicht Mutterboden und der Tatsache, dass es regnet.«[52] Ich mag dieses Zitat sehr, weil es mich immer, wenn ich es lese, für einen Moment die vielen hochemotionalen Streitereien zum Thema »normale« Ernährung vergessen lässt. Weil es mich die ungezählten »Diskussionen«, die ich selbst in den letzten Jahrzehnten zu dem Thema als »Vegetarierin mit ausgeprägtem Hang zum Veganismus« hatte, für einige Augenblicke mental beiseiteschieben lässt. Weil es mich so eindrücklich an das »Wofür« (statt »Wogegen«) erinnert.

Statt also an dieser Stelle sinnbefreite, aber eben häufig unterhaltsame Grillparty-Episoden, Bierzeltreden und Diskussionen an vornehm gedeckten Essenstischen zur Schau zu stellen, möchte ich auch beim Thema Essen den Blick auf die zunehmend bedrohlicher werdende Normalitätssimulation legen. Um es so »sachlich« wie möglich zu halten, nenne ich dafür einfach ein paar aktuelle Zahlen und Entwicklungen aus dem Feld der Lebensmittelversorgung und -produktion. Gleichzeitig hoffe ich sehr, damit nun niemanden zu enttäuschen, der:die sich möglicherweise auf ein paar schmissige Zitate und mehr oder weniger amüsante Anekdoten gefreut hat.

Ich beginne also mit einer globalen Bestandsaufnahme: Die Auswirkungen durch extremes Wetter auf die Lebensmittelproduktion sind eines der Hauptrisiken, die durch die globale Erwärmung unser bisheriges Leben – Stichwort Normalität – akut gefährden.[53] Aktuelle Zahlen aus Großbritannien der Energy and Climate Intelligence Unit vom November 2023 zeigen: Bereits jetzt lässt sich dort ein Drittel der Inflation bei Lebensmittelpreisen auf extremes Wetter zurückführen.[54] In konkreten Zahlen bedeutet das, dass ein durchschnittlicher britischer Haushalt in den vergangenen zwei Jahren durch Klimanotfall und Energiekosten 605 Britische Pfund zusätzliche Ausgaben für Lebensmittel hatte. Die Aussichten – nicht nur fürs Wetter, sondern auch die Schäden davon auf die Ernten – für 2024 versprechen vor allem eine Verschlimmerung dieses Zusammenhangs.

Die Folgen des menschengemachten Klimanotfalls sind also längst am Frühstückstisch angekommen. Etwa beim Orangensaft, dessen Preis aufgrund zunehmend schlechterer Orangenernten überall auf der Welt auch hierzulande bereits steigt.[55] So sorgten die Folgen der Hurricanes im US-Bundesstaat Florida bei den Ernten im Jahr 2022 für einen Verlust von zehn Prozent der Orangenbäume. Der Zusammenhang zwischen heftigeren Hurricanes und dem fortschreitenden Klimanotfall ist gut untersucht und entsprechend belegt.[56]

Na ja, ich trinke eh lieber Kaffee, denkst du vielleicht. Doch natürlich sieht die Situation dabei ähnlich aus. So erschien 2023 eine Studie mit dem selbsterklärenden Titel: »Synchrone Klimagefahren stellen eine wachsende Herausforderung für die globale Kaffeeproduktion dar.«[57] Auch hier gilt: Die steigenden Temperaturen in den Produktionsländern verschlechtern die Ernten bis hin zu kompletten Ernteausfällen und sorgen entsprechend für höhere Preise. Die Wissenschaftler:innen nennen die Auswirkungen dieser Zusammenhänge »systemische Schocks«, die den Kaffeeanbau zunehmend gefährden.

Okay, okay, aber bei uns sieht das doch alles ganz anders – also sicherer – aus, oder? Nein! Wir müssen uns nur die überfluteten Felder im Zuge des Hochwassers in Deutschland aufgrund der anhaltenden Regenfälle zur Weihnachtszeit 2023 und dem darauffolgenden Jahreswechsel anschauen. Da wurden nicht nur die Strohsterne nass, sondern fielen infolgedessen ganze Ernten aus.[58] Apropos Weihnachten: Wer sich wie ich ein Leben ohne Schokolade – egal ob in Form von Nikoläusen, Osterhasen oder Tafeln – nicht vorstellen kann oder mag, sollte sich mit einer weiteren essenziellen Gefahr für das »normale« Angebot in der Süßwarenabteilung anfreunden. Der Preis für die Hauptzutat von Schokolade – nein, nicht Zucker, sondern Kakao – stieg in einem Jahr gemäß aktueller Zahlen vom Juli 2023 um mehr als 25 Prozent. Der zentrale Grund: Überflutungen in einigen der Hauptanbaugebiete.[59] Die Ursache für die un-normalen Überflutungen muss ich an dieser Stelle wohl nicht wiederholen.

Sollten dir sowohl O-Saft, Kaffee als auch Schoki nicht so wichtig sein, habe ich ein letztes Beispiel parat, das uns dann doch ein wenig Richtung Volksfestzelt bringt. Es geht um das, was dort bisher mit Vorliebe konsumiert wird: Bier. Doch auch das ist vielleicht bald nicht mehr »normal«. So belegen die Ergebnisse einer Studie vom Oktober 2023, dass der »klimainduzierte Rückgang der Qualität und Quantität europäischen Hopfens zu sofortigen Anpassungsmaßnahmen aufruft«.[60] Einige Brauer:innen warnen bereits davor, dass der Welt das Bier ausgehen könnte.

Angesichts der Vorstellung einer bierfreien Welt kann ich mir ein Schmunzeln irgendwie nicht verkneifen. Weil in meinem Kopf eine Frage hochploppt, die wieder exemplarisch für das »Change by design or disaster« steht: Wird das »Desaster«, das uns Menschen zum Umdenken zwingen wird, der (drohende) Verlust des vielerorts beliebten Hopfensaftes sein?

Ich weiß es natürlich genauso wenig wie du – oder irgendjemand anderes. Worum es mir an dieser Stelle vor allem geht, ist es, eine erneute Einladung auszusprechen. Eine Einladung, darüber nachzudenken, wie du, wie ich, wie wir uns in Zukunft ernähren wollen. Eine Einladung, anzunehmen und zu begreifen – in diesem Fall vor allem mit Geruchs- und Geschmackssinn –, dass die Entscheidung für eine bestimmte Ernährung immer auch eine politische ist. Denn bei den Beantwortungsmöglichkeiten der Frage nach unserer heutigen und zukünftigen Ernährung spielt das »Können« im Sinne dessen, was überhaupt möglich ist, eine immer wichtigere Rolle. Aus dem einfachen Grund, weil wir die Grundvoraussetzungen für unsere Lebensmittelproduktion, also den »fünfzehn Zentimeter dicken Mutterboden und die Tatsache, dass es regnet«, zunehmend verändern. Ich hoffe, dass ich genau diese Erkenntnis hier so »unemotional« wie möglich vermitteln konnte. Denn emotional wird es im folgenden Abschnitt auf jeden Fall hinreichend.

Energie

In keinem anderen Lebensbereich erlebe ich Absurdistan so sehr auf allen gedanklichen und Gefühlsebenen wie beim Thema Energie. Dessen sehr bewusst und entsprechend mit einer gehörigen Portion Respekt im mentalen Gepäck, möchte ich dich dennoch – oder gerade deswegen – auch hier auf ein paar Gedanken mitnehmen. Beginne ich mit der »Sachlage«, ist das globale Ziel völlig klar. Gemäß des Pariser Klimaabkommens vom 12. Dezember 2015, das im Anschluss an die COP21 in Paris, also die 21. Weltklimakonferenz, verabschiedet wurde, haben sich 195 Staaten (inklusive der EU) verpflichtet, den Klimanotfall einzudämmen und die Weltwirtschaft entsprechend umzugestalten.[61] Dafür ist die Energieversorgung essenziell. Konkret bedeutet das, die Treibhausgas-Emissionen auf »Netto-Null«[62] zu bekommen, und zwar so schnell wie möglich[63] – der Weg spielt hier wie so oft im Leben eine entscheidende Rolle, denn je schneller die Reduktion erreicht wird, desto weniger Treibhausgase werden bis dahin noch ausgestoßen. Du kannst dir die verschiedenen Pfade wie unterschiedlich steile Rutschen vorstellen, bei denen unter einer steileren Rutsche der Raum zum Boden kleiner ist und damit entsprechend weniger Emissionen dort »reinpassen«.[64]

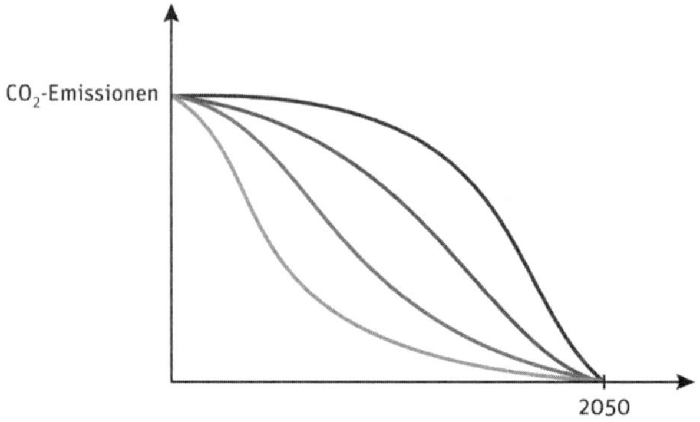

Das schematische Bild zeigt: Je steiler die Rutsche, desto kleiner die Fläche unter ihr. Auf Emissionen bezogen bedeutet das: Je schneller und weitreichender die Reduzierung, desto weniger Emissionen werden bis zum Ziel, die Emissionen auf »null« zu bringen, ausgestoßen.

Zusätzlich zum Pariser Abkommen hat im Rahmen des sogenannten Green New Deal die Europäische Kommission 2020 das konkrete Ziel formuliert, bis 2050 klimaneutral zu werden und als Zwischenziel bis 2030 eine Emissionssenkung um mindestens 55 Prozent im Vergleich zu 1990 zu erreichen.[65] Noch einen Tick ambitionierter hat Deutschland im Rahmen des Klimaschutzgesetzes von 2021 das Ziel, bereits fünf Jahre eher, also bis 2045, klimaneutral zu werden und auf dem Weg dahin bis 2030 eine Emissionssenkung von 65 Prozent zu erreichen.[66] Klar ist also, es geht nicht um das »Ob«, sondern lediglich das »Wie«. Und genau hier betreten wir Absurdistan, oder stolpern sogar Hals über Kopf hinein.

Denn auch wenn ebenfalls völlig klar ist, dass sich ganz viel verändern muss und notfalls zwangsläufig wird, verharren wir noch viel zu oft in unseren unterschiedlichen Rollen im statischen Denken und damit dem »Wogegen«-Modus. Die Gründe: Wir haben Angst davor, Bequemlichkeiten, Luxus und Wohlstand zu verlieren. Den Wohlstand, an den wir uns gewöhnt haben. Sei es, wenn wir den Lichtschalter betätigen und wie selbstverständlich dann das Licht angeht. Oder wenn wir den Wasserhahn aufdrehen, um mit wohltemperierter Wassertemperatur zu duschen.[67] Oder wenn wir den Laptop hochklappen, um unsere Aufmerksamkeit (zumindest partiell) der nächsten Videobesprechung, dem elektronischen Posteingang oder einem beliebigen Streamingdienst zu schenken. Wir reden nicht ehrlich genug darüber, welche Veränderungen und möglichen »Einschränkungen« wir als Individuen und Gesellschaft in Kauf nehmen wollen, können oder müssen, sondern verirren uns, sobald es konkret wird, sehr schnell in Beschuldigungen, Beschimpfungen und gar (persönlichen) Bedrohungen.

»Emotionale Blobs«, wohin die Augen und Ohren reichen, wenn es beispielsweise um die konkrete Anwendung des deutschen Klimaschutzgesetzes in Form des Gebäudeenergiegesetzes im eigenen Heizungskeller geht. Oder den Bau von Windrädern in Sichtweite. Oder die Reduktion von Raum- und Wassertemperaturen in öffentlichen Räumen und Schwimmbädern. Oder, oder, oder … Denn auch wenn sich die Mehrheit der Menschen hierzulande in Umfragen mittlerweile *dafür* ausspricht, in Zukunft klimaneutral heizen zu wollen, gibt eben diese Mehrheit auch an, *dagegen* zu sein, kaputte Heizungen, die über fossile Energieträger betrieben werden, in Zukunft zwangsläufig durch Heizungen mit regenerativer Energieversorgung ersetzen zu lassen.[68] Die beiden Aussagen lassen sich rein logisch nicht vereinbaren. Wer sie also beide »unterstützt«, verhält sich »irrational«. Vergleichbar mit der Vorstellung, zwar abnehmen zu wollen, aber gleichzeitig die Ernährung und die damit verbundene Kalorienaufnahme – bei gleichbleibendem Bewegungsverhalten – nicht zu verändern.

Die oben zitierten Umfrageergebnisse sind auf nationaler Ebene ein wunderbares Beispiel für die sogenannte kognitive Dissonanz – also das Auftreten von widersprüchlichen Informationen in uns –, die wir täglich in uns tragen, aber häufig nicht adressieren. Vielleicht, weil uns die emotionale und kommunikative Reife dafür fehlt. Vielleicht, weil wir »gefühlt« keine Zeit haben, unsere inneren und äußeren Widersprüche zu adressieren, oder vielleicht aufgrund eines Mixes aus beidem.

Besonders ausgeprägt scheint die Präsenz (nicht adressierter) kognitiver Dissonanzen in uns bei Energiefragen im weitesten Sinne. Warum? Weil sie uns und unser akutes Maß an Wohlbefinden jetzt und hier bedrohen.[69] Weil wir aber nicht ehrlich genug genau darüber sprechen, sondern uns stattdessen in »vermeintlich« rationale Debatten über Atomausstiege, Windräder und Subventionen begeben. Weil Letzteres bequemer ist.

Das Gleiche passiert im Übrigen in mindestens ebenso großem Ausmaß auf internationaler Ebene. So scheinen Unternehmensverantwortliche mächtiger Energiekonzerne zu »glauben«, dass es gleichzeitig möglich ist, dass das eigene Unternehmen wirklich die Transformation zu regenerativen Energien befürwortet, während es parallel weiterhin Öl- und Gasunternehmen dabei unterstützt, ihren Output zu erhöhen.[70] So verwunderte es mich fast nicht – schließlich kannte ich mich in Absurdistan bereits gut aus –, als während der noch laufenden Klimakonferenz in Dubai, der COP28, im Dezember 2023 ein Brief »ans Licht« kam, in dem das Kartell der Ölexporteure vor einem Kipppunkt warnte. Erneut handelte es sich bei diesem Kipppunkt nicht um einen klimatischen: Das Ölkartell äußerte in dem natürlich nicht für die Öffentlichkeit bestimmten Brief seine Angst, in der Abschlusserklärung der COP28 könnte das Ende der fossilen Energien unwiderruflich festgehalten werden.[71]

In allen Fällen ist also wieder eine Emotion, die wir schon gut kennen, besonders dominant: Angst. Die Angst, lieb gewonnene Überzeugungen und Vorstellungen, möglicherweise gar die eigene Identität, aufgeben zu müssen. Diese Angst kann zu einem ausgeprägten Verteidigungsverhalten führen. Vor allem, wenn nicht nur Identitäten, sondern ganze Wirtschaftsmächte bedroht werden. Die US-amerikanische Politikwissenschaftlerin Cara Daggett hat in diesem Zusammenhang 2018 den Begriff der »Petromaskulinität« geprägt.[72] Gemeint ist das besondere Verhältnis zwischen weißer, hegemonialer Männlichkeit und dem Klammern an fossile Energieträger. In ihrer – wie sie es selbst nennt – psychopolitischen Analyse erklärt sie so auch den Ursprung meist männlich geprägter und häufig autoritärer Gegenbewegungen zur Energiewende und gesellschaftlichen Veränderungen Richtung Nachhaltigkeit insgesamt.[73]

Ich wiederhole mich wirklich ungern, aber dieses Verhalten ist erneut die gelebte Version der Definition von Wahnsinn – und gleichzeitig so herrlich menschlich. Weil es einmal mehr aufzeigt, wie schwer sich das menschliche Gehirn mit unvorstellbaren Veränderungen tut. Ein kurzer Blick auf die häufig holprige Geschichte des Fortschritts offenbart zahlreiche vergleichbare Episoden, in denen es zwei parallele »Realitäten« zu geben schien. Die eine beschreibt das, was Menschen sagen, die andere das, was sie tun. Der ehemalige britische Journalist, der nun als Berater tätig ist, David Shukman, fasste die historisch nicht neue Situation im Dezember 2023 treffend zusammen, als er schrieb: »Ich nehme an, die Verwirrung kommt daher, weil wir uns inmitten einer Transformation befinden, bei der sich das Alte sehr trotzig weigert, das Neue anzunehmen.« Nachfolgend erinnert er daran, dass noch stets Segelschiffe gebaut wurden, als das Zeitalter des Dampfantriebs bereits angebrochen war. Dass Kutschen nicht über Nacht verschwanden, nachdem das erste Ford Modell T produziert worden war. So können wir aktuell beobachten, dass Ölunternehmen noch immer in neue Produktionsstätten investieren, auch wenn das größte chinesische Ölunternehmen SINOPEC attestiert, dass die Nachfrage nach Öl bereits ihren Gipfel überschritten habe.[74]

Nur wenn wir ehrlicher die Emotionen – inklusive der (Verlust-)Ängste – adressieren, um die es kurzfristig bei der notwendigen Energiewende geht, können wir die mittel- und langfristig wichtigen Stellschrauben diskutieren und entsprechend justieren. Das bedeutet: Weil die Netto-Null und damit die Energiewende – inklusive Freiheitsenergien – alternativlos ist, müssen wir jetzt sehr schnell sehr viel ändern. Dass wir das können, zeigen beispielsweise die im Januar 2024 veröffentlichten Zahlen der Internationalen Energieagentur (IEA) zur globalen Entwicklung erneuerbarer Energien.[75] Deren Ausbau erfolgte 2023 in neuer Rekordgeschwindigkeit: 50 Prozent Wachstum[76] und das 22. Jahr in Folge ein neuer Wachstumsrekord. Sollte sich diese Entwicklung fortsetzen, werden die Erneuerbaren bereits 2025 Kohle als größte Quelle globaler Elektrizität ablösen, und 2028 werden 42 Prozent der globalen Elektrizität durch Erneuerbare gedeckt werden.[77]

Moment, stopp! Ob sich »die Entwicklung fortsetzt«, ist die falsche Formulierung. Denn der Passiv suggeriert, dass die Entwicklung nicht von uns beeinflusst wird. Das Gegenteil ist der Fall, und die bessere Formulierung lautet: Wenn wir – im Sinne von »die Weltbevölkerung« – diese Entwicklung weiter fortsetzen, nähern wir uns einem Pfad an, der mit dem Pariser Klimaabkommen vereinbar ist.

Auch der IEA-Vorsitzende Fatih Birol hat verstanden, wie wichtig neue Geschichten für die Energiewende sind: »Die wichtigste Herausforderung für die internationale Gemeinschaft besteht in der rasanten Ausweitung in der Finanzierung und Errichtung Erneuerbarer in den meisten Schwellen- und Entwicklungsländern, von denen viele in der neuen Energiewirtschaft zurückgelassen werden.«[78]

Wir benötigen also vor allem dynamisches »Wofür«-Denken und unseren Neugier-Modus. Beide sollten als Ehrengäste in keiner Bundestagsdebatte, keiner Haushaltsverhandlung, keiner Vorstandssitzung eines jeden Unternehmens und auch an keinem Stamm- oder Abendbrottisch fehlen. Denn der Clou ist ja: Je eher die Zukunft einer zukunftsfähigen Energieversorgung beginnt, desto günstiger ist die Umstellung. Das zeigen sämtliche Studienergebnisse[79] und ist »rational« leicht nachzuvollziehen. Denn nicht nur die Kosten der Folgeschäden durch ein noch längeres Festhalten an mittlerweile nicht mehr nur kurzfristig, sondern eher ultrakurzfristigen finanziellen Gewinnen durch fossile Energieversorgung steigen mit jedem Tag, sondern auch die Kosten der Umsetzung der Energiewende in einer zunehmend volatileren – im Sinne von durch »angestachelte emotionale Blobs« getriebenen – Welt.

Wie gehen wir mit dieser Erkenntnis nun ehrlich lösungsorientiert um? Wie schaffen wir eine neue Normalität, die ihrem Namen möglichst langfristig gerecht werden kann? Indem wir unsere kognitiven Dissonanzen erkennen und ehrlich adressieren. Das ist der Kern der kommunikativen Reife. Dabei können uns entsprechende Rahmenbedingungen helfen – genau wie in allen anderen Lebensbereichen auch. Wenn die zuckrige Torte und der fettige Burger nicht im Angebot sind oder so »teuer« sind, dass wir sie uns nicht »leisten« können, wählen wir fast freiwillig und automatisch den Salat und die Vollwertstulle. So geht es im Folgenden und letzten Abschnitt zur (vermeintlichen) Normalität um die Verhandlung ebendieser Rahmenbedingungen und damit die Frage: Was ist erlaubt?

Recht und Ordnung!

Mal beide Hände aufs Hirn: Würdest du sagen, du hast in deinem Leben bisher immer die richtigen Entscheidungen getroffen? Vielleicht erinnerst du dich spontan an eine besonders große Entscheidung, die du bereust. Mit deren Folgen du möglicherweise immer noch gedanklich, emotional, finanziell, organisatorisch oder auf irgendeine andere Art beschäftigt bist. Weißt du noch, warum du dich so entschieden hast, wie du es getan hast? Welche Faktoren dich dabei beeinflusst haben? Dabei gelenkt haben, zwischen zwei oder mehreren Optionen zu entscheiden?

Mal wieder steckt wie so oft in der deutschen Sprache die zentrale Bedeutung des Wortes in seinen Einzelteilen. Denn genau das tun wir ja, wenn wir eine Ent-scheidung treffen: Wir legen fest, für welche Option wir uns ent-scheiden, indem wir die verschiedenen Möglichkeiten nebeneinanderlegen und dann (mehr oder weniger) frei auswählen, welche es werden soll – und welche andere(n) aus-scheiden. (Zum Thema »Freiheit!« komme ich am Ende von Teil II noch ausführlicher.) Ein grundlegender Faktor, der jede menschliche Entscheidung mitbestimmt, ist die Frage, was erlaubt und was verboten ist. Und sei es nur, weil Menschen ganz bewusst eine verbotene Option suchen und wählen, um einen besonderen Kick zu verspüren, oder aber weil sie zum Ausdruck bringen wollen, dass sie es nicht »in Ordnung« finden, dass etwas verboten ist. Ganz allgemein gesprochen drücken Gesetze, Regeln und Vorschriften immer aus, was eine Gruppe von Menschen zu einer bestimmten Zeit beziehungsweise in einem bestimmten Zeitalter »normal« findet und was sie wichtig findet. Eine Gruppe kann dabei alles von einer Familie, einem Stamm, einem Verein, über ein Unternehmen, eine Partei oder eine Religion bis hin zu einer Nation oder einem Staatenbündnis sein. So zeugen die entsprechenden Regeln und Normen – heutzutage und hierzulande häufig in Form von Gesetzen formuliert – in gewisser Weise von der Entwicklungsgeschichte der Gruppe.

Wenn ich mich ganz weit aus dem moralphilosophischen Fenster lehnen möchte, sind Gesetze Ausdruck des zivilisatorischen Fortschritts. Denn sie stehen für eine Entwicklung, die sich vom instinktgetriebenen, spontanen Verhalten abhebt. Sie stehen für das, was das menschliche Zusammenleben von den statischen Regeln eines »animalischen« Zusammenlebens unter-scheidet, bei dem im Großen und Ganzen gilt: Der oder – in selteneren Fällen – die Stärkere gewinnt, was häufig mit »überlebt« gleichzusetzen ist. Auch wenn ich unsere Spezies nach wie vor als eine den Tieren zugehörige Spezies betrachte, erlaubt dieser Gedankengang zumindest eine klare Abgrenzung zu anderen Tieren. Außerdem taucht auch hier wieder die in diesem Buchteil zentrale Zutat des dynamischen Denkens auf, denn wir können den Unterschied auch folgendermaßen fassen: Wir können uns neue Geschichten erzählen.

Genau diese Fähigkeit ermöglicht es uns erst, Gesetze aufzustellen und anzupassen. Die Tatsache, dass wir hierzulande Instanzen haben, die für die Allgemeinheit die »Spielregeln« festlegen, zeugt von einer langen Geschichte und zahlreichen Aushandlungsprozessen darüber, wie diese Instanzen zu gestalten sind. Das hehre Ziel ist dabei – so habe ich es zumindest bisher verstanden –, dass es möglichst vielen Menschen der Gruppe, die auf nationaler Ebene relativ klar bestimmt ist, möglichst gut geht. Und dass bei auftretenden Interessenskonflikten möglichst gerechte Entscheidungen getroffen werden. Denn wie wir ja bereits ganz zu Anfang in der Einleitung »gelernt« haben, sorgen unsere individuelle Beschaffenheit und Geschichte automatisch dafür, dass meine Welt inklusive meinen Vorstellungen vom »guten Leben« nicht deckungsgleich mit deiner Welt und deinen Hoffnungen, Wünschen und Ambitionen ist.

Das war jetzt eine ganze Menge Theorie, die ich gern mit einem konkreten Beispiel unterfüttern möchte. Werfen wir dafür den Blick in das Bürgerliche Gesetzbuch (BGB). In einem beliebigen Jahr zwischen 1958 und 1977 konnten wir da lesen: »Sie [die Frau] ist berechtigt, erwerbstätig zu sein, soweit dies mit ihren Pflichten in Ehe und Familie vereinbar ist.«[80] Ob die Vereinbarkeit gegeben war, entschied der Ehemann. Es war also normal und entsprechend gesetzlich vorgeschrieben, dass eine verheiratete Frau in dieser Zeit nur mit Erlaubnis ihres Ehemannes erwerbstätig sein durfte. Dieser konnte darüber hinaus ohne die Zustimmung seiner Ehefrau ihren Job kündigen.

Dann änderte sich die Normalität und damit die Gesetzgebung, sodass die entsprechende Passage seit 1977 lautet: »Beide Ehegatten sind berechtigt, erwerbstätig zu sein.« Ja und nein. Ich bitte dich, die beiden vorherigen Sätze nochmals zu lesen. Fällt dir etwas auf? Ich habe – ganz bewusst – eine offene Formulierung gewählt, die nicht klärt, warum und wie es zu einer »neuen Normalität« kam. »Dann änderte sich die Normalität und damit die Gesetzgebung.« Worauf ich hinauswill: Gesetze, Regeln und Co. sind – genau wie die Umsetzung der Energiewende im vorherigen Kapitel – keine Naturgesetze und nichts, was vom Himmel fällt. Sie sind immer menschengemacht. Sie werden immer dann geändert, wenn genügend Menschen sich laut genug für die entsprechenden Anpassungen einsetzen, weil sie nicht mit dem Status quo einverstanden sind. Im »besten Fall« rührt ihre Motivation daher, dass sie das Gefühl haben, die aktuelle Gesetzeslage sorgt nicht (mehr) dafür, dass das Gemeinwohl bestmöglich gefördert wird.

Vorhang auf für die sogenannten »Klimaklagen«.

Ich erinnere mich noch sehr gut daran, wie mich Mitmenschen verwirrt und irritiert anschauten, als ich vor einigen Jahren begann, über die Klimaklage der niederländischen Organisation Urgenda[81] zu sprechen.[82] Die niederländische Stiftung, deren erklärtes Ziel die Förderung einer »schnellen Transformation zu einer nachhaltigen Gesellschaft mit einem Fokus auf der Transformation in Richtung einer Kreislaufwirtschaft unter Nutzung von ausschließlich erneuerbaren Energien«[83] ist, hatte sich nichts Geringeres vorgenommen, als den niederländischen Staat zu verklagen, um diesen daran zu »erinnern«, seine selbst gesteckten Emissionsziele einzuhalten.

Ein Mensch, der bei dieser ersten Klimaklage, der ich begegnete, eine herausragende Rolle spielte, ist der niederländische Rechtsanwalt Roger Cox. Er war es, der mich als »Klimaanwalt« nicht nur mit dem Gedanken vertraut machte, dass die Rechtsprechung ein im wahrsten Sinne des Wortes entscheidender Hebel bei der Zukunftsgestaltung unserer Spezies auf diesem Planeten sein würde, sondern der mich auch als Persönlichkeit tief beeindruckte. Mittlerweile bin ich sogar davon überzeugt, dass mich seine emotionale Reife – und das kann ich natürlich erst seit der Konzeptionalisierung dieses Buches zu radikaler Emotionalität so klar benennen – auf eine bedeutungsvolle Art berührte und damit Teil meines ganz persönlichen Begreifens des menschengemachten Klimanotfalls ist. Ich habe damals mehrere Dokus zu seiner Arbeit an der ersten Klimaklage geschaut und erinnere mich vor allem an seine radikale Aufmerksamkeit für die Sache, die frei von jeder Hybris dafür sorgte, dass er nicht nur all seine Kompetenz und Ressourcen, sondern auch sein Dasein als »emotionaler Blob« der Sache verschrieben hatte. Denke ich an diese erste große erfolgreiche Klimaklage zurück, habe ich auch schnell die Bilder aus dem Gerichtssaal in Den Haag im Kopf, auf denen sich Roger Cox mit seinen Mitstreiter:innen lautlos weinend in den Armen lag.[84] Seine Aussagen am Ort des Geschehens zeigen deutlich, dass er es nicht glauben konnte, dass sie tatsächlich »gewonnen« hatten. Der Klage wurde stattgegeben, die niederländische Regierung wurde rechtlich »gezwungen«, ihre Emissionen bis 2020 um 25 Prozent zu verringern.[85] Der Rest ist Geschichte.

Im Mai 2021 folgte ein weiterer historischer Erfolg, den der ehemalige US-amerikanische Vizepräsident und Gründer des Climate Reality Project Al Gore als möglichen »Wendepunkt Richtung Verantwortlichkeit der fossilen Brennstoff-Industrie und [für die Anerkennung] ihrer zentralen Rolle bei der Verursachung der Klimakrise, die unsere Art zu leben bedroht«,[86] bezeichnet. In einem David-gegen-Goliath-Rechtsstreit war es Roger Cox und seinen Mitstreiter:innen nun gelungen, Royal Dutch Shell (mittlerweile Shell plc) und damit eines der weltweit größten Mineralöl- und Erdgasunternehmen dazu zu verpflichten, die eigenen Emissionen bis 2030 um 45 Prozent zu reduzieren.[87] Dieser Sieg war auch historisch, weil er den ersten Fall markiert, in dem ein Unternehmen auf legalem Weg dazu gezwungen wurde, sich an das Pariser Klimaabkommen zu halten.

Mittlerweile hat nicht nur Roger Cox als Träger des Dresdner Friedenspreises 2022 auch hierzulande eine gewisse Bekanntheit erlangt,[88] sondern es häufen sich die nationalen und internationalen Schlagzeilen zum Thema Klimaklagen.

So forderten im März 2023 die beiden Autoren einer Veröffentlichung im *Havard Environmental Law Review* dazu auf, US-amerikanische Mineralölkonzerne auf Mord zu verklagen.[89] Die Argumentation: Fossile Brennstoff-Unternehmen »haben nicht nur einfach die Öffentlichkeit belogen, sie haben Mitglieder der Öffentlichkeit mit einer beschleunigten Häufigkeit getötet, und Strafverfolger sollten dicsem Verbrechen zu öffentlicher Aufmerksamkeit verhelfen«. Die Unberührbarkeit der riesigen Konzerne sei nicht mehr gegeben oder gerate mindestens ins Wanken. So betonte einer der beiden Autoren, der US-amerikanische Juraprofessor Donald Bramann, die Bedeutung der Veröffentlichung.

Wenige Monate später folgte im August, während sich die Nachrichten zum Klimakollaps weltweit häuften, ein weiteres »juristisches erstes Mal«, das ebenfalls für ein gesteigertes Medieninteresse hierzulande sorgte. Im US-Bundesstaat Montana bestätigte eine Richterin 16 jungen Kläger:innen im Alter von 5 bis 22 Jahren, dass der Bundesstaat ihr Recht auf eine gesunde Umwelt verletze.[90] Montana ist einer der wenigen US-Staaten, in denen das entsprechende Recht auf eine saubere Umwelt in der Verfassung verankert ist. Die Bilder der erfolgreichen Kläger:innen gingen um die Welt und erinnern uns auf eindrückliche Weise an das, was wir eigentlich alle wissen: Wir sind auf dem »besten Wege«, unsere eigene Zukunft massiv zu gefährden – und benötigen junge Menschen, um uns daran nicht nur zu erinnern, sondern gar zu »zwingen«, bessere Entscheidungen zu treffen. Zu begreifen, was »richtig« und was »falsch« ist, wenn wir unsere Lebensgrundlage erhalten wollen. Der US-amerikanische Klimajurist Michael Gerrard von der renommierten Columbia University in New York ordnete das Urteil als Wendepunkt ein: »Es ist eine der wichtigsten Entscheidungen zum Klimawandel, die jemals von einem Gericht gefällt wurden.«[91]

Nur einen Monat später stellte eine weitere Klimaklage einen neuen Rekord auf: Sechs junge Menschen zwischen 11 und 24 Jahren aus Portugal sorgten dafür, dass vor dem Europäischen Gerichtshof für Menschenrechte (EGMR) die bisher größte Klimaklage der Geschichte begonnen hat. Die jungen Portugies:innen verklagen 32 europäische Staaten,[92] inklusive Deutschland, für ihre bisherige und aktuelle Klimapolitik. Diese missachte die Menschenrechte, da der Ausstoß der Treibhausgase nicht schnell genug reduziert werde. Da ist sie wieder, die Netto-Null und die Frage nach dem »Wie«.

Ohne die Liste an dieser Stelle weiter ausufern lassen zu wollen, beende ich den kleinen juristischen Exkurs in die Welt der Klimaklagen mit zwei Informationen: Die Anzahl an Klimaklagen hat sich in den vergangenen Jahren mehr als verdoppelt, und so ist das Instrument selbst (mindestens) normal(er) geworden. Das bestätigen die aktuellen Zahlen des *Global Climate Litigation Report*.[93] Bis Dezember 2022 gab es 2180 »klimabezogene« Fälle in 65 Gerichtsbezirken, einschließlich internationaler und regionaler Gerichte, Tribunale und quasirechtlicher Körperschaften. Die zweite Information: Es gibt mittlerweile eine Datenbank namens Redline, deren Ziel es ist, Klima-Kläger:innen mit den aktuellsten Forschungsergebnissen zu versorgen, um möglichst gut für Gerichtsverfahren im Rahmen von Klimaklagen ausgerüstet zu sein.[94]

All diese Entwicklungen sind weitere Argumente für meine These, dass wir besser mit unserer omnipräsenten Emotionalität umgehen müssen, indem wir sie radikal – also an ihren Wurzeln – erfassen. Einerseits haben wir Menschen als »emotionale Blobs« durch unsere Emotionen klare Markierungen dafür, was uns wichtig ist und wie wir leben wollen. Doch dabei setzen wir, auch stimuliert durch kulturelle und politische Anreize, »hin und wieder« auf die falschen Geschichten. Geschichten, die uns eine Normalität suggerieren, deren Haltbarkeitsdatum längst überschritten ist. Oder die sich gar als Mogelpackung entlarven lässt, da sie niemals als Normalität taugte. Weil sie lediglich die kurzfristig orientierten Bedürfnisse einiger weniger Menschen befriedigen kann. Vielleicht zeigt uns all das auch, dass wir einige Entscheidungen überdenken müssen, wenn wir den zivilisatorischen Prozess unserer Spezies fortsetzen wollen.

Diesen notwendigen Prozess können wir unterstützen, indem wir uns öfters nicht nur fragen, wer da eigentlich gerade entscheidet, sondern auch hinterfragen, ob wir generell den richtigen Menschen und Organisationen Macht und Verantwortung zusprechen. Denn letztendlich müssen die richtigen Entscheidungen für eine Fortsetzung der »Erfolgsgeschichte Menschheit« getroffen werden. Um das zu tun, können wir aufbauend auf den Gedanken zu ehrlichen Antworten auf die Frage, was wir »normal« finden, einen Schritt weitergehen, um genauso ehrlich zu fragen: Was bedeutet es eigentlich, es geschafft zu haben? Wie definieren wir Erfolg, und wem geben wir die Macht und Verantwortung, über uns und unsere Zukunft zu bestimmen, zu entscheiden?

(Nicht) Geschafft!

»Wir rasen derzeit in eine Klimakatastrophe, und das wirklich teuerste Szenario ist das, in dem wir keinen Klimaschutz machen. In dem Szenario können wir gar keine Profite mehr machen.«[95] Punkt. Eigentlich ist mit diesen zwei Sätzen des Mitgründers des New Climate Institute in Köln und Professors für Mitigation of Greenhouse Gas Emissions an der Universität Wageningen Niklas Höhne alles gesagt. Denn die beiden Sätze fassen die Herausforderung, der wir uns endlich ehrlich stellen müssen, perfekt zusammen.

So könnte ich nun ein paar leere Seiten folgen lassen, die vielleicht künstlerisch-kreativ angehaucht für genau dieses »Alles gesagt« stehen könnten. Sie würden für die Realitätsverweigerung stehen, um die es nun gehen soll. Wohlwollend formuliert ist diese Verweigerung die beste Freundin der im vorherigen Kapitel beschriebenen Normalitätssimulation. Gemeinsam sind sie für unseren Wohlfühlmodus in Absurdistan verantwortlich. Denn unsere kollektive Realitätsverweigerung ist in fast jeder (Konsum-)Entscheidung, in den meisten Talkshow-Debatten und sehr vielen politischen sowie wirtschaftlichen Entscheidungen präsent, ohne sich als solche zu exponieren – genau das macht es so schwierig, ihr auf die Schliche zu kommen. Daher auch die Idee mit den leeren Seiten …

Stopp! So leer sind die Seiten gar nicht mehr! Zu den Vertreter:innen der »linken Physik« (ich hoffe, du erinnerst dich an das Zitat des Meteorologen und Wettermoderators Özden Terli aus der Einleitung), die unsere Realitätsverweigerung öffentlich anprangern, gesellen sich zunehmend auch andere, gar »konservative« Stimmen. So kommentierte etwa der Generalsekretär des Deutschen Bauernverbandes Bernhard Krüsken die Erntesituation im August 2023 mit den Worten: »Deutschland ist kollektiv auf der Flucht vor der Wirklichkeit«,[96] und zitierte damit die Ergebnisse einer wenige Wochen zuvor erschienenen qualitativen Untersuchung des Kölner rheingold Instituts.[97]

Es sind solche Aussagen, die mir immer wieder Mut machen, selbst ehrlich und öffentlich unsere kollektive Realitätsverweigerung zu adressieren.[98] Sie nicht länger als »leere Seiten« zu überblättern oder schlimmer noch, mit allerlei Ablenkung gefüllten Seiten zu ignorieren. Ja, auch ich brauchte und brauche diesen Mut, weil ich selbst lange nicht »wahrhaben« wollte, in welcher Welt wir bereits leben. Oder besser formuliert: weil ich selbst nicht begreifen konnte und wollte, wie sehr wir planetare und biologisch-ökologische Zusammenhänge auf dem Planeten Erde, inklusive derer, die unser eigenes Leben betreffen, bereits negativ beeinflusst haben. Diese offensichtlichen Erkenntnisse und Entwicklungen ehrlich zu adressieren, in einer Umgebung, die sehr viel dafür tut, genau das nicht zu tun, ist nicht nur mutig, sondern schlichtweg auch anstrengend.

Warum? Aus meiner persönlichen Erfahrung kann ich sagen, dass mich zunächst ein kruder Mix aus verschiedenen Ängsten daran hinderte. Da war eine Angst, mich der gewaltigen Auswirkungen unseres Umgangs miteinander und mit der Welt insgesamt zu stellen. Eine Angst, meine Aufmerksamkeit darauf zu richten, was wir als Menschheit mit Blick auf das Überschreiten von sechs aus neun planetaren Grenzen schon »geschafft« haben. Eine Angst, mir bewusst zu werden und damit radikal emotional zu begreifen, wie umfassend wir die Realitätsverweigerung täglich leben.

Dann war da noch eine Angst, neben meiner bekannten Rolle als Spielverderberin und Moralapostelin irgendwie auch ein Stück weit »weltfremd« zu sein. Denn wenn der Großteil der Menschen und Strukturen um dich herum die Realitätsverweigerung selbst normalisiert hat, bist du, als diejenige, die ebendiesen Zustand hinterfragt, natürlich die Verrückte.

Bestimmt gibt es noch weitere Ängste und auch andere Gefühle, die mich lange haben zögern, gar zweifeln lassen, ob ich in der Lage bin, die Realitätsverweigerung öffentlich zu adressieren. Die mich sogar das ein oder andere Mal wütend haben werden lassen, weil ich mir wünschte, mich für all das nicht zu interessieren, und stattdessen einfach mein kleines Leben leben wollte. Und natürlich tue ich das in vielerlei Hinsicht auch (noch).

Doch irgendwann erlebte ich meinen eigenen, ganz persönlichen Kipppunkt. Ich kann nicht sagen, wann oder wie er sich anfühlte, weil ich ihn nicht bemerkte. Ich wusste nur eines unbestimmten Tages: Der »Wofür«-Modus hat gegen die Angst gewonnen, und ich möchte jeden Tag, so gut ich es kann, dazu beitragen, dass ich, dass du, dass wir alle uns neue Geschichten erzählen. Vor allem darüber, was es bedeutet, es (nicht) geschafft zu haben. Und darum soll es in diesem Kapitel gemäß seiner Überschrift schließlich gehen. Also: Was ist seit dem Kipppunkt anders?

Ohne hier eine Nabelschau betreiben zu wollen oder auch nur den Eindruck einer solchen zu erwecken, lasse ich einen Gedanken folgen, den ich in einer meiner Kolumnen für die *Frankfurter Rundschau* aufgriff. Er steht sowohl symbolisch für mein Bekenntnis zur Realitätsverweigerung als auch inhaltlich für die zentrale These dieses Kapitels. Der Gedanke war mir nicht neu, aber ich hatte ihn noch nicht zu (digitalem) Papier gebracht, sondern vor allem über das eingangs erwähnte Zitat von Niklas Höhne in Vorträgen und Interviews weitergegeben. Gerade war die bereits mehrfach in diesem Buch genannte erste Übersichtsstudie zur Bestandsaufnahme aller neun planetaren Grenzen erschienen.[99] Gleichzeitig diskutierten Politiker:innen, Unternehmer:innen und Privatanleger:innen weiterhin munter, aber – wie es mir immer mehr schien – ohne viel Weitsicht und Tiefgang, darüber, ob sich »Klimaschutz lohne«. Parallel stellte ich in Gesprächen immer häufiger fest, dass Menschen anscheinend »aufgegeben hatten«, an eine lebenswerte Zukunft für die Menschheit »zu glauben«. Das ist doch fatal, dachte und spürte ich – und war in meinem emotionalen Ausnahmezustand endlich in der Lage, den Gedanken zu adressieren, um den es mir hier geht. Ich beginne ihn hier mit einer grundlegenden Frage: Bleiben wir ignorant bis zum Schluss? Bis es nicht mehr anders geht? Bis die Teller leer sind,[100] kein Wasser mehr aus dem Wasserhahn kommt[101] und keine Klimaanlage mehr ausreicht, um uns am Leben zu halten?[102]

Ich hoffe mit aller aktiven Hoffnung, die ich aufbringen kann, dass wir es »schaffen« werden, diese Frage zu verneinen.

Dafür müssen wir uns anders verhalten als beim kindlichen Versteckspiel, bei dem die Sprösslinge die Hände fest vor die Augen pressen und uns entgegenrufen: »Ich bin weg, such mich!« Denn auch wenn wir das Spiel amüsiert und vielleicht sogar ein wenig beeindruckt von der kindlichen Naivität gern mitspielen, bitten wir doch spätestens, wenn es im Anschluss ums Aufräumen, Zubettgehen oder Zähneputzen geht, den Nachwuchs um die nötige Ernsthaftigkeit. Wir bitten ihn, die Augen nicht länger zu verschließen. Wir bitten ihn, das zu unterlassen, was wir tagein, tagaus selbst tun. Wenn wir die Realitätsverweigerung in so vielerlei Hinsicht betreiben, weil wir nicht radikal aufmerksam sind. Nicht radikal aufmerksam sehen, hören, riechen, schmecken und fühlen, wie wir *wirklich* leben. Möglicherweise sogar ganz bewusst ignorieren, ausblenden und unsere Sinne verschließen, weil wir erahnen, dass unsere akute Bedürfnisbefriedigung mit ziemlich vielen Nebenwirkungen einhergeht. Sowohl direkt – auf unsere Gesundheit – als auch indirekt auf das Wohlergehen anderer Menschen und Lebewesen sowie den mittel- und langfristigen Erhalt unserer eigenen Lebensgrundlage bezogen. Bei unserem kollektiven Augenverschließen geht es entsprechend um mehr als ein kindliches Versteckspiel, um mehr als ein argloses Ausblenden. Es geht um die beschriebene Frage, ob wir es am Ende schaffen werden, uns mit Herausforderungen unserer Gegenwart auseinanderzusetzen oder uns ihnen zu verweigern.

Nein, »ignorance is NOT bliss« und verspricht keine Glückseligkeit. Denn schon jetzt – um bei dem Bild der Kinderhände zu bleiben – reichen unsere zwei Hände häufig nicht mehr aus, um uns vor der Realität zu verstecken. (Von der zunehmend unrealistisch werdenden temporären Fluchtmöglichkeit im Sommerurlaub ganz zu schweigen.[103]) Hinzu kommt, dass die spürbaren Folgen der globalen (Selbst-)Zerstörung mit zunehmender Anzahl an ignoranten Menschen noch dramatischer werden. Entsprechend treibt uns die global gelebte Ignoranz in das Gegenteil von entspannter Glückseligkeit, da die Flucht vor der nicht mehr zu ignorierenden Realität immer anstrengender wird und immer kompliziertere Ablenkungsstrategien vonnöten sind. Und dann …

Stopp! So weit dürfen wir es nicht kommen lassen. Nicht, weil wir Gutmenschen sind oder sein wollen. Nicht, weil wir keine Arschl… sein wollen. Sondern aus dem einfachen Grund, weil es sich nicht »lohnt«. Weil auch meine und deine unmittelbare Zukunft bedroht ist. Um das zu ändern – »Wofür«-Modus angeknipst –, brauchen wir im wahrsten Sinne des Wortes neue Erfolgsgeschichten. Wem verleihen wir Ämter, Preise, Urkunden, Titel und Auszeichnungen? Wer ist so besonders, so positiv verrückt, dass wir es belohnen oder bestrafen? Dabei brauchen wir mehr als Gender-Punkte oder -Sternchen, mehr als gelebte Vielfalt und Inklusion. Wir müssen komplett neue Belohnungsstrukturen gestalten, die das verstärken, was wir zum (Über-)Leben brauchen. Dafür brauchen wir auch eine neue Einheit für die Messung von »Erfolg«. Genau das ist der nächste Aspekt der kommunikativen Reife, um die es in diesem Teil II des Buches geht.

Falsche Belohnungsstrukturen, oder: Die Suche nach (der) Wahrheit

Dicke Wandersocken, ein Langarmshirt, ein Merinopullover und eine Winterjacke, die Kapuze bis tief ins Gesicht gezogen. Trotzdem zieht sich die Gänsehaut über meinen Körper. Auch der schnelle Schritt schafft es nicht, mich ausreichend aufzuwärmen. »Schau mal!« Meine Begleitung ist abrupt stehen geblieben und zeigt auf eine farbenfrohe Raupe mit weißen Borsten, die mehr nach einem Geschöpf aus einem Science-Fiction-Film als nach feuchtkaltem Herbstwald aussieht.

Vorsichtig lassen wir sie auf ein Buchenblatt krabbeln und bewundern sie samt diesem auf meiner Hand. Dabei kommen wir ins Philosophieren. Über die »kleinen Dinge«, wie die Raupe, den sich verfärbenden Herbstwald, den rauschenden Flusslauf, der unseren wieder aufgenommenen schnellen Schritt gegen die Kälte ein Stück begleitet, und die Kohlmeise, die uns zu grüßen scheint – oder ihre Artgenoss:innen vor uns warnt.

»Moment mal!« Jetzt bin ich diejenige, die plötzlich anhält – und die Kälte nicht mehr wahrnimmt. »Klar kennen wir alle den ›Weniger ist mehr‹-Spruch, aber irgendwie bleibt er doch meist nicht mehr als eine Art fromme Absicht, oder?« Es sprudelt aus mir heraus, denn mir ist soeben klar geworden: Unser Messgerät zur Bestimmung von »weniger« und »mehr« ist nicht richtig geeicht.

Warum? Weil die bereits das ein oder andere Mal in diesem Buch am Rande erwähnten »Berechnungen von Kosten und Nutzen« fehlerhaft sind. In Notenstufen gesprochen: Fürs Aufstellen der bisherigen Belohnungsstrukturen bekommen wir maximal eine »5«, also »mangelhaft«, in den meisten Fällen wohl eher ein »Ungenügend«. Ich habe ein »Setzen, 6!« im Ohr, das eine Stimme aus dem »Off« der Menschheit zuruft, und dabei eine Szene vor dem geistigen Auge, in der sich (fast) überall auf der Welt die Menschen gleichzeitig mit beschämten, leicht verstohlenem Blick setzen. (Ich habe das »fast« in Klammern eingefügt, da es auch einige Einser- und Zweier-Kandidat:innen gibt, die in und mit langfristig tragbaren Strukturen leben.[104]) Unsere Berechnungen sind fehlerhaft, weil sie nur sehr, sehr selten sämtliche Kosten berücksichtigen. Stattdessen werden zahlreiche Kostenpunkte – vor allem die, die für die längerfristige Berechnung grundlegend sind – in sogenannten »Externalitäten« ausgelagert. Also die indirekten Folgen und damit verbundenen Kosten, die im Zuge einer wirtschaftlichen Tätigkeit entstehen, aber (bisher) nicht den Verursacher:innen angelastet werden, weil (noch) keine Preise dafür festgelegt sind. Das sind meist Folgen, die sich negativ auf andere Menschen, Lebewesen und sonstige Umweltaspekte auswirken. Zum Beispiel in Form von verunreinigten Flüssen und verschmutzter Luft. Doch auch deren Wasser (mit allem, was sich darin ansammelt) und deren Partikel landen irgendwann mindestens indirekt »bei uns«, vielleicht sogar auf meinem Teller oder in meiner Lunge. Vielleicht erreichen sie uns auch in Form von Wetterextremen aufgrund veränderter planetarer Dynamiken, oder sie zerstören »andernorts« die Lebensbedingungen, sodass die dort lebenden Menschen als Geflüchtete hierzulande ankommen.

Diese langfristigen Kosten unseres mindestens mangelhaften Wirtschaftens lassen sich mit den verzögerten Folgen einer ungesunden Ernährung und mangelnder Bewegung vergleichen. Die Tiefkühlpizza und Muffins am Abend auf dem Sofa spüren wir in der Regel nicht direkt am nächsten Tag. Wird die Ausnahme zur Routine, zeigen sich die Kosten ein paar Jahre bis Jahrzehnte später in Übergewicht, Bandscheibenvorfall und erhöhtem Risiko für Alzheimer, Herzinfarkt und Schlaganfall. Es geht also erneut um die Frage, ob wir kurz- oder mittel- und langfristig denken und fühlen, kurz- oder langfristig entscheiden und handeln.

Auf meiner Wanderung habe ich diesen Gedanken gerade halb sortiert, da kommt der nächste. Mein Herz pocht, die Kapuze habe ich abgenommen und die Jacke halb geöffnet. Das mag am Anstieg liegen, aber gleichzeitig sprudelt es weiter aus mir heraus. »Wir haben nicht nur Geräte, die falsch geeicht sind, wir haben die komplett falsche Einheit!« Ähnlich wie die sieben Basiseinheiten vom Kilogramm bis zur Sekunde im Jahr 2019 über Naturkonstanten neu definiert wurden,[105] benötigen wir eine neue Definition unserer Einheit von »Erfolg« – oder noch basaler, von »Bedeutung«. Wir müssen überdenken, was wie viel »zählt« und was wir entsprechend als »Erfolg« anerkennen wollen und was als »Versagen« betrachten und möglicherweise bestrafen.

So landen wir beim zweiten Teil der Überschrift dieses Kapitels: der Suche nach (der) Wahrheit. Denn nur, wenn wir die »wahren« Erkenntnisse und Zusammenhänge, die unsere Vorfahren, Mitmenschen und vielleicht auch wir selbst bereits zutage gebracht haben, ehrlich berücksichtigen, können wir eine bessere Kosten-Nutzen-Analyse aufstellen. Auf diesen Erkenntnissen basierend können wir entsprechend unsere Belohnungsstrukturen anpassen und neu kalibrieren, damit wir nicht länger – um beim Waldspaziergang zu bleiben – unaufhörlich mit aller Kraft an dem Ast sägen, auf dem wir sitzen.

So landen wir wieder bei der Realitätsverweigerung und kommunikativer (Un-)Reife, die uns aktuell die Folgen der (vermeintlichen) Externalitäten ignorieren lässt. Das wird angesichts zunehmend spürbarer Folgen immer schwieriger. Denn wenn die »unsichtbaren Kosten« sichtbar werden, spüren wir zunehmend, dass wir ohne Umwelt keine Welt zum Leben haben. Oder in Anlehnung an Niklas Höhne: Wir können uns keine Externalitäten mehr leisten, denn sonst können wir uns bald gar nichts mehr leisten.

Das ist aus meiner Sicht eine wichtige Wahrheit, der wir uns radikal ehrlich stellen können, um uns dann radikal ehrlich über sie auszutauschen. Um gemeinsam bessere Antworten auf die fortwährende Wahrheitssuche in allen gesellschaftlichen Bereichen geben zu können. Exemplarisch lade ich dich ein, in drei wichtigen Bereichen unseres Zusammenlebens mögliche Fragen bei einer neu kalibrierten Wahrheitssuche mitzudenken. Selbstredend geht es dabei immer auch um Interessen und damit uns als »emotionale Blobs«.

Los geht es mit dem gesellschaftlichen Feld, in dem wir fälschlicherweise wenig Emotionen erwarten. Es ist das Feld, dem ich mich selbst tief verbunden fühle und in dessen Namen so wunderbar steckt, was seine beziehungsweise ihre Aufgabe ist: die Wissenschaft, die Wissen schafft.

Wissenschaft

»Berufungsverfahren für Professuren in Deutschland sind definitiv ein Beispiel für bescheuerte Belohnungsstrukturen.« Die Aussage eines befreundeten Professors in spe offenbart den grundlegenden Missstand innerhalb akademischer Auswahlverfahren (nicht nur hierzulande). Gleichzeitig ist sie ein wunderbar anschaulicher Ausgangspunkt, von dem aus wir die ganz allgemeine Frage stellen können: Was ist die Aufgabe von Wissenschaft, und wie gut sind die aktuellen Verfahren inklusive aller Belohnungsstrukturen von uns Menschen ausgelegt, um dieser Aufgabe gerecht zu werden?

Ganz grob zusammengefasst besteht die zentrale Aufgabe von Wissenschaft darin, Neues – also bisher Unbekanntes und Unentdecktes – bekannt zu machen und zu ent-decken. Erneut offenbaren uns die beiden Einzelteile des letzten Wortes ein anschauliches Bild von seiner Bedeutung. In diesem Fall stelle ich mir vor, wie eine bunte Schar aus Wissenschaftler:innen damit beschäftigt ist, in großen Hallen mit lauter verdeckten Objekten die Decken zu lüften oder zumindest einen Blick auf das, was bisher unter einem Deckenzipfel verborgen ist, zu erhaschen.

Was braucht es in den Köpfen der vielen Wissenschaftler:innen, die tagein, tagaus damit beschäftigt sind, unter Decken schauen zu wollen? Vor allem eines. Neugier, also die Gier aufs Neue, die ich bereits am Ende von Teil I dieses Buches als »ultimative« Gewohnheit und Voraussetzung für dynamisches Denken identifiziert oder – um beim Wortspiel zu bleiben – aufgedeckt habe. Um eine wissenschaftliche Karriere in diesem Sinne des Aufdecken-Wollens bestreiten zu können, muss die Neugier unerschöpflich sein[106] und vor allem für eines sorgen: eine Bereitschaft, sich selbst und die Annahmen darüber, wie ich wohl theoretisch und/oder praktisch einen noch so kleinen Deckenabschnitt lüften könnte, immer wieder zu hinterfragen. Denn zum vollständigen Bild der Wissenschaft gehören eben auch die vielen wissenschaftlichen Lebensläufe, während derer weder auch nur ein Quadratmillimeter Decke aufgedeckt wird noch eine neue Methode fürs Aufdecken entwickelt wird.

Um aber im »Wofür«-Modus und der Betrachtung wissenschaftlichen Denkens zu bleiben, ist die wohl wichtigste Komponente der Neugier dabei selbstreferentiell. Was meine ich damit? Nur, wenn ich immer wieder bereit bin, meine eigenen Überzeugungen und Entdeckungen zu hinterfragen, kann ich eine gute Wissenschaftlerin sein. Denn vielleicht habe ich einfach nicht gut hingeschaut, hatte eine schlechte oder einseitige Perspektive. Oder die Bedingungen waren nicht optimal, weil Licht fehlte, ich müde und erschöpft war oder ich mich schlichtweg verguckt, verrechnet oder verkalkuliert habe.

Der oben zitierte Professor in spe, der wie ich und viele andere neugierige Wissenschaftler:innen zumindest ein Stück weit dieses hier beschriebene Ideal des wissenschaftlichen Denkens und Lebens verkörpert, wird vielfach von der Art und Weise enttäuscht, in der »Wissenschaftskarrieren« ablaufen. Weil die Strukturen Neugier nicht verstärken, sondern es zunehmend mehr um wirtschaftliche Aspekte (Stichwort Forschungsgelder) und nicht zuletzt um Egos und deren Bestätigung geht. So ist beispielsweise eine der wichtigsten Währungen in Berufungsverfahren im Speziellen und der Achtung gegenüber wissenschaftlichen Laufbahnen im Allgemeinen die Publikationsliste geworden. Dabei ist vor allem entscheidend, in welchem Fachmagazin eine wissenschaftliche Veröffentlichung, also die auch in diesem Buch zitierten, sogenannten Paper, die als Quellen dienen, erscheint. So sind es (noch) nicht die Kleider, die Wissenschaftler:innen machen, aber traue ich mich zu schreiben: »Paper machen Wissenschaftler:innen!« Und damit nicht genug: Selbstzitationen sind ein bewährtes Mittel, um die eigene Reputation zu pushen. Das gilt vor allem in Ländern, in denen wissenschaftspolitische Strukturen neu ausgerichtet wurden, sodass Publikationen eine größere Rolle bei der Beurteilung wissenschaftlicher Leistungen spielen, wie im Dezember 2023 die Ergebnisse einer Analyse zu Selbstzitationen in 50 Ländern im Zeitraum von 1996 bis 2019 zeigte.[107] Generell sind Bezüge auf eigene Paper bei Wissenschaftlern (ja, kein »Gender-:«!) sehr viel stärker ausgeprägt als bei Wissenschaftlerinnen.[108] Umso erfreulicher, dass vier Wissenschaftler (ohne »:innen«) 2023 ein neues Bewertungssystem für wissenschaftliche Leistungen vorschlugen, das die vermeintlich individuellen Leistungen besser mit Rücksicht auf die entsprechenden kooperativen Gruppenleistungen beurteilt.[109]

Doch noch sind wir davon (weit) entfernt, und ich könnte an dieser Stelle zahllose Geschichten von desillusionierten jungen Wissenschaftler:innen folgen lassen und die Misere ebenfalls ganz »rational« anhand von Zahlen und Fakten belegen.[110] Stattdessen möchte ich mit einem wundervollen Zitat eines weiteren Kollegen, der bereits viele Jahrzehnte in der Wissenschaft unterwegs ist und nicht müde wird, sie mit seinem ganz persönlichen »Wofür«-Denken zu bereichern, die Brücke zum nächsten Kapitel bauen. In einem persönlichen Austausch, den wir im Sommer 2023 über ebendieses Thema führten, sagte er:

»Forschung bedeutet, dass du der Natur eine Frage stellst, und wissenschaftliches Denken besteht darin, gut mit den Antworten, die du bekommst, umzugehen. Du musst also in der Lage sein, den Trennungsschmerz auszuhalten, wenn du dich aufgrund neuer Antworten von deinen bisherigen Vorstellungen verabschieden musst.«

Ohne an dieser Stelle über die Definition von Natur zu fachsimpeln (dafür gibt es in Teil III des Buches genug Raum), lässt mich diese grundsätzliche Betrachtung zum Bild der großen wuseligen Hallen mit verdeckten Objekten und Zusammenhängen zurückkommen. Denn mit diesem Bild im Kopf wird auch eine zweite wichtige Komponente der Neugier für erfolgreiche Wissenschaft, im Sinne des genuinen Drangs, aufdecken zu wollen, offensichtlich: die Fähigkeit zu kooperieren. Zu kooperieren, um verschiedene Perspektiven zu berücksichtigen, weil das den Blick erweitert, weil es sich »lohnt«, weil es die Ergebnisse verbessert.[111] Zu kooperieren, damit jemand da ist, der das Licht einschaltet, wenn ich es vergessen habe oder die Lampe nicht halten kann. Zu kooperieren, damit mich andere auf meine eigene Müdigkeit und Fehlbarkeit hinweisen können. Zu kooperieren, um gemeinsam Erfolge feiern zu können, wenn wir vielleicht einfach mal wieder feststellen müssen: »Wir haben uns geirrt. Unter dem Deckenzipfel sieht es ganz anders aus, als von uns berechnet oder erwartet!«

Halten wir also fest: Die Vorstellung einer Wissenschaft, die auf kommunikativer Reife beruht, ist keine reine Utopie, sondern nur so funktioniert gute Wissenschaft! Diese Erkenntnis können wir in das nächste gesellschaftliche Feld mitnehmen: die Medien und den Journalismus. Dort geht es darum, die Welt nicht zu entdecken, sondern vor allem möglichst realistisch abzubilden. Doch auch in diesem Feld ist die entscheidende Währung für das, was wann und wie abgebildet wird, häufig eine andere.

Medien & Journalismus

Vor mehr als zehn Jahren begann ich mich im Zuge meiner Auseinandersetzung mit der Omnipräsenz von negativen Nachrichten und dem journalistischen Mantra »Only bad news are good news«[112] mit dem Thema Veränderung in Gruppen zu beschäftigen. Ich erahnte nicht im Geringsten, wie sehr jede Veränderung und entsprechend jeder Stillstand durch die dominanten Geschichten, die in den jeweiligen Gruppen erzählt und gelebt werden, ermöglicht oder verhindert wird. Ich ahnte ebenfalls nicht, wie sehr mich dabei die Branche des Journalismus mit ihren speziellen Belohnungsstrukturen prägen würde. Außerdem unterschätzte ich massiv, wie sehr ich bis heute bei dieser Auseinandersetzung immer wieder beim Thema Angst landen würde. Die Angst, und hier begegnen sich Gedanken aus Teil I und II des Buches, Sicherheit aufzugeben. Die Angst, Gewohntes und (vermeintlich) Normales zunächst ehrlich zu hinterfragen und in einem ganz verrückten Moment gar anders zu kommunizieren und damit ungewohnt zu handeln.

Warum ich das hier so allgemein formuliere? Weil ich genau diese Ängste von zahlreichen Menschen, die »was mit Medien« machen, in den darauffolgenden Jahren auf meiner Reise mit und durch die vor allem deutschsprachige Medienlandschaft am eigenen Hirn erlebte und zu spüren bekam. Sowohl in meiner Rolle als Vertreterin für den sogenannten Konstruktiven Journalismus, der für viele Medienschaffende einen ungewohnten, sprich unnormalen, Journalismus bedeutet(e), als auch in meiner Position als weibliche Geschäftsführerin und Chefredakteurin des von mir mitgegründeten Unternehmens und gleichnamigen Online-Magazins *Perspective Daily.*[113] Ich weiß noch sehr genau, wie ich am ganzen Körper die unausgesprochenen Reaktionen der Zuhörer:innen im Raum spürte, als ich die ersten Präsentationen zum Konstruktiven Journalismus vor Journalist:innen hielt.

In aller Kürze meint dieser journalistische Ansatz jede Form der Berichterstattung, die neben der Darstellung von Problemen immer auch fragt: »Was jetzt?«, und damit nicht nur eine vollständigere Recherche voraussetzt, sondern auch ein besseres, realistischeres Bild der Welt liefert. Doch schnell wurde mir mit meinem neugierigen Blick bewusst, dass ich und andere Vertreter:innen dieses Ansatzes mehr brauchen würden als ein paar Präsentationen inklusive Fakten zur Funktionsweise des menschlichen Gehirns, um lang eingeübte Routinen mit den entsprechenden Belohnungsstrukturen aufzubrechen. Belohnungsstrukturen, die sich durch die Digitalisierung und den damit immer dominanteren Online-Journalismus vor allem in den vergangenen zwei Jahrzehnten zunehmend verstärkt hatten.[114]

Was meine ich damit? Journalismus ist ein Fokus-Business, und die in Teil I (Frage 2: Worauf achte ich?) als unser aller wichtigste Ressource identifizierte Aufmerksamkeit ist die hart umkämpfte Ware. Wie bereits erörtert, lässt sich Aufmerksamkeit am besten mit negativen Überschriften und ungewöhnlichen Nachrichten »gewinnen«.[115] Was bedeutet das alles für die Erfolgsdefinition im journalistischen Alltag?

Eine besonders harte, weil emotional anstrengende Erfahrung verleitete mich einmal dazu, folgende »Erkenntnis« zu formulieren, die ich mittlerweile sehr mag, sie aber durchaus anecken kann: »Der feuchte Traum vieler Journalist:innen besteht darin, den nächsten Watergate-Skandal aufzudecken.« So harsch der Satz klingen mag, gibt er einen wichtigen Einblick in das Selbstverständnis der Branche und damit die Vorstellung, was es bedeutet, es als Journalist:in »geschafft« zu haben.

Kommt dann eine offensichtlich fachfremde Person – in diesem Fall eine Neurowissenschaftlerin – daher, deren Bewertung nicht auf Basis von aufgedeckten Skandalen, gewonnenen journalistischen Preisen oder Positionen in renommierten Redaktionen möglich ist, wird dieser natürlich wenig bis kein Vertrauen geschenkt. Stärker noch, stellt sie mit ihren »neuen Geschichten« auch noch die alten wie den »If it bleeds, it leads«-Ansatz infrage, läuten sämtliche Alarmglocken im Gehirn. Denn dieses Infrage-Stellen bedroht plötzlich das Selbstverständnis. Die Angst meldet sich zu Wort und sorgt für Abwehrreaktionen, und ich als vermeintliche »Angreiferin« habe das zu spüren bekommen. Das war nicht immer schön, aber sehr lehrreich.

So bin ich – mit ein wenig zeitlichem Abstand – dankbar, mittlerweile die Ironie und Schönheit dieser Dynamik benennen und verstehen zu können: Auch die Vertreter:innen der Branche, deren Selbstverständnis darin besteht, zu recherchieren, zu be- und hinterfragen, sich (der) Wahrheit anzunähern, scheitern häufig an den eigenen kognitiv-emotionalen Prädispositionen. Also an den Funktionsweisen ihres Gehirns, die sie auf allen Ebenen so sehr daran festhalten lassen, was sie bisher für »richtig« und »falsch« halten.[116] Egal ob bezogen auf Sachfragen oder die Definition von Erfolg im eigenen Metier.

Nicht, um auf einer »positiven Note« zu enden, sondern weil ich »in den Medien« während meiner Reise auch so wundervolle Beispiele angewandten dynamischen Denkens erleben durfte, möchte ich auch dieses kleine Kapitel mit der Formulierung meiner aktiven Hoffnung beenden: Während der Konstruktive Journalismus vor zehn Jahren noch belächelt, verspottet oder gar ignoriert wurde, ist aus der Idee eine Praxis geworden, die sich in vielen journalistischen Gehirnen und Medienhäusern eingenistet und – ich traue es mich kaum zu schreiben – »normalisiert« hat.[117] Das war und ist nur möglich, weil viele Menschen dynamisch denkend ihr Selbstverständnis und das ihres Berufsfeldes hinterfragt haben und dies weiterhin täglich tun. Bevor ich zu viel Frohsinn verbreite und mir vielleicht ein:e Journalist:in unterstellt, nicht kritisch genug zu sein, komme ich nun zum dritten und letzten gesellschaftlichen Feld, dessen Belohnungsstrukturen ich hinterfrage: der

Wirtschaft. Dort gibt es einen riesigen Elefanten im Raum, über den wir unbedingt reden müssen.

Unternehmen & Wirtschaft

Der Elefant im Raum ist immer da. Immer dann, wenn Menschen zusammenkommen, um etwas zu besprechen oder etwas zu verhandeln. Egal auf welcher Ebene und in welchem Kontext. Es ist ein Elefantenbulle, der es sich so richtig gemütlich gemacht hat und sich nicht vom Fleck bewegen wird. Der es sich über die Jahre bequem machen konnte, weil niemand den ernsthaften Versuch unternommen hat, ihn zu vertreiben. Er hat also gelernt, dass er um seinen Platz nicht bangen muss. Er hat gelernt, dass sich niemand so richtig an ihn rantraut. Schließlich spielen die meisten nach seinen Regeln. Und sollte sich doch mal jemand trauen, wird sie oder er schon sehen, wer hier das Sagen hat. Denn der Elefant weiß: Er bestimmt die Gewohnheiten und Geschichten der Anwesenden. Und doch sprechen wir verhältnismäßig selten über ihn. Und so kann er einfach weitermachen wie bisher – und das gilt im Besonderen für den Bereich der Wirtschaft.

Auf dem Elefantenbullen steht in großen Buchstaben: MACHT.

Wenn Menschen zusammenkommen, um zu »wirtschaften«, was wiederum hierzulande häufig im Kontext von Unternehmen passiert, gilt eine einfache, aber häufig unausgesprochene Grundregel: Das wichtigste Argument für Entscheidungen ist nicht das wahrhaftigste, das sich bestmöglich am aktuellen Erkenntnisstand orientiert, sondern ist das mächtigste.[118] Und die Währung, in der wir Macht messen, ist Geld.

Wie sehr die Geld- (als Kurzform für Vermögen) und damit Machtverteilung stetig weiter aus der Balance gerät, zeigen seit Jahren die Berechnungen zur globalen sozialen Ungleichheit. Immer parallel zu Beginn des World Economic Forum (WEF) im verschneiten Davos veröffentlicht die karitative Vereinigung Oxfam die neueste Bestandsaufnahme. Die aktuellen Zahlen vom Januar 2024 zeigen: Die fünf reichsten Menschen beziehungsweise Männer der Welt haben ihr Vermögen seit 2020 mehr als verdoppelt (von 405 auf 869 Milliarden US-Dollar). Weil unser Gehirn sich solch große Zahlen oder Vermögenssummen nicht vorstellen kann, hier eine kompatiblere Darstellung des Ergebnisses: Das entspricht einem Zuwachs von 14 Millionen US-Dollar pro Stunde. Gleichzeitig sind seit 2020 knapp fünf Milliarden Menschen weltweit, also die ärmsten 60 Prozent unserer Spezies, noch ärmer geworden. Die Autor:innen der Oxfam-Studie kommentieren ihre Ergebnisse mit Bezug auf den Elefanten so: Unternehmensmacht sei »eine unerbittliche Maschine, die Ungleichheit erzeugt«.[119]

Vielleicht sprechen wir den Elefanten so selten an, weil wir uns selbst nicht die Sicherheit nehmen wollen, zu denken, zu wissen, wie das im Bereich von Wirtschaft und »Big Business« alles »funktioniert«. Schließlich ist die Belohnungsdynamik über Geld doch herrlich einfach. Geld regiert die Welt. Zeit ist Geld. Die Hauptaufgabe von Unternehmen besteht darin, Geld zu verdienen, und damit ist auch völlig klar, was »Erfolg« und »Misserfolg« bedeuten. So sind die entsprechenden Entscheidungs- und Belohnungsstrukturen entstanden, die dafür gesorgt haben, dass … ja, was denn eigentlich?

Dass wir so auf Macht und Geld ausgerichtet sind, hat uns einen direkten Weg nach Absurdistan gebahnt und dafür gesorgt, dass wir gerade dabei sind, unsere eigene Lebensgrundlage nachhaltig zu gefährden und gar zu zerstören. Ich rufe dir nochmals das Eingangszitat dieses Kapitels von Niklas Höhne ins Gehirn, damit du nicht zurückblättern musst: »Wir rasen derzeit in eine Klimakatastrophe, und das wirklich teuerste Szenario [ist] das, in dem wir keinen Klimaschutz machen.« Denn: »In dem Szenario können wir gar keine Profite mehr machen.«[120] Die Ultrakurzfristigkeit – schließlich lassen sich aktuell noch, wie von Oxfam anschaulich dargestellt, Rekordgewinne mit fossilen Energieträgern und Denkweisen einfahren – lässt erneut grüßen.

Ich habe meine eigene Angst beim Umgang mit der Realitätsverweigerung bereits beschrieben. So ist die Angst, den Elefanten anzusprechen, ein Teil von ebendieser Angst, die ich immer besser und häufiger radikal ehrlich aus dem Weg räume. Indem ich mit ausgestrecktem Finger auf den Elefanten zeige und meine Mitmenschen frage: »Siehst du die machtgetriebene Gesellschaft und ihre Folgen? Wollen wir die Entscheidungskompetenz wirklich so vergeben? Wollen wir es den derzeit Mächtigen überlassen, über unsere Handlungsoptionen zu entscheiden?« Mit dieser Ansicht bin ich nicht allein. Im Gegenteil. Und auch wenn ich nicht so weit gehen würde zu sagen, dass es gegebenenfalls unbequem für den Elefanten werden könnte, sorgt die ein oder andere Form der radikal ehrlichen Kommunikation vielleicht zumindest für ein Jucken oder Zwicken bei ihm.

Einer der Menschen, die mit ihrer kommunikativen Reife schon das ein oder andere Jucken ausgelöst haben, ist Marlene Engelhorn. Die deutsch-österreichische Aktivistin und Publizistin ist in den vergangenen Jahren vor allem in ihrer Rolle als Erbin eines auf 4,2 Milliarden US-Dollar geschätzten Vermögens[121] ihrer 2022 verstorbenen Großmutter bekannt geworden. Als Mitgründerin der Initiative taxmenow e. V.[122] vertritt sie eine ungewohnte, im Sinne der Gedanken in diesem Buch gar unnormale bis verrückte Position. Sie »versteht« nicht, warum sie nicht besteuert wird: »Ich habe für das Geld keinen Tag gearbeitet und zahle für den Erhalt keinen Cent Steuer. Das kann es doch nicht sein. Besteuert mich endlich!«[123]

Im März 2023 ist die gebürtige Wienerin in der abendlichen Talkrunde Markus Lanz per Video zugeschaltet und beschreibt in wenigen Sätzen den Macht-Elefanten: »Es kann einfach nicht sein, dass nicht gilt, eine Stimme pro Nase, sondern eine Stimme pro Euro. Weil, was auch passiert beim Hochvermögen, ist, man kauft sich ja dann mit diesem Extrageld, das überall herumliegt, in Exzessen, auf weiß der Geier wie vielen Konten, den Einfluss in Politik, Medien und Wirtschaft.« Während der Aufzählung der drei Bereiche nimmt sie ihre beiden Hände zu Hilfe, und zählt diese Finger für Finger langsam auf, um dann mit einem Satz der Einordnung und der warnenden Alarmierung zu enden: »Und das ist nicht zu unterschätzen, was dieser Einfluss kann.«[124]

Vielleicht ist dir das Gerede über Machtgefälle und -dynamiken zu unkonkret, vielleicht sogar irgendwie zu pathetisch. Vielleicht kommen Gefühle von Unbehagen und Unsicherheit in dir auf, weil ein Teil deines Gehirns, vor allem der, in dem die Geschichten darüber, wie Unternehmen und Wirtschaft »zu funktionieren haben«, gerade eine Bedrohung signalisiert. Wie dem auch sei, bin ich vorbereitet und habe ein paar ganz nüchterne Fakten parat, um zu konkretisieren, was Marlene Engelhorn bei Markus Lanz beschreibt: die Rolle von »Big Business« und seiner Macht für menschliche Entscheidungen auf diesem Planeten.

Ein stetig wachsender Anteil der globalen Wirtschaft ist im Besitz privater Unternehmen. Im Jahr 2021 waren in den großen Industrienationen private Unternehmen für 72 Prozent des wirtschaftlichen Outputs verantwortlich.[125] Zur Einordnung: Dieser Anteil hat sich in den vergangenen 60 Jahren verdreifacht. Die Ergebnisse einer Studie der internationalen Organisation für wirtschaftliche Zusammenarbeit und Entwicklung (OECD) und der Unternehmensberatung McKinsey zeigen, dass von diesem Anteil mehr als ein Drittel des Bruttowerts auf die Konten von nur 5000 Unternehmen mit Umsätzen von jeweils über einer Milliarde US-Dollar zurückzuführen ist. Lassen wir neben dem Elefanten ein personifiziertes Pariser Klimaabkommen Platz nehmen, das – ganz transparent und sichtbar – ein großes Schild in die Höhe hält, auf dem steht: »Netto-Null!« –, schießen mir schnell und ungefragt

Fragen wie diese durch den Kopf: Wie werden die 5000 Unternehmen ihre Emissionen auf null bringen? Werden sie darüber hinaus Herausforderungen wie Menschenrechtsverletzungen und andere Aufgaben auf dem Weg zu einem langfristig orientierten (Zusammen-)Leben adressieren? Die Sache mit den vermeintlichen Externalitäten also?

Stopp! Nein! Soeben bin ich meinem eigenen Anspruch der radikalen Ehrlichkeit, zu der auch Klarheit gehört, nicht gerecht geworden. Es sind natürlich nicht »die Unternehmen« als gesichtslose Entitäten, sondern es sind Menschen, die ebendiese Entscheidungen für sich und aufgrund ihrer Macht immer auch für dich, mich und uns mittreffen. Oder wie Marlene Engelhorn den symbolischen Elefanten der Realitätsverweigerung erneut klar adressiert, als es im Januar 2024 darum geht, ihren eigenen Worten Taten folgen zu lassen. Da es immer noch keine Erbschafts- oder Vermögenssteuer gibt,[126] lässt die Erbin einen ersten Teil ihres Vermögens in Höhe von 25 Millionen Euro »rückverteilen«. Und beweist damit dynamisches Denken und Handeln auf allen Ebenen: Umverteilen war gestern, heute wird »rückverteilt«. Und wenn »ihr« die Strukturen und damit verknüpfte Machtverhältnisse nicht ändert, tue ich es eben selbst beziehungsweise mithilfe von 50 weiteren Menschen, die gemeinsam im Rahmen eines wissenschaftlichen Prozesses Ideen für (»Wofür«-Modus angeknipst!) eine gerechtere Vermögensverteilung erarbeiten. Marlene Engelhorn rechtfertigt ihre Entscheidung mit den Worten: »Wenn hohe Vermögen verteilt werden, geht es alle an, weil damit Realitäten geschaffen werden. Das kann ich nicht alleine entscheiden.«[127]

Haben die letzten Seiten für einen, wenn auch nur minimal erhöhten Puls bei dir gesorgt? Bist du ein wenig unruhig hin und her gerutscht? Oder hattest du gar den Impuls, das Buch beiseitezulegen? Radikal ehrlich gesprochen, wären all das aus meiner Sicht »gute« Reaktionen auf die Gedanken von mir und den zitierten Menschen.

Warum? Weil sie zeigen würden, dass es dir nicht egal ist! Dass du Emotionen zeigst, wenn ich und andere – vielleicht inklusive dir selbst – Vorstellungen und Geschichten darüber, wie Wirtschaft, Geld, Macht und all das Drumherum »funktionieren«, hinterfragen. Weil du begonnen hättest, radikal ehrlich hinzuschauen, und dabei nicht nur Elefanten und Pappschildern begegnet wärst, sondern auch deinen Gefühlen und Emotionen. Vielleicht verspürst du auch gerade einen Mix aus Wut und Hoffnung, weil du dich schon länger mit den globalen und lokalen Ungerechtigkeiten beschäftigst, um die es hier geht, und dir Menschen wie Marlene Engelhorn Hoffnung geben.

In jedem Fall spürst du hoffentlich irgendetwas, spürst dich und deine Gefühle jetzt und hier. Die sind, wie in Teil I beschrieben, nicht von Natur aus »negativ« oder »positiv«, sondern sie »sind« einfach.

Genau wie den Fakten der kleinen Bestandsaufnahme zur Wirtschaft, können wir den aufkommenden Reaktionen in uns so wertfrei begegnen wie möglich, um dann zu schauen, wie wir mit alldem umgehen wollen. Vielleicht indem wir ein paar Mal tief Luft holen und innehalten. Vielleicht indem wir dabei den Blick nach hinten richten und kurz schauen, wie es eigentlich dazu kam, dass sich »die Wirtschaft« so entwickelt hat, wie sie jetzt ist. Oder besser gefragt: Wer hat den Elefanten dort eigentlich reingelassen?

Wann hat »Mann« es geschafft?

Huch! Hatte ich zu Beginn dieses Kapitels zu den falschen Belohnungsstrukturen und der Wahrheitssuche nicht geschrieben, dass es drei Unterkapitel geben solle? Ja, richtig. Jetzt kommt doch noch ein viertes.

Es handelt sich bei diesem Kapitel nicht um einen Formatierungsfehler oder einen Test, ob du aufmerksam liest oder zählen kannst, sondern einen radikal ehrlichen Einblick in die

Entstehungsgeschichte dieses Buches und damit meine eigene Reise als »emotionaler Blob«.

Um die Sache mit drei versus vier Unterkapiteln direkt aufzuklären: Ursprünglich hatte ich das Kapitel »Wann hat ›Mann‹ es geschafft?« als eigenen Oberpunkt, also eine Ordnungsebene höher, eingeplant, mich dann aber doch dagegen entschieden. Warum? Weil ich gemerkt habe, dass das, was ich in meiner Auseinandersetzung mit dem Thema Männer in diesem Buch leisten kann und möchte, einerseits inhaltlich wunderbar zur Thematik der (falschen) Belohnungsstrukturen passt und andererseits diese »Unterordnung« mich im positiven Sinne dazu zwingt, nicht zu sehr auszuufern. Was meine ich damit nun?

Die Frage nach dem Umfang dieses Kapitels bringt mich nach der Formatierungsfrage (immerhin haben die Männer es nun geschafft, neben den ganzen Dreierlisten der einzige vierte Aufzählungspunkt überhaupt in diesem Buch zu sein!) zum weitaus schwierigeren radikal ehrlichen Aspekt beim Thema Männer: mein eigenes Dasein als »emotionaler Blob« und damit verbunden zur Frage, *wie* radikal emotional ich selbst in und mit diesem Buch sein kann.

Bis vor wenigen Stunden dachte ich, dass der herausforderndste Teil dahin gehend bereits »geschafft« sei. Immerhin habe ich meine Ängste bezüglich meines öffentlichen Umgangs mit der global gelebten Realitätsverweigerung sehr ehrlich beschrieben. Doch irgendetwas hinderte mich daran, mich mit dem spezifischen Einfluss von männlicher Macht näher zu beschäftigen. Rückblickend auf meinen Schreibprozess weiß ich nun: Jeden Tag, an dem ich noch andere Kapitel vor mir hatte, war ich erleichtert und auf eine seltsame Art »froh«, die Männersache noch nicht angehen zu müssen. Rückblickend kann ich nun auch sagen, dieses Gefühl rührte aus einem Mix aus Respekt und Angst, dem Thema nicht gerecht werden zu können.

Bis es an diesem Morgen mal wieder Plopp machte in meinem Kopf. Es ist der Morgen, an dem ich nicht länger drum herumkomme, mich diesem Kapitel zu widmen.

42 Seiten. So viel »Material« habe ich für das Thema angesammelt. Um zu verstehen, was damit gemeint ist, folgt ein weiterer kurzer Einblick in die Entstehungsgeschichte dieses Buches. Vor vielen Monaten habe ich ein Dokument angelegt und eine erste Struktur aus den Gedanken und Inhalten, also dem »Material«, gebaut, das ich über die letzten Jahre gesammelt hatte. Dieses »Skelett«, wie ich es liebevoll nenne, ist Grundlage für das Manuskript, das ich dann immer mehr formte beziehungsweise mit ausgeschriebenen Abschnitten angereichert habe, bis ich mich schließlich jetzt gerade über einige Wochen am Stück der finalen Schreibarbeit widme. 42 Seiten Material ist viel, grob geschätzt, würden daraus mindestens 60 Buchseiten entstehen. Würde ich sie also alle nutzen, würde das nicht nur die Struktur, sondern auch den vorgesehenen Rahmen des Buches torpedieren.

Als ich die 42 heute Morgen bemerkte, musste ich immerhin kurz schmunzeln, überlegte für einen Augenblick, einfach 42 Fußnoten einzufügen – immerhin ist das laut Douglas Adams' »Per Anhalter durch die Galaxis« die Antwort auf alle Fragen[128] – und den Teil ansonsten einfach wegzulassen. Doch das wäre nicht nur feige gewesen, sondern hätte auch bedeutet, dass ich selbst es »nicht geschafft« hätte. Nicht geschafft hätte, auszuschreiben, was so wichtig, so zentral und so entscheidend für die Geschichte, Gegenwart und mögliche Zukunft unserer Spezies ist.

Es machte Plopp, weil mir unter Anwendung radikaler Aufmerksamkeit plötzlich bewusst wurde, dass ich mich gedanklich bei den Überlegungen zu diesem Kapitel vor allem im »Wogegen«-Modus befand. Immerhin konnte ich sehr klar benennen, was ich *nicht* mit ihm erreichen wollte. Vor dem Plopp fühlte es sich so an, als ob noch ein zweiter Elefant im

Raum Platz genommen hätte. Und das, obwohl ich doch eigentlich den ersten aufscheuchen wollte …

Um auch hier einen kurzen Einblick in meine Wogegen-Liste zu gewähren: Ich will – weder in diesem Kapitel noch in irgendeinem anderen Kontext – *nicht* alle Männer für alles Übel in und auf der Welt verantwortlich machen. Ich will auch *nicht* als aggressive Feministin abgestempelt werden. Und will ebenfalls *nicht* den Eindruck hinterlassen, eine zickige Emanze oder gar eine Art Männerhasserin zu sein, die alles und jeden als Beleidigung oder gar sexuelle Belästigung interpretiert.

Meine Befürchtungen, dass dies – vielleicht bereits getriggert durch die Überschrift – geschehen könnte, kommen natürlich nicht von ungefähr, sondern sind genau das, worum es in diesem Kapitel mitunter auch geht. Nicht auf mich persönlich bezogen, sondern die Geschichten und Gewohnheiten unseres Zusammenlebens sowie die damit verbundene Realitätsverweigerung betreffend. Eine Zahl, die ich hier nicht ungenannt lassen möchte und kann: Jede dritte Frau (!) weltweit erfährt in ihrem Leben physische oder sexuelle Gewalt.[129]

Nun aber endlich weg vom Wogegen, schalte ich meinen Plopp nutzend noch bewusster als sonst in den Wofür-Modus, atme dreimal tief durch und versuche mit aller mentaler Aufmerksamkeit, die ich aufbringen kann, jegliche anderen Gedanken beiseitezuschieben. Wofür? Um dich einzuladen, mich ganz bewusst auf den kommenden Seiten (keine Angst, es werden keine 42!) zu begleiten, um einen sehr entscheidenden Faktor der menschlichen Geschichtsschreibung zu betrachten. Ich möchte die folgenden Überlegungen mit einem schlichten, aber sehr wichtigen Fakt einrahmen: Der Elefant, den ich im vorigen Abschnitt beschrieben habe, wurde vor allem von Männern kreiert, gefüttert und umsorgt.

An dieser Stelle könnte ich zahlreiche Erlebnisse, Gespräche und persönliche Erfahrungen folgen lassen, deren Protagonisten (ja, ohne »:innen«!) mich während meines bisherigen kurzen Lebens immer wieder darauf aufmerksam gemacht haben, dass ich eine Frau bin, oder anders formuliert, dass ich kein Mann bin. Doch das würde sehr wahrscheinlich für genau das sorgen, was ich verhindern will: eine schnelle Positionierung und Zuordnung, die nicht zu neuen Gedanken führt, sondern lediglich vorhandene Einteilungen und damit verbundene Problematiken verhärtet.

Stattdessen habe ich mich dafür entschieden, dich lediglich kurz auf *eine* Veranstaltung vor einigen Monaten mitzunehmen. Es war eine Veranstaltung mit sehr geringer Frauenquote, bei der sich vor allem Männer in Anzügen aus der Finanzwelt versammelt hatten und bei der ich am Abend zwischen Hauptgang und Dessert auf dem Podium mit einem Unternehmer, einem Pater und einem Moderator laut Programm über die »Herausforderungen unserer Zeit« diskutieren sollte. Um es kurz zu machen: Der Elefant war sehr präsent mit auf der Bühne, und schnell wurde mir klar, dass ich die Einzige war, der es um eine sachliche Diskussion ging. Von frauenverachtenden Seitenhieben in meine Richtung bis hin zu herablassender Kritik an allen »Rad und Zug fahrenden Ökos« – emotional aufgeladene Realitätsverweigerung de luxe. Immer wieder ging ich ohne verbalen Zeigefinger auf die Metaebene, um zu verdeutlichen, was hier gerade passierte. Denn statt ehrlich über »die Herausforderungen unserer Zeit« zu diskutieren, war ich zur Zielscheibe verbaler Angriffe geworden, die als »Quotenfrau« in der Runde auch noch »grüne« Ansichten vertrat.

Ich wusste mal wieder nicht so recht, ob ich mich für die Tragödie oder Komödie entscheiden sollte. So weit also nichts wirklich Neues, nur dass es zunehmend verletzender wurde und das Verhalten meiner Sitznachbarn bei allem guten Willen und Verständnis für ihre ausgeprägte Petromaskulinität (erinnerst du dich an das Konzept aus dem Kapitel »Das Angebot bestimmt die Nachfrage?«?) für mich zunehmend unangenehmer wurde.

Bis das Dessert serviert werden sollte und wir die Bühne verließen. Bevor ich zurück zu meinem Platz nur wenige Schritte entfernt gelangen konnte, hatte sich eine Traube aus Männern um mich versammelt, die sich für meine ehrlichen Worte bei mir bedankten, teilweise mit Handschlag und in aller Förmlichkeit. Sie bedankten sich für mein »Dagegenhalten« und meine »Contenance«. Und während mich das einerseits natürlich erfreute, da sie mir Komplimente für meine »Leistung« machten, wünschte ich mir gleichzeitig, dass ich nicht hätte dagegenhalten müssen. Dass ich nicht gezwungen gewesen wäre – vor allem aufgrund einiger besonders absurder Wortbeiträge meiner Mitdiskutanten –, meine »Contenance« zu bewahren. Ich hätte so gern ein radikal ehrliches Gespräch geführt. Über die Herausforderungen unserer Zeit, über die Verantwortung der Finanzbranche dabei. Über die Möglichkeiten und Chancen, die alle Anwesenden für sich und ihre Unternehmen sehen.

»Ich möchte mich für meine Kollegen entschuldigen!« Der Mann, der nun direkt vor mir stand, war auf den ersten Blick einer von »ihnen«. Schicker Anzug, zurückgekämmtes Haar und irgendwie der Inbegriff von Seriosität. Er schien gleichzeitig mit ernstem Blick auf mich und leicht beschämt zu Boden zu schauen. Das war neu. Noch nie hatte sich ein Mann bei mir für das Verhalten anderer Männer entschuldigt, und ich wusste nicht so recht, ob ich das gut finden sollte.

Was mir in dem Moment aber klar wurde – und das sehe ich durchaus positiv: Das, was ich auf dem Podium erlebt und gespiegelt hatte, war nicht spurlos an den Zuhörenden vorbeigegangen. Zumindest einige hatten wahrgenommen, dass sie Zeugen eines Verhaltens geworden waren, das sie nicht »in Ordnung« fanden. Diese Einschätzung hatte ich bereits während der Diskussionsrunde einige Male wahrgenommen, als

Teile des Publikums verunsichert wirkten. Einige rutschten auffällig auf den Stühlen hin und her, andere gaben Laute von sich, die wie ein Mix aus Lachen und hilflosem Seufzen klangen.

In der Nacht bekam ich kaum ein Auge zu und begriff, wie sehr mich der Abend aufgewühlt hatte. Auch am nächsten Tag arbeitete es weiter in mir, und ein guter Freund schrieb mir nach meiner kurzen Schilderung des Abends den Satz, den du bereits aus Teil I und der dort behandelten Frage »Was fühle ich?« kennst. Es ist ein Satz, der jetzt, mehr als hundert Seiten und einige Gedanken später, hoffentlich eine andere Dramatik und Tragweite entwickeln kann als zu Beginn unserer Reise zu radikaler Emotionalität: »Was wäre der Weltgeschichte erspart geblieben, wenn mehr Jungs mit sich im Reinen aufgewachsen wären?«

Natürlich habe ich immer noch keine definitive Antwort auf die Frage und kann nur – entlang empirisch-historischer Daten und psychologischer Erkenntnisse – spekulieren. Was ich sehr sicher sagen kann: Die Geschichte wäre eine andere. Wie sehr allein unsere Geschichten über die Geschichte von Männern bestimmt sind, verdeutlicht wunderbar anschaulich das englische Wort für Geschichte: history. Wie sehr wir uns vor allem His-Story oder His-Stories erzählen, offenbart sich auch in Wörtern der deutschen Sprache. Wir sprechen selbstverständlich vom Vaterland und Gründervätern.[130] Natürlich auch »zu Recht«, denn hey, es waren nun mal Männer, die Verträge machten, Staatsgrenzen festlegten und in den Krieg zogen, oder? Richtig. Und genau das ist einer der Aspekte, auf den wir genauer schauen sollten beziehungsweise ist ein Stück weit eine weitere Henne-Ei-Frage. Dieses Mal nicht zum individuellen Mix aus biologischen und Umweltfaktoren eines jeden Individuums, sondern zur Frage, warum es vor allem Männer waren und sind, die Geschichte machten und machen.

Mir war selbst lange Zeit nicht bewusst, wie wenig »objektiv« und allgemeingültig Geschichte stets ist beziehungsweise wie sehr »historische Wahrheit« stets von der jeweiligen Perspektive abhängt.[131] Fast schäme ich mich ein wenig dafür, lange Zeit dem Thema gegenüber so ignorant gewesen zu sein, wo ich doch immer vorn dabei bin, wenn es darum geht, Sozialwissenschaften, zu denen zweifelsohne auch die Geschichtswissenschaft gehört, den Naturwissenschaften gegenüberzustellen. Während es bei Letzteren innere Gesetze wie die Gravitationskraft gibt, kann es bei Ersteren keine endgültigen Wahrheiten geben, weil vermeintliche Kausalitäten immer in der Interpretation der Betrachter:innen liegen. So heißt ein und der gleiche Krieg in Vietnam »Amerikakrieg« und in den USA »Vietnamkrieg«.

Ich kann jedem nur ans Hirn legen, sich mit dieser im wahrsten Sinne des Wortes neuen Perspektive auf Geschichte auseinanderzusetzen. Ein guter Startpunkt ist aus meiner Sicht das 2022 erschienene Buch *Die Zukunft der Außenpolitik ist feministisch*[132] der Vorreiterin für feministische Außenpolitik und Mitgründerin des gemeinnützigen Centre für Feminist Foreign Policy (CFFP)[133] Kristina Lunz. Sie schreibt darin den wichtigen Satz: »Eine Perspektive ist viel zu wenig, um die Komplexität unserer Welt zu begreifen.« Dennoch ist unsere Geschichtsschreibung vor allem bestimmt durch die Perspektive von Menschen eines bestimmten Geschlechts. Und noch ein wenig konkreter: Sie ist vor allem bestimmt durch die Perspektive weißer, »westlicher« Männer.

Damit ist entsprechend auch unsere Vorstellung von wirtschaftlichem Erfolg durch ebendiese Perspektive geprägt: Warren Buffet, Bill Gates, Steve Jobs, Elon Musk – der Elefant lässt grüßen. Genau wie unsere Vorstellung von wissenschaftlichem Erfolg: Albert Einstein, Max Planck, Galileo Galilei, Isaac Newton. Und unsere Vorstellung von … – Ich könnte hier fast beliebig weitere Listen runterschreiben, die vor allem bis ausschließlich männliche Namen enthalten würden.

»Ja, weil's halt alles Männer waren!« Sei ehrlich: Ist dir der Gedanke kurz ins Hirn gekommen? Dann lass ihn bitte nicht allein stehen und stell ihm Folgendes zur Seite: Die Frauennamen, vielleicht von Marie Curie einmal abgesehen, fehlen aus mindestens zwei Gründen. Erstens, weil Frauen – aufgrund der männlich dominierten Strukturen – zu den meisten gesellschaftlichen Bereichen keinen Zugang hatten und teilweise, je nach Land auch meist immer noch nicht vollständig haben. Zweitens, weil Frauen, die häufig gegen alle Widrigkeiten inklusive Gesetzen und anderen Verboten »erfolgreich« waren, schlichtweg ignoriert wurden beziehungsweise ihre wissenschaftliche und sonstige Arbeit von ihren »Mitstreitern« nicht honoriert wurde. Die potenziellen Geschichtsbücher, die HerStory schreiben würden, wären voll von ebendiesen häufig tragischen Fällen.[134] Eines meiner »Lieblingsbeispiele« ist die Lebensgeschichte der österreichischen Physikerin Lise Meitner. Na, hast du den Namen schon mal gehört? Während ihr Kollege Otto Hahn, der dir bestimmt ein Begriff ist, 1944 für die gemeinsame Entdeckung der Kernspaltung den Nobelpreis für Chemie erhielt, wurde Lise Meitner zwar insgesamt 48 Mal für den Chemie- und den Physik-Nobelpreis nominiert, hat aber niemals auch nur einen von beiden erhalten.[135]

Die Ignoranz gegenüber der Rolle und Bedeutung von Frauen geht über Einzelschicksale weit hinaus. Auch hier habe ich ein »Lieblingsbeispiel«, das schnell beschrieben ist. Wir kennen sie alle: die Geschichte von den Jägern und Sammlerinnen der Vorzeit. Damals gingen die eher aggressiven Männer jagen, und die fürsorglichen Frauen sammelten das, was sie so an essbaren Pflanzen finden konnten.

Falsch! Die *New York Times* fasste »moderne Erkenntnisse« aus einer neuen anthropologischen Übersichtsstudie[136] im August 2023 in einem sehr lesenswerten Artikel mit folgender selbsterklärender Überschrift zusammen: »Macht Platz, Männer: Frauen waren auch Jäger.«[137] Warum haben Anthropolog:innen so lange gebraucht, um den »Mythos der Männer als Jäger« aufzudecken? Ganz einfach: weil in der Anthropologie selbst die Geschichte vom »jagenden männlichen Geschlecht« dominant war. Die Wissenschaftler:innen kamen bis vor Kurzem gar nicht auf die Idee, diese Perspektive zu hinterfragen. So beschreibt die leitende Autorin der Studie, die US-amerikanische Anthropologin und Professorin für Biologie an der Seattle Pacific University Cara Wall-Scheffler, ihre eigene Perspektive: »Ich weiß nicht, wann mir [der Mythos des männlichen Jägers] als Kind eingefleischt wurde.« Genau wie jeder andere Mensch lassen sich auch Anthropolog:innen gern von einfachen Erzählungen verleiten. Komplexität werde gern als Anekdote abgetan, analysiert Cara Wall-Scheffler die Fehlbarkeiten ihrer eigenen Profession und formuliert direkt ein »Wofür«, inklusive schönem Wortspiel angesichts der eigenen Profession: »Wir müssen einfach bereit sein, ein wenig tiefer zu graben.«

Was dieses und alle vorherigen Beispiele verdeutlichen sollen: Die Perspektive – meine, deine, seine oder ihre – bestimmt nicht nur, was wir sehen, sondern auch welche Fragen wir stellen, ja, stellen können. Und es formt unsere Erwartungen auf das, was wir zu Gesicht bekommen, und unsere Vorstellung von »Erfolg«. Darum ist der eben zitierte Satz von Kristina Lunz so wegweisend: »Eine Perspektive ist viel zu wenig, um die Komplexität unserer Welt zu begreifen.«

Was bedeutet all das nun für die Frage, wann »man« es geschafft hat? Es bedeutet, dass es bei dieser Frage bisher vor allem um die Frage ging und geht, mit der dieses Kapitel überschrieben ist: Wann hat »Mann« es geschafft? Hinzu kommt, dass wir genau das häufig nicht anerkennen und möglicherweise mit bester Absicht annehmen, wir würden gleichermaßen auf alle Geschlechter schauen. Wir betreiben also auch hier eine Realitätsverweigerung, weil wir *eine* Perspektive für *alle* Perspektiven halten.

Darum ist dieses vierte Unterkapitel zum übergeordneten Thema »(Nicht) Geschafft!« so wichtig. Weil wir es als Ausgangspunkt benötigen, um – natürlich mit aktiviertem »Wofür«-Modus – radikal ehrlich unter Berücksichtigung verschiedener Perspektiven über das »Was war?« und »Was ist?« sprechen zu können, um dann im nächsten Schritt bessere Antworten auf das »Was soll sein?« geben zu können. Was soll sein, im Sinne einer lebenswerten Welt für möglichst viele Beteiligte.

Die (nahe) Vergangenheit zeigt auch, dass wir die einseitige männliche (Erfolgs-)Perspektive hinter uns lassen können. Egal ob es wissenschaftliche Annahmen sind, die als Mythen entlarvt werden. Oder ob es unser Zusammenleben betrifft, wie die Erlaubnis, als Frau wählen zu dürfen (in Deutschland seit November 1918),[138] als Ehefrau arbeiten und kündigen zu dürfen (wie im Kapitel »Recht und Ordnung« erwähnt seit 1977) oder vom eigenen Ehemann nicht vergewaltigt werden zu dürfen (seit Juli 1997!).[139]

Werden wir es schaffen, diese Lernerfahrungen weiterzutragen und beispielsweise auch auf internationale Diplomatie anzuwenden wissen? Die Einseitigkeit in dieser Sphäre fasste die US-amerikanische Politikwissenschaftlerin J. Ann Tickner bereits 1988 in einem wegweisenden Aufsatz zusammen: »Internationale Beziehungen sind eine Männerwelt […], eine Welt der Macht und voller Konflikte, in der Kriegführung die bevorzugte Tätigkeit ist.«[140]

Werden wir es schaffen, mehr »Jungs mit sich im Reinen aufwachsen zu lassen«? Wird es uns gelingen, immer und überall mehr als eine Perspektive zu nutzen, um die Komplexität der Welt ein wenig besser zu begreifen? Weil wir begriffen haben, dass es essenziell für unsere Zukunft ist, die weibliche und andere Perspektiven wahrzunehmen, zu erforschen,[141] abzubilden[142] und mitentscheiden zu lassen.

Werden wir das schaffen? Vielleicht.

Vielleicht, indem wir, statt weiter His-Story zu schreiben, oder gar den absurden Versuch befeuern, nun als Ausgleich ein paar Tausend Jahre Her-Story schreiben zu wollen, heute mit einer neuen Geschichtsschreibung beginnen. Ich würde sie Our-Story nennen. Sie würde damit beginnen, dass wir ab jetzt politische Entscheidungen getroffen haben werden, die uns *allen* zu mehr Freiheit verhelfen.

Genau darum geht es im letzten Kapitel von Teil II: die Freiheit. Und natürlich – du ahnst es sicherlich – spielt auch dabei unsere ausgeprägte Realitätsverweigerung eine wichtige Rolle. Beispielsweise dann, wenn Menschen »Freiheit!« rufen und dabei vor allem das Gegenteil einfordern. Na, wenn das keine Einladung für emotionale Debatten ist, weiß ich es auch nicht mehr!

Freiheit!

Er röchelt, und es ist unklar, ob er noch etwas wird sagen können. Auf dem Rücken liegend, bündelt er unter größtmöglicher Anstrengung seine verbleibende Energie, um aus vollem Hals das letzte Wort zu schreien, das er jemals äußern wird. Das eine Wort, das den einen Traum beschreibt, für den er bereit ist zu sterben. Das letzte Wort, bevor eine Axt seine Kehle durchtrennt.

»Freiheit!« (Mit zwei sehr lang gezogenen Silben.) Die Szene ist eine Schlüsselszene im Hollywoodstreifen *Braveheart,* in dem es um den schottischen Ritter und Freiheitskämpfer Sir William Wallace zur Zeit des Ersten schottischen Unabhängigkeitskrieges im 13. und 14. Jahrhundert geht.[143]

Frei wie der Wind, frei wie ein Vogel. Die sprachlichen Assoziationen mit Freiheit beschreiben unseren urmenschlichen Drang nach Raum, Weite und Grenzenlosigkeit. So wie der schottische Freiheitskämpfer auf dem edlen Pferd, der bereit ist, alles für die Freiheit seiner Landsleute zu geben. Auch sein Leben. Er ist lieber tot – und damit natürlich alles andere als frei – als »unfrei« am Leben.

Und wir? Wie ist es um unsere Freiheit im Jahr 2024 hierzulande bestellt? Die fast kindlich naive Vorstellung von freien Menschen in Gestalt mutiger Kämpfer (und einiger weniger Kämpferinnen), die durch Prärie und Weite galoppieren, haben wir im Alltag schon lange verloren. Stattdessen führen wir endlose Debatten mit immer gleichem und von vornherein bekanntem Ausgang über vermeintliche Freiheit(en). Je nach Tagesform geht es dann um Dinge wie ein Tempolimit, das Schnitzel auf dem Teller oder den Gebrauch von Gender-Sternchen. Gesamtgesellschaftlich erzählen wir uns vor allem die Geschichte, dass Freiheit darin bestünde, möglichst viel zu dürfen, haben zu wollen und natürlich dann auch zu haben. In die Welt gesetzt wurde diese Geschichte – der Elefant lässt mal wieder grüßen – von einigen Menschen mit viel Macht und damit verbundenem Einfluss. Sie haben den Begriff der Freiheit so instrumentalisiert, dass wir akzeptiert zu haben scheinen, dass wir in Politik, Medien und am Frühstückstisch längst nicht mehr über »Freiheit«, sondern über etwas ganz anderes sprechen. Wir sagen – und brüllen mitunter – »Freiheit« und meinen Privilegien.

Die freie beziehungsweise privilegierte Wahl setzt dieser »Logik« folgend voraus, zwischen allen oder mindestens vielen Optionen wählen zu können. Sei es zwischen Millionen Singles bei der Partnersuche, zwischen Hunderten von Studien- und Ausbildungsmöglichkeiten bei der Berufswahl oder zwischen 42 Marmeladensorten für das perfekte Frühstück. So hecheln wir also im Hamsterrad des Alltags im Kleinen und dem Lebenskarussell im Großen der versprochenen »Freiheit« hinterher. Wir häufen über die Jahre mehr und mehr Besitztümer, Beförderungen, Titel und andere Errungenschaften an, um uns der in Werbesprüchen, auf Wahlplakaten und in Karriereberatungen versprochenen Freiheit anzunähern. Und werden dabei vor allem eines …

Zunehmend unfreier.

Denn sosehr sich Marketingabteilungen, Politiker:innen und andere Menschen auch bemühen, uns »Freiheit« in Form von scheinbar unbegrenzten Möglichkeiten und der Anhäufung von Besitztümern im wahrsten Sinne zu »verkaufen«, geht die Rechnung für uns weder kurz- noch langfristig auf. (Für die »Verkäufer:innen« geht sie kurzfristig aktuell häufig noch in Form von finanziellen Gewinnen oder einer Wiederwahl auf. Die Betonung liegt hier auf dem »noch« und der zunehmenden Bedrohung jeglicher Profite, wie Niklas Höhne es im bereits wiederholt erwähnten Interview entsprechend formuliert hat.) Warum? Weil uns unsere Psychologie und damit die Funktionsweisen unseres Gehirns mindestens drei Striche durch die Rechnung machen.

Erstens: Zahlreiche Studienergebnisse aus der Psychologie und den Neurowissenschaften zum sogenannten paradox of choice[144] lehren uns, dass wir glücklicher und zufriedener sind, wenn wir zwischen einigen wenigen Optionen wählen können. Oder hast du dich jemals richtig gut gefühlt bei der Auswahl einer Marmeladensorte unter 41 anderen? Sehr wahrscheinlich nicht, weil allein die Wahl schwerer fällt, als zwischen sechs Sorten nach der »richtigen« zu greifen. Die Befürchtung, möglicherweise keine gute Wahl getroffen zu haben, steigt mit jeder weiteren Sorte im Supermarktregal.

Zweitens: Weil jede zusätzliche Verantwortung etwa in Form von Besitztümern unseren potenziell »freien« Entscheidungsraum eingrenzt. Ganz einfach, weil alles, was wir besitzen, einen Teil unserer mentalen Ressourcen beansprucht. So buhlen in unserem Gehirn das Smartphone-Modell im Sonderangebot, die neue Couch und das hungrige Haustier im Minutentakt um neuronale Kapazitäten. Wer zwei Kameras statt einer besitzt, muss sich für jedes Foto zwischen zweien entscheiden.

Drittens: Weil unsere naive Vorstellung, »frei« – im Sinne von »unabhängig von Einflüssen« – entscheiden zu können, ganz schnell in eine Sackgasse führt. Ohne jetzt eine philosophisch anmutende Argumentation folgen lassen zu wollen, möchte ich dennoch eine kurze Warnung vor dem nächsten Gedanken vorausschreiben. Denn möglicherweise löst er eine gewisse Ablehnung, vielleicht gepaart mit oder gefolgt von einer spürbaren Unsicherheit in dir aus – und wir wissen ja beide, wie ungern unser Gehirn sich in Unsicherheit »begibt«. Der Gedanke geht so: Wir können nicht frei sein oder entscheiden. Und wir sollten es auch nicht anstreben, »frei« sein zu wollen.

Was? Steht das da wirklich? Ja! Und ich bitte dich, mir weiter zu folgen. Denn wären wir komplett »frei«, wären wir nicht nur bedeutungslos, sondern auch lebensunfähig. Weil wir »frei« von allen Einflüssen nicht in der Lage wären, Entscheidungen zu treffen – selbst, wenn nur zwei Marmeladensorten zur Auswahl stünden. Weil wir keine Vorlieben hätten, weil uns nichts wichtig, nichts weniger wichtig und nichts egal wäre.

Vielleicht erinnerst du dich an die Passage aus der Einleitung, in der ich uns Menschen als »emotionale Blobs« identifiziert habe und im Zuge dessen die vermeintliche Trennung zwischen »emotionalen« und »rationalen« Entscheidungen aufgelöst habe. Leicht modifiziert und um die Freiheitskomponente ergänzt, lautet die Erkenntnis entsprechend so: »Wir können nur Entscheidungen treffen, weil wir *nicht frei von* Vorlieben und Werten und damit verbundenen Gefühlen und Emotionen sind. Diese ermöglichen es uns, zu unter- und entscheiden. Wären wir also in der Lage, uns komplett »frei zu machen«, wären wir eine Art »Nichts im Nichts«, der, die oder das weder in der Lage wäre, irgendetwas zu wollen und tun, noch eine Notwendigkeit für irgendein Handeln bestünde.

Statt nun zahlreiche Faktoren aufzulisten, die uns »unfrei« machen, und damit wieder in den »Wogegen«-Modus zu verfallen (die politischen und entsprechenden medialen Debatten in dem Modus kennen wir zur Genüge), möchte ich das kleine Gedankenspiel noch einen Schritt weitertreiben und damit gleichzeitig den »Wofür«-Modus aktivieren.

Versuche für einen Moment das Unmögliche und probiere, dir vorzustellen, du seist dieses hypothetische »Nichts im Nichts«, frei von allen Einflüssen. Einfach da. Ohne Richtung und Ziel. Ohne Einkaufsliste, Bewerbungsverfahren, Partner:innensuche und Lebensplan. Wovon möchtest du dann *nicht* frei sein? Was würdest du als eine Art Grundausstattung deiner selbst in jedem Fall dabeihaben wollen? Ja, ich weiß, du kannst nur wählen, wenn schon mehr als nichts vorhanden ist – aber es ist ja auch nur ein Gedankenexperiment. Also sei einfach mal ein wenig verrückt und lass das ins Nichts, was du auf keinen Fall missen willst.

Deine Antwort gehört nur dir. Und gleichzeitig ist sie alles andere als »frei«. Denn du hast sie gedacht oder vielleicht sogar aufgeschrieben oder jemandem erzählt, weil du bestimmte Gefühle und Emotionen hast. Anders formuliert: Zur Grundausstattung gehören immer Gefühle und Emotionen. Wie in Teil I beschrieben, bestimmen sie unsere Wahrnehmung und werden gleichzeitig fortwährend durch sie bestimmt. Die Sache mit der Henne und dem Ei. Alltagsrelevant formuliert: Aufgrund bestimmter Gefühle und Emotionen streiten Menschen über ihre Freiheitsvorstellungen bei Fortbewegungsgeschwindigkeiten, Fleischkonsum und Formulierungen.

Ebenfalls Teil der Grundausstattung sind die Geschichten, die uns umgeben, die wir uns erzählen und von denen wir Teil sind. All das, worum es in dem nun endenden Teil II dieses Buches geht, inklusive der vielen Geschichten, die unsere gelebte Normalitätssimulation und Realitätsverweigerung ausmachen.

Die Grundausstattung ist also bereits ein gehöriger Mix aus verschiedenen Faktoren, über den wir Menschen im 21. Jahrhundert so viel wissen und eine Bücherwand nicht ausreicht, um all das zu erfassen.

Ich möchte an dieser Stelle nur in aller Kürze drei Oberkategorien an Einflüssen benennen, die diesen Mix aus Gefühlen und Geschichten in jedem Moment deines Lebens beeinflussen und dir zumindest teilweise bekannt vorkommen sollten. Die erste Kategorie umfasst alle Einflüsse in dir, vom akuten Hungergefühl über deine genetischen Prädispositionen und dein Geschlecht bis zu deiner eigenen Vorstellung von dir selbst – vielleicht als ein neugieriges, lernfähiges Wesen. Die zweite Kategorie enthält alle Einflüsse aus deiner Umgebung, bestimmt durch den Ort, an dem du bist und lebst, durch Design, Architektur und Struktur. Die dritte Kategorie ist streng genommen Teil der zweiten, verdient aber eine eigene Kategorie, weil ein ganz bestimmter Umweltfaktor besonders beeinflussend für jeden Menschen ist. Andere Menschen.

Die dritte Kategorie handelt entsprechend von sozialen Normen (denen wir ausführlicher in Teil III begegnen), Ritualen und kulturellen sowie politischen Besonderheiten. Es geht also um das, was passiert, wenn das soziale Wesen Mensch auf mindestens eine:n andere:n Vertreter:in der eigenen Spezies trifft.

Und nun? Wie gehen wir möglichst frei mit all diesen Einflüssen um? Wie kannst du ein möglichst freies Leben führen (sollte das dein Ziel sein)? Ich denke, indem du immer mal wieder das Gedankenexperiment wagst und dich ganz bewusst fragst: Wen und was lasse ich rein? In meine Gedanken und Gefühle. Wem schenke ich meine Aufmerksamkeit und Präsenz? Das ist der Kern radikaler Aufmerksamkeit und beschreibt die emotionale Reife aus Teil I, angewendet auf die Frage, wie »frei« du sein kannst. Willst du auch den zweiten Teil der Reifeprüfung bestehen, kannst du den Inhalt deiner

Aufmerksamkeit mit all seinen Einflüssen radikal ehrlich weitergeben und erlangst so die kommunikative Reife.

Unabhängig von jeder Reifeprüfung, der du dich stellen magst oder nicht, schlage ich ein dringend benötigtes Update für das weitläufig verbreitete Freiheitsverständnis vor: Freiheit besteht nicht darin, immer und überall das zu tun, was wir in jedem beliebigen Moment (annehmen zu) wollen, sondern darin, sich in jedem Moment möglichst bewusst mit dem eigenen Zustand und den Einflüssen auf diesen vertraut zu machen, um dann frei(er) zu entscheiden und zu kommunizieren, was wir (annehmen zu) wollen.

So endet Teil II zur radikalen Ehrlichkeit und der damit verbundenen kommunikativen Reife mit der zweiten radikalen Erkenntnis dieses Buches. In Teil I war es unsere Wahrnehmung, die ich als »häufig falsch« bewertet habe. Und nun folgen – vielleicht ahnst du es bereits – die falschen Geschichten, die wir uns erzählen. Die Geschichten darüber, was »normal« und was »real« ist.

Das können wir ändern. Es liegt in unseren Hirnen, uns bessere und die richtigen Geschichten zu erzählen. Die, die sich an den umfassenden Erkenntnissen aller Wissenschaften orientieren. Die, die dafür sorgen werden, dass wir aufhören, uns und unsere Lebensgrundlage zu zerstören. Sie werden in jedem Fall dafür sorgen müssen, dass wir unsere Definition von Erfolg überdenken und anpassen. Oder wie es der US-amerikanische Ökonom und Professor für Wirtschaftswissenschaften Joseph Stiglitz wunderbar formuliert hat: »Ein Teil des Ziels, unsere Messsysteme zu überdenken, besteht darin, einen nationalen und globalen Dialog zu generieren über die Fragen: worauf wir Wert legen; ob das, wonach wir streben, zur Verwirklichung dessen beiträgt, worauf wir Wert legen; und ob sich dies in unseren Metriken widerspiegelt.«[145]

So lade ich dich ein, den dritten Teil der Reifeprüfung zu

beginnen, bei dem wir nicht mehr zu zweit sind. Denn auf die kommunikative Reife folgt die soziale Reife. Sie benötigen wir, um Abhängigkeit und vermeintliche Trennungen neu zu denken – nämlich als Verbundenheit und Einheiten.

So frage ich ein letztes Mal: Bist du bereit?

III Radikale Verbundenheit

> »Wir sind wie Inseln im Ozean, an der Oberfläche voneinander getrennt, aber in der Tiefe miteinander verbunden.«
>
> *William James*

Wie geht es mir? Ja, die kleine unscheinbare Frage kennst du schon. Sie hat es mir angetan, weil sie trotz ihrer Klarheit alles andere als einfach ist und der Umgang mit ihr ganz viel über die jeweils mit ihr beschäftigten Menschen aussagt. So wird uns die kleine Frage auch im dritten Teil ein Stück weit begleiten. Im Laufe des Buches hat sie sich vielleicht verändert, klingt anders für dich, wirkt bedeutsamer.[1] Und das nicht nur, weil du dich auf deiner Reise radikaler Emotionalität intensiv mit ihr auseinandergesetzt hast. Nein, sie hat auch ihre Gestalt minimal verändert. Das letzte Wort lautet nicht mehr »dir«, sondern »mir«.

Hä? Soll es in diesem Teil des Buches nicht um »Verbundenheit« gehen? Wie kann es dann sein, dass die Einleitung mit einer Frage beginnt, die maximal selbstbezogen klingt? Fast ein wenig egoistisch daherkommt. Ich, ich, ich! Es geht doch ohnehin schon viel zu oft nur um »mich«. Meine Bedürfnisse, meine Interessen, mein Bankkonto. Liegt der Kern allen oder zumindest vielen Übels nicht genau darin, dass jede:r immer zuerst an sich selbst denkt? Getreu des ignorant-fatalistischen Ausrufs: Nach mir die Sintflut!

Nein! Der Kern allen Übels liegt darin, dass (fast) jede:r meint, zuerst an sich selbst zu denken. Manche sprechen ihre Selbstbezogenheit offen aus, andere behalten sie lieber für sich.

Gemeinhin bezeichnen wir dieses Verhalten als »Egoismus« und meinen damit im Groben: Ich zuerst, dann die anderen! Das Problem dabei: (Fast) jede:r macht das falsch. Was? Wir denken alle zuerst an uns selbst und halten uns gar für egoistisch, aber tun das nicht »richtig«? Ja, genau! Weil wir (noch) nicht begriffen haben, was uns wirklich guttut.

Um diesen Gedanken nachvollziehen zu können, muss ich ein wenig ausholen. Gleichzeitig können wir in diesem Kapitel das bereits Gelernte anwenden und so fast nebenbei das wohl größte Missverständnis der Menschheit aufdecken. Also, ab in den Neugier-Modus, und es kann losgehen.

Wir haben uns zu Anfang des Buches mit der größten Herausforderung unserer Zeit konfrontiert, die darin besteht, angesichts sechs von neun überschrittener planetarer Grenzen dringend in einen anderen Modus Operandi zu schalten, um nicht unsere eigene Lebensgrundlage grundlegend zu gefährden oder gar zu zerstören. Um diesen Modus zu erlernen, habe ich dich auf eine neue Reifeprüfung für das 21. Jahrhundert aus drei Teilen eingeladen, die dich zum »Umschalten« befähigen soll. Weil wir erkannt haben, dass alle Gedanken und Gefühle immer politisch sind, weil sie Geschichten und Vorstellungen über unser Zusammenleben transportieren. Darüber, was wir für »richtig« und was für »falsch« halten.

Dieses Umschalten beginnt im Kopf – und ich hoffe sehr, dass diese Fokussierung auf das, was in unserem Gehirn passiert, inklusive unseres Daseins als »emotionale Blobs«, im Verlauf unserer gemeinsamen Zeit zumindest ein wenig auf dich übergesprungen ist und du es nicht länger nur als die Kuriosität einer verrückten Neurowissenschaftlerin betrachtest.

Dieses Umschalten ist radikal, weil es sich nicht auf der Oberfläche abspielt, sondern an die Wurzeln unserer Menschlichkeit geht – oder um bei William James' Eingangszitat dieses Buchteils anzuknüpfen: weil es in die Tiefe geht. Weil nur das eine Annäherung an die Zusammenhänge offenbaren kann, die echte gesellschaftliche Umstrukturierungen für ein zukunftsfähiges Zusammenleben möglich machen.

Eine konkrete Unterstützung bei diesem Umschalten bietet das Konzept des dynamischen Denkens, das uns seit Beginn begleitet und aufgrund des vielen Trainings vielleicht schon zu einer gewissen Gewohnheit geworden ist.

Begonnen hat die Reifeprüfung in Teil I mit meiner Einladung, dich und vor allem deine emotionale Vielfalt besser kennenzulernen. Das Ziel war es, durch radikale Aufmerksamkeit die eigene Wahrnehmung zu hinterfragen, falsche Wahrnehmungen zu adressieren und so unter Anwendung der ersten Zutat des dynamischen Denkens (»Wofür« statt »Wogegen«?) emotionale Reife zu erlangen.

Ausgestattet damit, haben wir uns in Teil II den Schwestern der globalen Normalitätssimulation und Realitätsverweigerung gewidmet, die wir dadurch nähren, dass wir auf allen gesellschaftlichen Ebenen bisher kaum radikal ehrlich kommunizieren und uns falsche Geschichten erzählen, die wenig bis gar nichts mit der Realität (gemessen anhand des aktuellen Stands aller Wissenschaften) zu tun haben. Oder besser geschrieben – nämlich im »Wofür«-Modus und mit aktiver Hoffnung formuliert: Mit der zweiten Zutat des dynamischen Denkens sind wir in der Lage, uns neue Geschichten zu erzählen, und können die kommunikative Reife erlangen. Sie ist das Werkzeug, mit dem wir unsere Normalitäten auf allen gesellschaftlichen Ebenen inklusive Wissenschaft, Medien, Wirtschaft und Politik neu definieren und gestalten müssen. So, dass wir sie langfristig aufrechterhalten können, weil die dabei geschaffenen neuen Normalitäten ihrem eigenen Anspruch gerecht werden, langfristig »normal« zu sein. Dann können wir aus vollem Hirn und Halse brüllen: »Geschafft!«

An diesem Punkt der Reise stehen wir also gerade – und auch wenn es sehr groß klingt: Ich bin davon überzeugt, dass unsere Reise zu radikaler Emotionalität gleichzeitig auch eine notwendige Reise der Menschheit insgesamt ist.

Ich beginne diesen letzten Teil, in dem alles Bisherige seine Anwendung finden soll, mit der Frage nach dem eigenen Befinden, weil der letzte Schritt der Reifeprüfung darin besteht, in die Umsetzung zu gehen. Wir müssen anfangen zu »machen« – also so richtig. Ohne Wenn und Aber, ohne Zögern und Zaudern. Weil jetzt hoffentlich klar ist: Wir brauchen »all hands on deck«, damit wir die falschen Strukturen, die wir über die Jahre aufgebaut haben und in denen wir immer noch leben, umbauen können. Stopp!

Irgendwas ist hier anders als in Teil I und II …

In den vorherigen Teilen habe ich mich bemüht, am Anfang des jeweiligen Buchteils nicht direkt alles im »Wogegen«-Modus anzuprangern, was wir noch falsch machen und bisher nicht geschafft haben. Doch jetzt stelle ich die falschen Strukturen an den Anfang meiner Ausführungen. Das ist kein Zufall, und ich bin guten Mutes, dass du als Fortgeschrittene:r beim Thema dynamisches Denken auf der Zielgeraden zum Abschluss der Reifeprüfung bereit bist, gemeinsam mit mir aktiv in den »Wofür«-Modus zu schalten und neue Strukturen zu erdenken. Denn wir müssen endlich raus aus dem Krisenmodus und rein in den Lösungsmodus. Dazu gehört, den Elefanten nicht nur sichtbar zu machen, sondern ihm direkt neue Aufgaben zu geben. Vielleicht müssen wir dafür auch die ein oder andere Mauer einreißen, um die Wurzel(n) wirklich freizulegen – dass wir das können, zeigt die Geschichte. Doch Mauern in Köpfen und auf der Straße lassen sich nur einreißen, wenn es uns gut geht. Sonst fehlt nicht nur die notwendige Reife, sondern auch die Kraft für all das.

So kommen wir nun endlich zur Auflösung des Missverständnisses, das ich bereits angeteasert habe. Die »richtige«, im Sinne einer radikal aufmerksamen und radikal ehrlichen Antwort auf die Frage »Wie geht es mir?« ist das Gegenteil von der weitverbreiteten Definition von »Egoismus« als Fokussierung auf mich selbst. Warum?

Weil meine emotionale und generelle Verfassung immer von meiner Umgebung inklusive anderen Menschen abhängt. Ich existiere eben nicht als »Nichts im Nichts«, sondern als Zellansammlung, die mehr oder weniger zufällig entstanden ist. Und diese Zellen und deren Bestandteile auf noch kleineren Ebenen (um hier keine Atomphysiker:innen in Rage zu versetzen) waren vorher bereits an fast unendlich vielen Orten und haben dort ihr Unwesen getrieben. Und all diese Ansammlungen von Atomen funktionieren nur als Zusammenspiel mit anderen Teilen. Zum Beispiel in Form von Luft, die ich atmen kann,[2] ohne krank zu werden oder umzukippen. Oder in Form von Wasser, das ich trinken kann,[3] ohne dass es meine Gesundheit gefährdet oder mich gar umbringt. Oder in Form einer Hand, die mich streichelt, in Form von geschriebenen oder gesprochenen Worten, die mich berühren, ohne mich zu verletzen oder zu traumatisieren. Deshalb schwingt bei der Frage »Wie geht es dir?« zwangsläufig immer die größere Frage mit: »Wie geht es der Welt beziehungsweise dem Teil davon, der dich gerade betrifft?«

»Na gut«, denkst du jetzt vielleicht. »Das ist ja eine nette Gedankenspielerei, aber so sieht das doch niemand. Und fairerweise wäre dieser radikale Perspektivwechsel auch ein wenig viel verlangt, oder? Schließlich haben wir genug andere Themen und Sorgen, Stichwort Krisenmodus.« Falsch! Genau da beginnt der Fehler. Es geht nicht um ein Entweder-oder, es geht nicht darum, Dinge voneinander abzugrenzen, sondern sie vielmehr in ihrer radikalen Verbundenheit anzuerkennen. Die Ignoranz gegenüber dieser Verbundenheit ist es, die überhaupt erst dazu geführt hat, dass wir falsche Strukturen aufgebaut und gefestigt haben. Diese Strukturen sind vor allem auf eines ausgelegt: Sie betonen, was trennt, was unterscheidet, was abgrenzt. Diese Strukturen haben uns Grenzen ziehen lassen, Mauern errichten lassen und uns darauf trainiert, stets und überall zu fragen: Wer oder was gehört *nicht* dazu?

Warum tun wir das? Aus einem einfachen Grund, der dir als aufmerksame:r Aspirant:in für die Reifeprüfung dieses Buches sehr bekannt vorkommen sollte: Wir trennen und grenzen ab, weil wir auf der Suche nach Sicherheit sind. Die Mauern sollen uns schützen – nicht vor Sturmfluten, sondern vor »den Anderen«. Genau wie die Schlösser und Burgen aus längst vergangenen Zeiten mit ihren Zugbrücken und Wachtürmen dafür optimiert sind, die »Feinde« draußen zu halten. Darum ist unser Gehirn mit einer sehr stark ausgeprägten Fähigkeit zu gruppieren »ausgestattet«. Anders formuliert: Es »liebt« Gruppen und kann innerhalb von Millisekunden »entscheiden«,[4] ob das Gegenüber zu einer bestimmten Gruppe dazugehört. Neben biologisch vorbestimmten Merkmalen wie der Hautfarbe,[5] die ganz offensichtlich Abgrenzungen aufzeigen, haben wir uns kulturell zahlreiche Gruppen geschaffen, denen wir uns teilweise mit größter Hingabe und Leidenschaft widmen – stets auf der Suche nach dem Gefühl von Sicherheit.

Wer dazugehört, fühlt sich geborgen und beschützt. Darum haben es Menschen, die dich und mich einmal von ihrer Partei, ihrer Religion oder ihrem Sportverein überzeugt haben, so leicht, uns Ideen, Glaubensvorstellungen und Erkennungszeichen, die unsere Zugehörigkeit oder Unterstützung signalisieren, zu »verkaufen«. Wir müssen nur an die soziale Angst des US-Journalisten Matt Gutman zurückdenken, der Panikattacken erlitt bei der Vorstellung, von seiner Gruppe der Journalist:innen im Falle einer schlechten Performance ausgeschlossen zu werden. Aber sind Gruppen dann nicht etwas Gutes, *weil* sie uns das Gefühl von Zugehörigkeit und Sicherheit geben? Wieder mal lautet die Antwort »ja und nein« – beziehungsweise »es kommt drauf an«. Darauf, ob wir – wie bisher – vor allem darauf achten, was uns trennt und unterscheidet, oder ob wir es schaffen, unseren omnipräsenten

Gruppendrang dynamischer zu nutzen. Indem wir vor allem schauen, was uns verbindet. Was der kleinste gemeinsame Nenner zwischen dir und deinem Gegenüber ist. Glaube mir, es gibt immer irgendetwas. Und sei es die gleiche Lieblingsband oder Eissorte.

Diese neue Kalibrierung unseres Gruppendrangs ist nicht trivial und viel mehr als ein nettes Spiel, das wir mal ausprobieren können. Sie ist der Kern der Aufgabe, die vor uns liegt, um bessere gesellschaftliche Entscheidungen für eine friedliche, lebenswerte Zukunft zu treffen.

Genau darum geht es im dritten Teil der radikalen Emotionalität und damit auch dem letzten Teil unserer Reifeprüfung. Es geht um **soziale Reife**. Die Zutat des dynamischen Denkens, die wir dafür brauchen, lautet gemäß der beschriebenen Omnipräsenz unseres Drangs nach Zugehörigkeit:

Gruppen neu denken!

Dabei geht es wie angedeutet um mehr als Parteien, Religionen und Sport- oder Schützenvereine. Es geht um die Verbundenheit mit der eigenen Umgebung, die in jedem Moment unser (Über-)Leben ermöglicht. Es geht darum, zu begreifen, dass wir diese Lebensgrundlage nur erhalten können, wenn wir die wahnwitzigen Versuche, uns abzuschotten, beenden.[6] Weil uns andere Menschen – egal ob Diktatoren, Religionsführer oder SUV-Verkäufer:innen – weismachen wollen, dass genau das unser »sicherheitssuchendes« Hirn langfristig zufriedenstellen wird. Nein, wird es nicht. Weil uns im Individuellen die Verbundenheit durch soziale Nähe (du erinnerst dich an das Kapitel »Wir wollen alle nur das Eine«?) fehlt, im gesellschaftlichen Zusammenleben die Überzeugung, an einem Strang zu ziehen, und auf globaler Ebene zunehmend die ökologische Nische schrumpft,[7] in der die mehr oder weniger zufällig angeordneten Zellhaufen, die die menschliche Spezies ausmachen, (über-)leben können. Zur Einordnung, wie begrenzt diese Nische ist: Machen wir so weiter wie aktuell, werden Ende dieses Jahrhunderts fast 40 Prozent der Menschheit einer lebensfeindlichen Umgebung ausgesetzt sein. Lebensfeindlich, weil die Temperaturen und ökologischen Bedingungen menschliches Leben nicht mehr zulassen.

Um das zu verhindern, müssen wir die Mangelerscheinungen auf individueller, sozialer und globaler Ebene adressieren, um die soziale Reife zu erlangen und radikale Verbundenheit zu leben. Wie das gehen soll? Dafür spreche ich dir ein letztes Mal die Einladung aus, meinen Gedanken zu folgen. Ich werde im finalen Teil dieses Buches drei grundlegende Trennungen beziehungsweise Dichotomien unseres Lebens vorstellen, die wir auflösen müssen. Denn sie haben uns die Mangelerscheinungen beschert und uns die falschen Strukturen bauen und erhalten lassen.

Es gibt bestimmte Gründe und Erklärungsansätze, warum diese Dichotomien entstanden sind und noch immer unser Leben bestimmen. Doch angesichts der Dramatik, in der wir uns mittlerweile befinden, gehören sie dringend in ein Museum, das wir neu eröffnen sollten: ein Museum der überholten Ideen. Damit wir endlich unsere volle Aufmerksamkeit auf das Bauen und Pflegen besserer Strukturen legen können. Besser im Sinne von »die Lebensqualität möglichst vieler Beteiligter steigernd«, besser im Sinne von »unerlässlich für den Erhalt der eigenen Lebensgrundlage und einen nachhaltigen Frieden«. Um die Sache mit der Neukalibrierung unseres Drangs nach Zugehörigkeit und den damit einhergehenden Gruppierungen radikal angehen zu können, sollten diese Strukturen vor allem darauf ausgelegt sein, uns immer und überall vor allem anderen an eines zu erinnern: unsere bedingungslose Verbundenheit.

Los geht es mit der falschen Trennung, die wir in uns selbst verorten und die mir als Neurowissenschaftlerin besonders nahe ist: die vermeintliche Trennung von Gefühl und Verstand.

Dichotomie 1: Gefühl vs. Verstand

Es ist ein warmer Sommermorgen im August, und ich habe mehrere Stunden konzentrierte Arbeit am Schreibtisch vor mir. Doch ich komme nicht zur Ruhe. Ich merke, dass etwas in mir brodelt. Von Kopf bis Fuß. Nach einigen hilflosen Versuchen, mich zu konzentrieren und dabei nicht auf dem Stuhl zu turnen, wird mir klar: Ich kann jetzt nicht am Schreibtisch bleiben, das wird nur schlimmer. Wie ein Jucken, das immer stärker wird. Wäre ich ein Pferd, würde ich nervös mit den Hufen scharren. Also gebe ich nach, verschiebe die Schreibtischarbeit ein wenig wehmütig auf den Abend, setze mich auf mein Fahrrad und höre einen Podcast, in dem es unter anderem um die Emotion Hass geht.[8]

Die zentrale Erkenntnis der drei Gesprächspartner:innen lautet: Hass entsteht immer dann, wenn Menschen sich bedroht fühlen. Und ich ergänze im Kopf: Hass entsteht, wenn die Sicherheit in Gefahr ist. Die Sicherheit der eigenen Identität, der Geschichten, die ich mir über mein Leben erzähle, meine Gewohnheiten, die ich für normal und wichtig halte.[9] All die Faktoren, die ich in Teil II aufgelistet habe. Aber jetzt sind wir ja in Teil III, in dem es um Verbundenheit gehen soll. Richtig!

Hass ist das Gegenteil von Verbundenheit. Stärker noch, er ist ihr tödlicher Erzfeind. In Angst und Unsicherheit wird unser Fokus auf alles Trennende noch weiter verstärkt, weil im dann einsetzenden Überlebensmodus jeder Unterschied, jedes »Anders«-Sein zu einer potenziellen Gefahr wird. So verstärken sich Unsicherheit und Fokussierung auf alles Trennende gegenseitig – und fördern die Entstehung und Aufrechterhaltung von Hass.

Ich habe den Gedanken noch nicht ganz zu Ende gedacht, als

ich nach einigen Kilometern und nach dem erwähnten Podcast zu *Deutschlandfunk Kultur* wechsele, um der Einordnung der »Nachrichten des Tages« durch die Moderatorin Jana Münkel mit der Politologin und ehemaligen leitenden Mitarbeiterin des Internationalen Stabs der NATO Stefanie Babst[10] zu lauschen. Es geht um Waffenlieferungen. Also eine sachliche Fragestellung, mit der sich am besten Expert:innen aus der Geopolitik beschäftigen. Vielleicht gemeinsam mit Vertreter:innen der Konflikt- und Friedensforschung sowie gegebenenfalls noch der ein oder dem anderen Historiker:in. Falsch!

Erinnerst du dich noch an das Zitat von Kristina Lunz, in dem es darum ging, dass *eine* Perspektive nicht ausreicht, um die Komplexität der Welt zu begreifen? Auch die hier genannten Perspektiven reichen nicht aus. Wenn es um Waffenlieferungen geht, geht es immer auch um Hass, um Angst und um Unsicherheit. Weil Menschen sich von anderen Menschen und deren (Wert-)Vorstellungen bedroht fühlen, geraten sie in Unsicherheit, gefolgt von Angst, wenn diese nicht geklärt und beseitigt wird. Geht es der »Gegenseite« auch so, beginnt irgendwann, irgendwo – häufig durch ein Missverständnis oder eine Kleinigkeit in der emotional aufgeladenen Gemengelage – feindliches Handeln. Vielleicht ein erster Angriff, ein Attentat, gefolgt von Abwehr. Gefolgt von der Notwendigkeit für zusätzliche Waffen(-lieferungen). Gefolgt von Debatten, in denen für oder gegen Waffenlieferungen entschieden werden muss und klar ist, dass Menschen mit diesen Waffen getötet werden sollen. In diesen Debatten müssen wir dann entsprechend zwischen »harten Fakten« und »weichen Emotionen« abwägen. Falsch!

Wir müssen und können nicht *zwischen* Fakten und Emotionen abwägen, weil Verstand und Gefühle nicht voneinander getrennt sind. Sie sind nicht nur untrennbar miteinander verbunden, sondern nichts anderes als die zwei Facetten derselben Medaille. Stärker noch: Sie sind die vielen Facetten eines vielseitigen Würfels, der an dieser Stelle symbolisch für unser Dasein als »emotionale Blobs« steht.

Tatsächlich geht es in dem Radiogespräch um die Tatsache, dass Waffen an »Freunde«, aber nicht an »Feinde der eigenen Überzeugungen« geliefert würden. Erneut übersetze ich gedanklich: Überzeugungen sind nichts anderes als Ideen und Wertvorstellungen sowie die damit verbundenen Geschichten, die wir uns erzählen. Die Geschichten darüber, wer und was »gut« und »richtig« oder eben »böse« und »falsch« ist. Vielleicht – ja, das ist schon ein paar Seiten her –, aber ganz vielleicht erinnerst du dich auch noch an die Unterhaltung, die ich mit meinem Vater zum Thema emotionale Reife hatte und in der ich forderte, dass alle Politiker:innen vor Amtsantritt einen Kurs in emotionaler Reife ablegen sollten. Warum kommt mir diese Forderung nun wieder in den Sinn? Weil sie so essenziell ist bei der Beantwortung von Fragen zu Waffenlieferungen.

Statt so zu tun, als ginge es dabei lediglich um »Fakten«, würden emotional reife Politiker:innen radikal ehrlich darüber sprechen, welche Ziele und Werte sie als Repräsentant:innen eines jeweiligen Landes verfolgen. Sie würden den Elefantenbullen nicht weiter heimlich pflegen und verhätscheln, sondern ihn sichtbar machen, ihn hinterfragen und mit kommunikativer Reife gegenüber anderen Politiker:innen thematisieren. Vielleicht würden emotional reife Landesvertreter:innen gar bei der Frage ankommen, warum es überhaupt Waffenlieferungen geben kann und muss. So holt meine Forderung aus dem Gespräch mit meinem Vater den Kern dieser ersten vermeintlichen Dichotomie zwischen Gefühl und Verstand wunderbar anschaulich auf die große Bühne internationaler Politik.

Sicherlich hast du mit einem entspannteren Einstieg gerechnet, oder? Ein bisschen mehr Gefühlsduselei, ein paar Gedanken zu Achtsamkeit, Hygge und Flow, und wie das alles heißt. Ich hoffe, du bist nicht enttäuscht, sondern im besten Fall konstruktiv verwirrt. Das wäre auf jeden Fall die beste Voraussetzung dafür, den Trennungsschmerz zu verarbeiten, der vielleicht schon eingesetzt hat, aber in jedem Fall kommen wird, wenn du dich radikal ehrlich von der Idee verabschiedest, dass Gefühl und Verstand in dir oder irgendeinem anderen Menschen voneinander trennbar seien.

Ich meine den Trennungsschmerz, um den es im Kapitel zu den falschen Belohnungsstrukturen in der Wissenschaft ging. Der Trennungsschmerz, den du noch das ein oder andere Mal erleben wirst, wenn du die Sache mit der Neugier als Gewohnheit ernst nimmst und entsprechend praktizierst. Aber um nicht übereifrig zu werden – zwei Dichotomien liegen ja noch vor uns –, bleiben wir erst mal bei der Dichotomie zwischen Gefühl und Verstand, die in leicht abgewandelter Form und natürlich nicht vollständig deckungsgleich auch mal als Trennung zwischen Körper und Geist, je nach Weltanschauung auch als Trennung zwischen Körper und Seele oder – aus meiner Sicht am allerschlimmsten – als Trennung zwischen Herz und Hirn beschrieben wird. Um Letzteres kurz abzuhaken: Das Herz ist toll, weil es als großer Hohlmuskel Blut durch unseren Körper pumpt.[11] Aber in ihm »stecken« weder Gefühle noch Emotionen oder sonstige Einstellungen. Trotzdem erzählen wir uns täglich Geschichten davon, was alles eine »Herzensangelegenheit« sei. Es wäre schlimm genug, täten wir das in entsprechenden Feel-Good-Magazinen und -Produkten sowie Unterhaltungsformaten jeglicher Couleur. Doch wir tun das auch auf den Bühnen, auf denen es um mehr als wärmenden Tee und die nächsten Bambis, Golden Globes oder Oscars geht. Wir erzählen uns die Mär der »Herzensangelegenheiten« auf den Bühnen, deren primäre Daseinsberechtigung darin besteht, unser Zusammenleben zu gestalten.

Ich spreche von den politischen Bühnen, auf denen es ebenso normal ist, die falsche Trennung zwischen Gefühl und Verstand zu befeuern. »Einfach mal sagen, was einem durch den Kopf geht, geht als Außenministerin nicht. Am schwierigsten ist es, wenn das Herz etwas anderes will, als der Kopf sagt.«[12] Diese Aussage der deutschen Außenministerin Annalena Baerbock ist ein »Musterbeispiel«. Wir haben uns so sehr an die vermeintliche Trennung zwischen Herz und Kopf gewöhnt, dass völlig klar ist, was die Außenministerin hier meint: Das Herz »will« etwas anderes als der »Kopf«. Es steht symbolisch für die »weichen Emotionen«, die den »harten Fakten« im Weg stehen.

Manchmal, wenn ich solche Aussagen höre und keine Lust auf den Tragödien-Kanal habe, stelle ich mir vor, wie Herz und Hirn tatsächlich miteinander »streiten«. Das bringt mich zumindest kurz zum Lachen: Ein Hohlmuskel »argumentiert« gegen das Gehirn. Doch meist halte ich das nicht lange aus, weil mir wieder bewusst wird, um was es wirklich geht. Um zukunftsweisende Entscheidungen von globalem Ausmaß. Von einem Ausmaß, bei dem es – wie im Beispiel der Waffenlieferungen – um Leben und Tod geht. Bei dem es um die Gestaltung der ökologischen Nische für uns Menschen geht. Darum ist die omnipräsente falsche Trennung zwischen Gefühl und Verstand so fatal.

Und um vielleicht ein kurzes Durchatmen zu ermöglichen, hier wenigstens drei »leichtere« Beispiele. Im Verlagsangebot bei *ZEIT ONLINE* kann ich »5 Gründe [erfahren], warum Schwimmen gut für Körper und Seele ist«. Auf der Willkommenskarte in einem Hotel begrüßt mich ein jung gebliebener Mann mit Dreitagebart und ausgestreckten Händen in meine Richtung zeigend mit den Worten, »Open your heart«. Selbst wenn ich es wollte – also mein »Herz öffnen« –, könnte ich es nicht. Als Muskel kann ich es trainieren, aber das würde nichts daran ändern, wie ich dem Mann oder meinem Aufenthalt in besagtem Hotel gegenübertreten würde und könnte. Mal abgesehen von der Tatsache, dass ein gut trainiertes Herz mir mit erhöhter Wahrscheinlichkeit erlaubt, die Treppen statt des Fahrstuhls zu nutzen, um in mein Zimmer für die Nacht zu gelangen. Dort angekommen, erwartet mich direkt die nächste

Botschaft, die meinen Puls nach dem Treppensteigen zusätzlich erhöht. Mit Blick auf mein Smartphone lese ich bei der *New York Times:* »Hitze versengt den Geist, nicht nur den Körper.«[13] Hohe Temperaturen können die Gemütslage aus dem Gleichgewicht bringen, mentale Gesundheitsleiden verstärken und Medikamentenbehandlungen verkomplizieren. Die Klimakrise selbst könne ein Stressor sein. In meinem »Geiste« schreie ich die Autorin des Artikels an. Abgesehen davon, dass es ein guter, wichtiger Beitrag ist, der die gesundheitlichen Folgen des Klimanotfalls anschaulich darstellt (darum wird es im Kapitel zu »Dichotomie 3« ausführlicher gehen), macht auch die *New York Times* im Jahr 2023 (!), und wahrscheinlich auch darüber hinaus, genau wie fast alle anderen den Fehler, zwischen »psychischen« und »körperlichen« Aspekten der Gesundheit zu unterscheiden. Obwohl die Auswirkungen auf Geist und Körper untrennbar miteinander verbunden sind. Aus dem einfachen Grund, weil sie immer die eine Zellansammlung und deren Zusammenspiel eines Individuums betreffen. Das »mind«, wie es im Englischen heißt, ist Teil des Körpers und schwebt nicht abgesondert in einer anderen Sphäre. Oder wo sollen sich Gedanken und Gefühle abspielen, wenn nicht im Körper?

Es geht mir hier nicht um Glaubensfragen, sondern die Betonung der rein biologischen Tatsache, dass jeder Gedanke eine physische Basis hat und damit »körperlich« ist. Dass jeder Gedanke und jedes Gefühl unser Gehirn verändert und entsprechend natürlich auch unseren Gesundheitszustand beeinflusst. Ebenso und in Gedenken an die Henne-Ei-Frage beeinflussen alle Umweltfaktoren, zu denen Hitze zweifelsohne gehört, alles Körperliche inklusive »mind«, Geist und Seele.

Das muss reichen an mehr oder weniger stark ausgeprägter Leichtigkeit, um zu verdeutlichen, wie sehr die vermeintliche Trennung von Gefühl und Verstand unser Denken und Hirn durchdrungen hat. Denn das Märchen von Herz, Gefühl, Seele oder sonst was »Kuscheligem«, das dem Hirn, Verstand und/

oder Körper zur Seite oder auch mal entgegensteht, ist nicht nur unterhaltsam, sondern fatal. Es ist fatal, weil es die grundlegende menschliche Biologie ignoriert und damit unser Denken und Verhalten missinterpretiert beziehungsweise in eine Schablone zu pressen versucht, die schlichtweg nicht existiert. Eine Schablone, die aus acht Großbuchstaben besteht:

R A T I O N A L. Und auf der im Kleingedruckten steht: »Das bedeutet frei von Gefühlen und Emotionen.«

Wie falsch die Vorstellung ist, wir könnten rational in diesem Sinne entscheiden und leben, habe ich bereits in der Einleitung kurz dargestellt, als es um unser grundlegendes Politikverständnis ging und ich die zentrale These dieses Buches hergeleitet habe. Sprich, dass alles politisch ist, weil jede meiner Entscheidungen widerspiegelt, was ich »richtig« und was ich »falsch« finde. Dass ich für ebendiese Einschätzungen auf meine Gefühle und Emotionen zurückgreifen muss und somit völlig klar ist, inwiefern »Gefühle Politik machen«. Jetzt – nach Teil I und II des Buches – erlebt dieser Eingangsgedanke sein Comeback auf der ganz großen Bühne. Weil wir jetzt durch die Brille der radikalen Verbundenheit auf ihn schauen können und ich seine volle Bedeutung herausstellen kann.

Dafür wird es zunächst (noch) einmal ganz grundlegend. Was macht das menschliche Leben aus? Wozu sind die Zellansammlungen, die wir der Spezies Mensch zuordnen, designt? Beziehungsweise was ist ihr zentraler Auftrag?

Zu überleben. Komme, was wolle. Sei es in Gestalt eines Mammuts, der nächsten Pandemie, der Dürre oder des Hochwassers. Oder eben auch in Gestalt von Menschen mit anderer Nationalität, einem anderen Glauben oder einem anderen Fußballklub, dem sie sich verschrieben haben. In allen Fällen ist potenziell die eigene Sicherheit bedroht.

Ohne hier in den »Wogegen«-Modus einladen zu wollen, frage ich an dieser Stelle gut überlegt auch: Was macht menschliches Leben *nicht* primär aus?

Zufrieden und glücklich zu sein. Darin sind sich die meisten Evolutionsbiolog:innen, die sich mit der Geschichte der Verdrahtung der Zellansammlungen beschäftigen, einig.[14] Unsere Biologie ist lediglich darauf abgestimmt, zu überleben. Und wenn das einigermaßen glückt, können wir uns um die Fortpflanzung kümmern. So einfach ist das. Alles, was darüber hinausgeht und uns ein Lächeln ins Gesicht zaubert, uns das Gefühl von Zufriedenheit, vielleicht gar Glückseligkeit gibt, ist quasi ein Bonus. Es ist ein Zustand, den wir zwar sehr gut und gern fühlen (können), der aber alles andere als die Normalität des menschlichen Daseins ist.

Für mich ist diese Erkenntnis und die damit einhergehende Perspektive immer ein Gewinn, wenn ich sie mir zwischendurch mal wieder ins Gehirn rufe. Sie hilft mir sogar dabei, als »emotionaler Blob« einen der »unnormalen Bonus-Momente« zu erleben, die über das Grundrauschen im Überlebensmodus hinausgehen. Auch wenn ich den einsetzenden Gefühlszustand nicht als »Glück« kategorisieren würde, stimuliert er eine gewisse Genugtuung mit Tendenz zu einer seltsamen Art der Zufriedenheit. (Ich gebe mir große Mühe, meine eigene emotionale Granularität zu trainieren, auf meiner Reise, eine bessere emotionale Alphabetin zu werden.)

An dieser Stelle kommt das vielleicht zunächst Verwirrende: Ich spüre diesen Zustand vor allem in Situationen, die in der alten Vorstellung von »negativen« und »positiven« Emotionen besonders unangenehm erscheinen. Aber wir wissen ja bereits: Emotionen haben von sich aus keine Valenz, sie sind einfach. Erst durch unsere Bewertung werden sie negativ, positiv, neutral oder irgendetwas dazwischen. Ich spüre die Zufriedenheit meist in Momenten körperlicher Anstrengung oder gar Erschöpfung. Ich spüre sie beispielsweise während eines besonders »nervigen« Regenschauers auf dem Rad am ganzen Körper angesichts eingeschränkter Sicht und laufender Nase. Oder wenn ich einen Menschen so sehr vermisse, dass es mir den

Schlaf raubt und die Luft zum Atmen zu nehmen scheint. Keine Angst, hier geht es nicht um eine schräge Vorliebe für »körperlich« (inklusive allem Mentalen) unangenehme Zustände, sondern um das Verstehen und Begreifen menschlichen Daseins, das die südafrikanische Psychologin und Autorin Susan David so wunderbar zusammengefasst hat (vielleicht erinnerst du dich an ihre Aussage aus dem Kapitel »Es gibt keine negativen Emotionen!«): »Unwohlsein ist der Eintrittspreis für ein bedeutungsvolles Leben.«[15]

So landen wir beim Höhepunkt des Gedankens aus der Einleitung, dass eine Trennung zwischen »rational« und »emotional« unmöglich ist, und seiner Erweiterung auf die Erkenntnis, dass die Trennung von Gefühl und Verstand auf einem falschen Verständnis vom menschlichen Dasein beruht. Bei allem, was wir tun – bewusst oder unbewusst –, geht es immer um das eine, übergeordnete Ziel. Zu überleben. Und evolutionäre Prozesse haben über die vergangenen Jahre beziehungsweise Jahrtausende dafür gesorgt, dass wir über entsprechende biologische Mechanismen verfügen, die uns in einer Umgebung, die sehr anders aussah als das Leben hierzulande im 21. Jahrhundert, ganz gut überleben lassen.

Nun haben wir als Spezies mit unserer Neugier riesige wissenschaftliche und zivilisatorische Fortschritte geschafft, die uns eine Umgebung haben gestalten lassen, die auf der einen Seite sehr viel angenehmer, sicherer und gleichberechtigter ist, auf der anderen Seite aber auch durch Strukturen geprägt ist, die unser »Steinzeithirn« mit seiner Optimierung für eine völlig andere Umgebung, gelinde gesagt, überfordern. Entsprechend wussten wir uns bei »schlechtem Verhalten« mit Blick auf unsere Überlebenschancen bisher nicht besser zu helfen, als eine vermeintliche Trennung zwischen Gefühl und Verstand zu proklamieren. Obwohl wir doch längst wissen, dass wir, dass unsere Körper inklusive allen Gedanken und Gefühlen nicht so funktionieren. Und dass nicht nur Artikel in der

New York Times über Studienergebnisse zu den negativen bis lebensbedrohlichen Folgen durch eine zunehmend lebensfeindlichere Umgebung aufgrund von extremer Hitze und anderen Auswirkungen des globalen Klimanotfalls uns genau darauf hinweisen. Sämtliche Forschungsergebnisse aus der Psychologie und den Neurowissenschaften zeigen uns dies.

Genau genommen ist die Psychologie nichts anderes als der Versuch, unsere biologischen Zustände und Funktionsweisen in Worte zu fassen. Da sind sie wieder: die zwei Seiten derselben Medaille. Der Medaille des menschlichen Daseins – natürlich stets als »emotionaler Blob«.

Kannst du das annehmen? Ich weiß, es ist ein Kraftakt, und meine ganz persönlichen Erfahrungen im Rahmen meiner »Aufklärungsarbeit« über die falsche Dichotomie aus Herz und Hirn zeigen mir immer wieder, wie sehr sich viele Menschen wünschen, an der Trennung festhalten zu können und dürfen. Denn die Vorstellung, dass es da etwas Flauschig-Kuscheliges gibt, etwas, das »von Herzen« kommt, und dass ihnen jemand doch gerade erst vor Kurzem ihr oder sein »Herz ausgeschüttet hat«, gibt ja vor allem eines: Sicherheit.

Keine Angst, es liegt nicht in meiner Absicht, irgendjemandem Sicherheit nehmen zu wollen. Das Gegenteil ist der Fall: Verabschieden wir uns endlich von der »Idee der Trennung zwischen Gefühl und Verstand«, können wir ganz viel Sicherheit gewinnen. Weil wir alles das, was die vielen neugierigen Wissenschaftler:innen der letzten Jahrtausende in den unterschiedlichsten Disziplinen (die im Übrigen natürlich auch menschengemacht und damit Teil der Geschichten sind, die wir uns erzählen) über unsere Spezies herausgefunden haben, endlich besser nutzen können. Stärker noch, wir können unsere gesellschaftlichen Strukturen inklusive aller politischen, wissenschaftlichen, medialen und wirtschaftlichen Organisationsformen danach ausrichten und optimieren, was uns wirklich guttut. Also vielleicht sogar, nachdem die Sache mit dem

Überleben gesichert ist, für den ein oder anderen Bonus-Moment sorgen.

Wie kann uns das gelingen? Indem wir immer dann, wenn die Trennung aufzukommen scheint, je nach aktuellem Aufenthaltsort laut oder leiser ein »Stopp!« rufen, murmeln oder denken. Stopp, hier handelt es sich nicht um einen Konflikt zwischen Gefühl und Verstand, zwischen Herz und Hirn oder Kopf, sondern um eine – Achtung, jetzt kommt die zentrale Erkenntnis aus Teil II zum Einsatz – unehrliche Kommunikation. (Die kann auch unwissentlich erfolgen. Dann ist es umso wichtiger, vorsichtig und sensibel zu agieren und reagieren.) Unehrlich, weil Emotionen und Gefühle nicht entsprechend mitkommuniziert werden. Und weiter: Stopp, hier geht es nicht um vermeintlich »irrationales« Verhalten, sondern einen oder mehrere bestimmte Mechanismen der menschlichen Biologie, die in unserem Gehirn und Körper ablaufen, um … richtig! – unsere Überlebenschancen zu maximieren. So wie unser Hang zum Negativen, den ich im Verlauf des Buches immer mal wieder erwähnt habe.

Um das Ganze ein wenig greifbarer zu machen und auch eine kleine Denkpause nach all den theoretischen Überlegungen einzuschieben, hier ein zugleich unterhaltsames und dramatisches Beispiel: Der Politikwissenschaftler und Professor für Politische Soziologie an der Freien Universität Berlin Thorsten Faas erforscht unter anderem, wie sich ein Familienwahlrecht auf die Stimmvergabe von Eltern für ihre Kinder auswirken würde. Dazu hat er mit seinen Kolleg:innen Eltern befragt, welcher Partei sie im Namen ihrer Kinder ihre zusätzliche(n) Stimme(n) geben würden. Das Ergebnis zeigt anschaulich, wie kurzfristig orientiert unser Gehirn »entscheidet«, in diesem Fall zwischen Parteien mit unterschiedlichen Ausrichtungen.

Zunächst: Die meisten Eltern würden ihre »Kinderstimme(n)« derselben Partei geben, der sie ihre eigene Stimme geben. Doch circa ein Viertel der Befragten würde eine andere Partei für ihre Kinder wählen. Entscheidend dafür ist, für wie wichtig die Eltern das Thema »Klimawandel« halten. (Ich nutze den Begriff »Klimawandel« hier, weil er zur Abfrage in der Untersuchung genutzt wurde; ich selbst spreche im gesamten Buch von Klimakrise oder -notfall.) Eltern, die dem Thema eine mittlere Bedeutung zumessen, stimmten häufiger mit ihren Kinderstimmen für eine andere Partei als Eltern, die sich wenig oder große Sorgen um den »Klimawandel« machten. Die Partei, die entsprechend durch ein hypothetisches Familienwahlrecht an Stimmen gewinnen würde, wäre – du rätst es sicher – die Grünen.[16]

Unser kurzfristiges Denken lässt also erneut grüßen. Wie ausgeprägt dieses tatsächlich ist, zeigen im Übrigen die Ergebnisse einer Studie eines internationalen Forscher:innen-Teams, das Menschen zum Zeithorizont in ihren alltäglichen Gedanken befragte. Zwar denken wir im Alltag häufig über »die Zukunft« nach, haben dabei aber einen sehr kurzen Zeithorizont. Mehr als die Hälfte aller Gedanken der Proband:innen über die Zukunft bezogen sich auf denselben Tag. In jeweils circa 30 Prozent aller zukunftsorientierten Gedanken ging es um den folgenden Tag, ein paar Tage in der Zukunft, ein bis vier Wochen oder ein bis zwei Monate in der Zukunft. Eine weiter entfernte Zukunft von mindestens einem Jahr hat lediglich in 14 Prozent der Gedanken mit Blick nach vorn eine Rolle gespielt. Ein Zeithorizont von über zehn Jahren in der Zukunft tauchte nur in sechs Prozent aller Zukunftsgedanken auf.[17] (Mehrfachnennungen waren möglich, sodass die Summe aller Prozentangaben größer als 100 ist.) Auch wenn solche konkreten Zahlen immer von der spezifischen Methodik der jeweiligen Studie abhängen, zeigen auch andere Ergebnisse: Wir leben vor allem im »Hier und Jetzt«, und das dauert in den meisten Fällen nur bis morgen Mittag.

Doch genau wie alle anderen »vermeintlich irrationalen«

Wahrnehmungen, die in der Psychologie gern als »kognitive Verzerrungen« bezeichnet werden, erscheint auch unser kurzfristiges Denken weniger irrational, wenn wir unsere eigene Biologie besser verstehen. Ohne einen Knoten im Kopf zu bekommen, stehen wir vor folgender Aufgabe: Wir müssen mit *dem* Gehirn, welches entsprechend »verdrahtet« und optimiert ist, realisieren, dass wir besser mit ihm umgehen können – und dann genau das auch tun. Dazu gehört anzuerkennen, dass es nicht »irrational«, sondern »adaptiv« unterwegs ist, um in jedem Moment unseres Daseins unser Überleben für mindestens einen weiteren Moment zu sichern.

Schaffen wir es, diese Aufgabe zu bewerkstelligen, besteht gar keine Notwendigkeit mehr für eine Trennung von Gefühl und Verstand. Es geht also nicht darum, unser Gehirn »auszutricksen«, wie der ein oder andere Ratgeber in Gestalt von Selbsthilfebuch oder (Lebens-)Coach gern suggeriert. Und es geht auch nicht darum, einen besseren Umgang mit unserer »Irrationalität« zu erlernen.[18]

Stattdessen geht es darum, das Konzept von Rationalität insgesamt zu überdenken und zu modifizieren. Wie? Indem wir mit radikaler Aufmerksamkeit lernen, mit unseren eigenen Gedanken und Gefühlen »besser« umzugehen. Stichwort emotionale Reife. Indem wir begreifen – wieder ein Déjà-vu aus dem letzten Buchteil –, dass »echte« Freiheit erlernt werden muss. Indem wir uns wie dort beschrieben der Einflüsse auf unser Dasein bewusst werden, um im nächsten Schritt zu begreifen, dass ein wirklich freier Geist (viel) Training benötigt. Das liest sich (noch) wie ein Paradox? Ja, weil Freiheit und Training sich in unserem »normalen«, alltäglichen Sprachgebrauch (noch) widersprechen.

Ich erinnere mich noch sehr gut, wie ich während meiner ersten Auseinandersetzungen mit diesem Freiheitsverständnis eine initiale Abwehrreaktion in meinem Hirn verspürte. Dann setzte der Trennungsschmerz ein, angesichts der Verabschiedung von meiner alten Freiheitsvorstellung – ja, ein bisschen *Wild West* und Prärie waren auch dabei.

Mittlerweile kann ich Freiheit gar nicht mehr anders denken als eine ausgeprägte Selbstverantwortung. So setzen wahrhaftig freie Entscheidungen voraus, dass ich mit radikaler Aufmerksamkeit nicht nur versuche, zu ergründen und zu spüren, welche Einflüsse gerade auf mich wirken, sondern auch, was mir wirklich guttut – im besten Falle über morgen Mittag hinausgehend. Erinnerst du dich noch an die Idee, jeden Moment des Lebens als geistigen Pinselstrich zu betrachten aus dem Kapitel »Die Basis für alles: unser Bewusst-sein«?

Dieses Bild ist auf unserer gemeinsamen Reise weiter gereift, beziehungsweise ich hoffe, ich konnte dich so weit gedanklich mitnehmen, dass du ein wenig demütiger auf deine eigenen Pinselstriche schaust. Angesichts der vielen verschiedenen Einflüsse, die den Pinsel in seinem Winkel, seiner Stärke und seiner Farbgebung beeinflussen können. Ich hoffe auch, dass ich dich davon überzeugen konnte, dass du genau *einen* Pinsel hast – nicht einen im Hirn, einen im Herzen und möglicherweise weitere an ganz anderen Orten. Dass du dich bei jedem Pinselstrich »frei« entscheiden kannst, wie aktiv hoffend, wie konstruktiv, wie dynamisch denkend, wie was auch immer dir wichtig ist, du den nächsten Pinselstrich vollziehen willst. Und den übernächsten. Und alle, die noch folgen. Vielleicht fühlst du dich gar ermutigt, ausgestattet mit einer neuen Definition deiner eigenen Rationalität (fern von jeder Irrationalität), immer öfters zu fragen: Was ist mein Ziel? Wo möchte ich nicht nur jetzt sein, sondern in welche Richtung möchte ich pinseln und mich bewegen?

Stell dir vor, du und ich und noch ein paar andere Menschen setzen genau das immer stärker um, und wir begegnen uns dabei. Stell dir weiter vor, wir mehr oder weniger gut trainierte, frei entscheidende »emotionale Blobs« würden uns bei unseren Begegnungen radikal ehrlich darüber austauschen, welche

Strukturen wir benötigen, um unsere Ziele gut umsetzen zu können, und dabei stets berücksichtigen, dass meine Ziele vielleicht ein wenig anders aussehen als deine. Bei aller Unterschiedlichkeit wäre uns aber stets bewusst, dass wir Strukturen aufbauen müssen, die uns dabei helfen, möglichst gute Entscheidungen mit Blick auf eine lebenswerte Zukunft zu treffen.

Das klingt zu schön, um wahr zu sein? – Ja, du hast recht, wenn sich das wie eine schöne, neue Welt anfühlt, die wenig mit der Realität »da draußen« zu tun hat. Bisher ist ein solches Zusammenleben unserer Spezies nicht viel mehr als Wunschdenken. Gleichzeitig ist völlig klar – mit Gruß an die Schwestern der Normalitätssimulation und der Realitätsverweigerung –, dass wir jetzt sehr schnell sehr viel ändern müssen. Wir müssen gesellschaftliche und globale Strukturen schaffen, die uns nicht weiter wie Wahnsinnige die eigene Lebensgrundlage zerstören lassen. Das war die Frage »Change by design or disaster?« und damit verbunden die radikal ehrliche Bestandsaufnahme des Klimawissenschaftlers und Mitgründers des New Climate Institute Niklas Höhne, der attestierte, dass wir derzeit mit Höchstgeschwindigkeit auf dem Weg in die Klimakatastrophe rasen und damit in eine Welt frei von jeglichen Profiten.

Mindestens genauso nachvollziehbar hat der Klimawissenschaftler seinen Frust über das »vermeintlich rationale Wesen« Mensch in einem Podcast zur COP28 in Dubai im November und Dezember 2023 verbalisiert: »Woran ich am meisten verzweifele, und jetzt bin ich ja Klimawissenschaftler, und es geht um Fakten und Informationen, und die liegen schon so lange auf dem Tisch, und ich kann nicht verstehen, wieso danach niemand handelt. Wir sind doch alle rationale Menschen, und wir sind doch eigentlich, na ja, wir wissen doch, wie man mit Informationen umgeht. Und das ist so unglaublich offensichtlich, dass wir ein riesiges Problem haben. Und deshalb verzweifele ich daran, dass das nicht verstanden wird und dass auch die Politik und die Gesellschaft eben nicht in den Notfallmodus schalten. Denn das ist aus meiner Sicht das, was man jetzt tun muss. Ich kann es nicht verstehen, wieso das nicht passiert. Oder ich kann es vielleicht schon verstehen, aber ich verzweifele manchmal daran, dass es nicht passiert.«[19]

Ha! Jetzt habe ich, vielleicht noch unbemerkt von dir, die individuelle Ebene verlassen und bin auf die gesamtgesellschaftliche gewechselt. Das baut uns die gedankliche Brücke zur zweiten falschen Trennung. Die ersten Brückenbögen sind bereits errichtet. In Form der beschriebenen hypothetischen Begegnungen zwischen dir, mir und anderen Menschen sowie der Verweise auf Politik und Gesellschaft im Zitat von Niklas Höhne. Die Frage nach den gesellschaftlichen Strukturen schlägt den letzten Bogen hin zur anderen Seite und damit zur zweiten Dichotomie.

Denn für die Strukturen, die unser Zusammenleben bestimmen, ist vor allem ein gesellschaftlicher Bereich verantwortlich: die Politik. Wie kann sie das möglichst gut und basierend auf dem neuen Rationalitätsverständnis, also langfristig orientiert, schaffen? Also maximal friedensfördernd und die eigene Lebensgrundlage erhaltend?

Indem wir als Nächstes die vermeintliche Trennung von Privatem und Politischen als ebendiese entlarven. Indem wir die radikale Verbundenheit nicht nur in uns selbst erkennen, sondern auch in unserem Zusammenleben.

Dichotomie 2: Privat vs. politisch

Natürlich gibt es private Angelegenheiten, die nur mich und mir nahestehende Personen etwas angehen. Das gilt auch für Menschen des sogenannten öffentlichen Lebens. Auch in ihrem Leben gibt es Themen und Inhalte, die nichts in der Öffentlichkeit zu suchen haben. Aus dem einfachen Grund, weil jedem Menschen eine gewisse Privatsphäre zusteht. All das ist jedoch kein Widerspruch zu der Feststellung, dass jede Entscheidung, die ich treffe, egal ob in einem privaten oder einem öffentlichen Kontext, eine politische Dimension hat. Die Beschäftigung mit dem Verhältnis von Öffentlichkeit und Privatleben ist keine radikal neue Idee, sondern war beispielsweise in den Frauenbewegungen zentral und wird bis heute diskutiert und weiterentwickelt.[20] Eine Kernidee dieser Debatten: Jede Entscheidung drückt Werte und damit meine politischen – im ursprünglichen Sinne von unser Zusammenleben betreffend – Überzeugungen aus. Ich gebe zu, dass es bei diesem Punkt leicht zu Missverständnissen kommen kann. Deshalb schlage ich vor, statt von »privat« besser von »persönlich« zu sprechen. Es geht also nicht um einen Angriff auf die Privatsphäre, sondern das Verständnis, dass unabhängig davon, wie privat eine Angelegenheit sein mag, jede meiner Entscheidungen, die ich als Person treffe, immer auch unser Zusammenleben betrifft und damit eine politische Dimension hat. Also: Jede persönliche Entscheidung ist immer auch politisch!

Wie weit wir gesellschaftlich davon entfernt sind, diese aus meiner Sicht fast banale Erkenntnis, die ich gar zum sprichwörtlichen »gesunden Menschenverstand« zählen würde, zu berücksichtigen, erfahre ich mehrmals pro Woche. Ein besonders prägnantes Erlebnis, das auf allen Ebenen zu diesem Kapitel und Buch insgesamt passt, war meine Teilnahme bei der Veranstaltung »Gemeinsam Handeln – die Gesellschaft in der Transformation zusammenhalten«[21] Ende Oktober 2023 in der Aula der Universität Mannheim, zu der Ministerpräsident Winfried Kretschmann gemeinsam mit dem Staatsministerium Baden-Württemberg geladen hatte. An zwei Tagen kamen vor allem Vertreter:innen aus unterschiedlichen Bereichen der Wissenschaft sowie einige Politiker:innen und Journalist:innen zusammen, um »eine zentrale Frage unserer Zeit [zu diskutieren]: Wie können wir die Transformation so gestalten, dass unsere Gesellschaft trotz der notwendigen Veränderungen zusammenbleibt?«

Ein durchaus hoffnungsvoller Titel, dachte ich mir und bestätigte meine Teilnahme als Diskutantin zum Thema »Wie reden wir über Klimaschutz und Transformation?«. Auch dazu könnte ich vieles schreiben, möchte aber hier stattdessen ein paar Eindrücke einer anderen Podiumsdiskussion am selben Tag teilen. Eindrücke, die mich an diesem sonnigen Oktobersamstag mal wieder vor die Entscheidung stellten: Tragödie oder Komödie? Denn die Veranstaltung lieferte mir zahlreiche eindrückliche Belege für die ausgeprägte kognitive Dissonanz, die das menschliche Gehirn an den Tag legen kann. Ein weiteres Mal bitte ich darum, hier nicht falsch verstanden zu werden: Ich stehe keineswegs »über den Dingen«, sondern bin und war erneut lediglich fasziniert vom menschlichen Gehirn, das Träger:innen eines solchen Aussagen »treffen lässt« und gleichzeitig dafür »sorgt«, dass die Träger:innen sich genau gegenteilig zum Inhalt der Aussage verhalten. Und jetzt wird es konkret.

Winfried Kretschmann hatte auf dem Podium Platz genommen, und seine ersten Wortbeiträge vermittelten etwas Staatstragendes. Sie zeugten davon, dass der langjährige Ministerpräsident voll und ganz in seiner Rolle als Politiker »im Einsatz« war. Die Stimmung im Raum wirkte beinah andächtig, die Köpfe einiger Zuhörer:innen schienen im langsamen Takt der Worte mitzuwippen. Bis etwas passierte, was der Ministerpräsident nicht antizipiert hatte: Es wurde persönlich.

Zur Linken Winfried Kretschmanns saß Hedwig Richter, Historikerin und Professorin für Neuere und Neueste Geschichte an der Universität der Bundeswehr in München. Sie hatte sich verwundert darüber geäußert, dass der Bundesminister für Ernährung und Landwirtschaft Cem Özdemir der einzige bekannte Grünenpolitiker sei, der sich öffentlich zu seinem Vegetarismus bekannte, und fragte nun den grünen Ministerpräsidenten Baden-Württembergs, wie er es mit seiner Ernährung halte. Seine Antwort: »Ich finde die Frage prekär, die Sie mir gestellt haben, warum ich kein Vegetarier bin.«[22] Noch ist seine Stimme ruhig. Doch was dann folgt, ist ein Schauspiel, das mit den Worten angepriesen werden könnte: Hier wird der Mythos von der Trennung zwischen Politik und Persönlichem live entlarvt.

Zunächst verfiel Winfried Kretschmann in einen seltsamen Modus der Romantisierung vom Fleischessen und »erklärte« Hedwig Richter: »Jetzt überlegen Sie mal, ich bin 75. Wenn ich meine Kindheit anschaue, die übrigens glücklich war auf dem Land, und die meiner Enkel. Das sind Welten dazwischen. Ich bin aufgewachsen, da gab's Fleisch nur am Sonntag.« Kurze staatstragende Pause – in der die Anspannung des Ministerpräsidenten bereits merklich steigt, seine Stimme aber noch langsam und bedacht bleibt. »So, also das will ich einfach mal vorausschicken. Jetzt müssen Sie sehen, Sie stellen mir öffentlich eine höchst persönliche Frage. Ich finde das übergriffig. Dass Sie mir in einer politischen Debatte eine so persönliche Frage stellen.«

Ein Teil des Publikums – wohl derjenige, der annimmt, Persönliches und Politisches ließe sich trennen und sollte entsprechend auch so behandelt werden – begann zu klatschen, und ich traute meinen Augen und Ohren kaum. Parallel griff Vizekanzler und Bundesminister für Wirtschaft und Klimaschutz

Robert Habeck, der zur Rechten von Winfried Kretschmann saß – ich kann es nicht besser beschreiben –, süffisant und verschmitzt lächelnd zu seinem Wasserglas und nahm einen, wie es schien, genüsslichen Schluck. Das Schauspiel nahm seinen Lauf, und die Stimme Winfried Kretschmanns wurde lauter und aufgebrachter: »Und ich will Ihnen einmal was sagen. Das ist ein Problem. Wir haben über Kommunikation gesprochen und über Politik. Und jetzt muss ich mal fragen, was sind die ganz entscheidenden Weichenstellungen, worauf es da ankommt, und wie sind sie erreichbar?« Nachfolgend suchte er den Schulterschluss beim Vizekanzler, indem er auf die von diesem wenige Minuten zuvor angesprochene Hoffnung, die es in der Gesellschaft brauchte, verwies und fast liebevoll »Robert« adressierte. Psychologisch betrachtet suchte er den sicheren Gruppenbezug zum Verbündeten in Gestalt eines Parteikollegen. Warum? Weil er sich von der Frage nach seiner Ernährung angegriffen fühlte.

Es ging munter weiter, und Kretschmanns Stimme wurde zunehmend lauter, fast ein wenig aggressiv. Ich schaute mich um und fragte mich, inwieweit die anderen Zuhörer:innen im Raum die kognitive Dissonanz, deren Zeug:innen wir gerade wurden, (bewusst) wahrnahmen. Kurz tendierte ich dazu, mich mental bei Winfried Kretschmann zu bedanken, weil er so eindrücklich vorführte, worum es in diesem Kapitel geht. Denn hier zeigte sich deutlich, dass seine persönlichen Entscheidungen politisch waren, dass auch er ein »emotionaler Blob« war und ist, der selbst, als es längst um andere Themen ging, immer wieder auf die eigene Ernährung zu sprechen kam. Wahrscheinlich hätte die Frage, ob er ein Auto besäße oder auf wie vielen Quadratmetern er wohnte, ähnliche Reaktionen und Emotionen in ihm getriggert.

Denn es ging in dieser Diskussion nicht vordergründig um das Thema Ernährung, sondern um die Lebens- und Alltagsgeschichten eines Ministerpräsidenten. Es ging um Themen, die weniger oder mehr politisch aufgeladen sind, weil sie in der Vergangenheit bereits für gesellschaftspolitische Debatten gesorgt haben. »Gesellschaftspolitisch« verweist direkt zu meiner These: Jedes politische Thema betrifft immer die Gesellschaft, also viele Personen mit persönlichen Entscheidungen. So wie Winfried Kretschmann betroffen war und reagierte. Als seine Stimme lauter und energischer klang, seine Wortwahl unüberlegter wirkte und seine ganze Körpersprache »emotionaler« wurde. Als er das ein oder andere Mal ein wenig die Contenance zu verlieren schien, weil er betroffen war, weil ihn die Diskussion berührte und er sich nicht länger distanzieren konnte. Weil es darum ging, was er für »normal« und »richtig« hielt.

Ich bin mir unsicher darüber, welche Emotion angesichts dieser Darbietung bei mir bis heute überwiegt. Ein Teil von mir ist fasziniert sowie auch ein wenig schockiert darüber, wie sehr Winfried Kretschmann von dem überzeugt schien, was er sagte, und mit seinem ganzen Körper das Gegenteil kommunizierte. Gleichzeitig bin ich fasziniert davon, in welcher Wahrhaftigkeit diese Bühne Schauplatz für den zentralen Aspekt radikaler Verbundenheit wurde, um den es in diesem Kapitel geht. Ich bin fasziniert davon, wie anschaulich ein Ministerpräsident mit jahrzehntelanger Erfahrung als Berufspolitiker in wenigen Minuten allen Anwesenden vor Augen und Ohren führte, wie wichtig die Aufhebung der vermeintlichen Dichotomie von Politik und Persönlichem ist, und gleichzeitig genau diese forderte. Damit verweigerte er eine radikal ehrliche Auseinandersetzung mit den grundlegenden Werten und Überzeugungen, die sich auch in seiner politischen Tätigkeit widerspiegeln. Das ist tragisch!

Und wie gesagt, geht es mir hier nicht darum, jemanden zu diskreditieren. Und ich möchte erneut betonen, dass ich keine »überlegenere Position« innehabe. Bestimmt habe ich selbst schon mehrfach in mindestens genauso heftiger Ausprägung kognitive Dissonanzen gelebt.

Ich habe diesem Erlebnis so viel Raum gegeben, weil es trotz möglicher komödiantischer Einschübe vor allem durch seine Tragik überwiegt. Eine Tragik, die neben der Bedeutung der ersten vermeintlichen Dichotomie zwischen Gefühl und Verstand mindestens genauso schwerwiegend ist. Sprich: Es ist nicht nur fatal, Herz und Hirn voneinander trennen zu wollen, sondern mindestens genauso fatal, Politik und Persönliches als trennbar zu sehen. Warum? Weil mir und dir »persönlich« diese falsche Vorstellung eine Distanz zur Politik suggeriert, die nicht existiert. Weil diese Vorstellung ein Einfallstor für das Gefühl ist, sich nicht (mehr) von der Politik angesprochen, geschweige denn abgeholt zu fühlen.

Plopp! So laut, dass ich meine, es zwischen meinen Ohren hören zu können. Das ist der Plopp-Moment, in dem mir klar wird, wie schädlich und absurd es ist, die unmögliche Trennung zwischen Politischem und Privatem vornehmen zu wollen. Es ist der Moment, seitdem ich eine Art Todesurteil für die Idee der Trennung aussprechen kann, weil sich der entscheidende Gedanke jetzt verbalisieren lässt: Politik basiert immer auf Vertrauen.

Vertrauen wiederum ist die wichtigste menschliche Währung. Es bestimmt darüber, wer zur Gruppe gehört, ob wir uns anvertrauen und natürlich auch, wem wir unsere Stimme geben. Es ist als Urvertrauen in uns angelegt und bestimmt über all das, was ich im Kapitel »Wir wollen alle nur das Eine« thematisiert habe.

Geld ist im Übrigen nichts anderes als eine zugegebenermaßen sehr populäre Form, Vertrauen auszudrücken.[23] Denn nutzen wir Geld, vertrauen wir kollektiv darauf, dass morgen und übermorgen die Scheine beziehungsweise digitalen Einsen und Nullen noch immer einen vergleichbaren Gegenwert haben wie heute. Die Geschichte von Hyperinflationen zeigt uns, was passiert, wenn das nicht mehr der Fall ist. Und auch wenn solche Situationen wiederum viel mit (schlechter) Politik zu tun haben, bleiben wir hier bei der übergeordneten Erkenntnis, dass es bei Politik also immer um Vertrauen geht.

Fühlen sich Menschen nicht (mehr) von »der Politik« angesprochen, fehlt ihnen das Vertrauen gegenüber Politiker:innen. Was tun sie dann? Sie distanzieren sich – und suchen die Antworten auf ihre Fragen und Bedürfnisse anderswo, zum Beispiel an den Rändern des politischen Spektrums.

Genau diese »Distanz« steckt im Titel der Studie, die am Tag meines Plopp-Moments am 21. September 2023 veröffentlicht wurde. Es handelt sich um die sogenannte *Mitte-Studie* der Friedrich-Ebert-Stiftung, die seit 2006 im Zwei-Jahres-Rhythmus erscheint und rechtsextreme Einstellungen in der deutschen Gesellschaft untersucht.[24] Der Titel der aktuellen Auflage, die an diesem Tag die Überschriften aller großen Nachrichtenmedien dominierte, lautet: *Die distanzierte Mitte*.[25] Die Begründung der Studien-Autor:innen für den Titel, »dass sich ein deutlich größerer Teil der Mitte der Gesellschaft von demokratischen Werten, Normen und Grundprinzipien distanziert als in den Erhebungen der Vorjahre«, spiegelt sich anschaulich in den zentralen Ergebnissen wider.

ZDF.de fasst »Das Wichtige in Kürze« in drei Sätzen entsprechend zusammen: »Rechtsextreme Einstellungen sind in erschreckendem Maße angestiegen: Jede zwölfte Person in Deutschland teilt inzwischen ein rechtsextremes Weltbild. Ein Teil der gesellschaftlichen Mitte distanziert sich zunehmend von der Demokratie. Das Vertrauen in die Institutionen und in das Funktionieren der Demokratie schwindet.«[26] – Da ist beziehungsweise war es wieder. Das Vertrauen oder eben auch seine Abwesenheit. Wie distanziert sich viele Menschen von »der Politik« fühlen, spiegelt exemplarisch das Ergebnis einer Abfrage im Rahmen der Studie wider. So stimmten 30 Prozent aller Befragten der Aussage zu: »Die regierenden Parteien betrügen das Volk«. Das sind fast doppelt so viele wie zwei Jahre zuvor.

Wer sich betrogen fühlt, vertraut nicht nur nicht, sondern

hat auch einen Mangel an dem *einen* grundlegenden menschlichen Bedürfnis, das unser Überleben sichern soll: Sicherheit. Die Sicherheit, nach der unser Gehirn ständig »sucht«. Fehlt sie, schaltet es entsprechend in den ultrakurzfristigen Modus, der das Überleben jetzt und hier sichern muss.

Was bedeutet das für die Möglichkeit radikaler Aufmerksamkeit, um möglichst bewusste und freie (Wahl-)Entscheidungen zu treffen? Nichts Gutes! Denn fehlende Sicherheit und damit einhergehende Angst schränken unsere kognitiven Kapazitäten ein und erhöhen das Sicherheitsbedürfnis noch weiter. Beides führt dazu, dass ein Gehirn in einem solchen Zustand sich leichter mit einfachen, eindimensionalen (politischen) Antworten inklusive Sicherheitsversprechen zufriedengibt. Dass es nicht in der Lage ist, die radikale Verbundenheit in neu gedachten Gruppen zu sehen, sondern vor allem nach Konformitäten und Altbekanntem Ausschau hält. Schließlich ist schlichtweg keine Zeit für komplexe, differenzierte Antworten, für unterschiedliche Perspektiven, für dynamisches Denken – für all das, was notwendig ist, um sich und »die Welt« ein wenig besser zu verstehen. Im Extremfall sorgen die Dynamiken dieses psychologisch-politischen Teufelskreises dafür, dass Diktatoren und Autokraten an die Macht kommen und sich dort halten.[27]

Ich tippe all das und frage mich, frage dich und frage uns mit zunehmend erhöhtem Puls angesichts der Dramatik dieser Zusammenhänge: Wie in Herr- oder Frau- oder Sonst-wem-Gottsnamen können Menschen ernsthaft behaupten, Politik sei nicht »persönlich« oder könne gar frei von Gefühlen praktiziert werden? Politik ist nichts anderes als ein Aushandlungsprozess über unterschiedliche Gefühle und damit verbundene Werte und Ideen innerhalb einer Gruppe von Menschen zu einem bestimmten Zeitpunkt. Politik ist eine der persönlichsten Angelegenheiten überhaupt, denn es geht darum, wie du, ich und wir leben können und möchten.

Ich tippe all das, während auf den Straßen der Nation Traktorenkolonnen unterwegs sind, organisiert und durchgeführt von Landwirt:innen, die mit den politischen Maßnahmen, die sie persönlich in ihrem Berufsalltag betreffen, nicht zufrieden sind.[28] Sie sind mehr als ent-täuscht, sie sind frustriert und wütend. Parallel streiken die Mitglieder der Gewerkschaft Deutscher Lokomotivführer:innen (GLD) aus ähnlichen Gründen.[29] Wenige Tage später ruft der Marburger Bund 20000 Mediziner:innen an 23 Unikliniken dazu auf, in den Warnstreik zu treten.[30] Denn auch dort wächst der Frust über Einkommen und Arbeitsbedingungen, wächst das Gefühl, ungerecht behandelt zu werden.[31]

In allen drei Fällen wird der Unmut der jeweiligen Gruppen zunehmend lauter – hupend, mit Trillerpfeifen und brüllend – und zunehmend emotionaler vorgetragen. Mit »Gruppen neu denken« ist in allen Fällen nicht viel los. Im Gegenteil: Angesichts zunehmender Unsicherheit über die eigene Zukunft werden Abgrenzungen und Trennungen weiter verstärkt. Wird das »wir« gegen »die« noch stärker betont. Das Hirn hat in der erhöhten Unsicherheit keine Kapazitäten für lösungs- und zukunftsorientierte Auseinandersetzungen, die unterschiedliche Perspektiven berücksichtigen. Es muss sich ums kurzfristige Überleben »kümmern«.

Ich tippe all das, während Menschen in Köln, Berlin, Freiburg, Potsdam und vielen anderen Städten der Nation auf die Straße gehen, weil sie sich um die Zukunft der Demokratie im eigenen Land sorgen.[32] Denn vor wenigen Tagen berichtete das Recherchenetzwerk *Correctiv* erstmals über ein geheimes Treffen von rechten Aktivist:innen inklusive einigen AfD-Funktionär:innen, zwei CDU-Mitgliedern und der Werteunion sowie finanzstarken Unternehmer:innen Ende November 2023 in Potsdam: »Sie planten nichts Geringeres als die Vertreibung von Millionen von Menschen aus Deutschland.«[33]

Die Menschen, die nun auf die Straße gehen, haben auch

Angst. Angst, dass ihre Werte und Vorstellungen des Zusammenlebens bedroht sind. Die Werte, die nach der Zeit des Nationalsozialismus in Deutschland in einer politisch und gesellschaftlich neu geformten Ordnung verankert wurden, um ein »Nie wieder« sicherzustellen. So gesehen sind die Menschen, die nun lautstark *für* die demokratischen Grundwerte auf der Straße sind, »konservativ«.

Erinnerst du dich an die Überlegungen zur Frage, wie wir Konservatismus neu definieren könnten, im Kapitel »Alles eine Frage der Zeit« in Teil II zu radikaler Ehrlichkeit? Vielleicht genau so! Vielleicht, weil Menschen jetzt, in dieser Zeit, an der neuen Normalität, die mit dem Ende des Zweiten Weltkriegs begann, festhalten wollen. Denn die Menschen auf den Straßen sind der Teil der vom zivilisatorischen Fortschritt profitierenden schweigenden Mehrheit, der nun nicht mehr schweigt, sondern mit aktiver Hoffnung auf die Straße geht, der »Pandemie der Hilflosigkeit« aus Teil I die Stirn bietet und vor allem eines tut: *für* die eigenen Überzeugungen eintreten, und zwar zunehmend lauter. Die Menschen auf den Straßen wissen sich zu helfen. Sie sind nicht »Hilflos *gegen* rechts?«[34], wie der Leitartikel der Wochenzeitung *DIE ZEIT* Mitte Januar 2024 suggeriert. Die Demonstrierenden sind aktiv hoffnungsvoll, weil sie spüren, erleben und begreifen, dass es eine große Unterstützung *für* Demokratie gibt.

So spricht mir Matthias Quent, Professor für Soziologie an der Hochschule Magdeburg-Stendal, im Interview mit *tagesschau.de* Anfang Februar aus vollem Hirn, als er die Rolle von Emotionen aufseiten der Demonstrierenden thematisiert: »[D]arum sind diese Demonstrationen so wichtig – vielleicht wichtiger als das eine oder andere wissenschaftliche Erklärstück.«[35] Gleichzeitig wird mir mal wieder bewusst, dass es in allen Fällen – bei allen Demonstrationen, Protesten und Streiks – ganz konkret und in Echtzeit um den Umgang mit der vermeintlich negativen Emotion Angst geht. So gesehen liefern die aktuellen Beispiele allein hierzulande »Anschauungsmaterial« für den unterschiedlichen Umgang mit dieser Emotion in verschiedensten politischen Kontexten.

Natürlich sind vergleichbare Phänomene in vielen, um nicht zu sagen, fast allen Ländern der Welt zu beobachten. Die zahlreichen Entwicklungen sind Stoff für mindestens ein großes Regal oder gar eine Wand voll mit Büchern. Nicht zuletzt ist 2024 das »Ultimative Wahljahr«, wie die *TIME* am 28. Dezember 2023 titelte.[36] Warum? Weil global gesehen mehr Menschen als jemals zuvor in der Menschheitsgeschichte ihre Stimme in mehr oder weniger »freien« Wahlen abgeben werden können, und so in diesem »Superwahljahr« die in einer auf *ZEIT ONLINE* erschienenen Kolumne behandelte Frage der Journalistin Samiha Shafy »Stirbt die Demokratie in diesem Jahr?«[37] hoffentlich mit einem eindeutigen »Nein!« beantwortet werden wird. In mindestens 64 Ländern inklusive Indien (1,44 Milliarden), den USA (341 Millionen) und Indonesien (279 Millionen) plus der Europäischen Union (448 Millionen aus 27 Mitgliedsstaaten) werden insgesamt 49 Prozent der Weltbevölkerung zur Urne gebeten.

»Alles, was unser Zusammenleben ausmacht und damit den politischen Raum bestimmt, der immer und überall präsent ist, ist von Emotionen geprägt. Um noch eine Schippe draufzulegen: Die Ansicht, Emotionen hätten in der Politik nichts zu suchen, ist sogar – Achtung! – irrational. Denn in unserer derzeitigen öffentlichen Kommunikation zeigt sich deutlich: Je lauter die Forderung nach Rationalität, desto emotional aufgeladener werden die Debatten.« Erinnerst du dich an diese Passage? Sie stammt aus der Einleitung dieses Buches, in der wir unsere gemeinsame Reise durch und zu radikaler Emotionalität begonnen haben. Alles, was ich gerade getippt habe, bestätigt den Inhalt und damit die zentralen Thesen dieses Buches. Und ich wünsche mir, es wäre nicht so. Ja, ich wünsche mir – in meinem eigenen Dasein als »emotionaler Blob« –, ich läge falsch, hätte mich geirrt, und wir würden uns nicht regional, national und global so häufig in Absurdistan begegnen.

Puh! Ein ganz schön dickes Brett, oder? Ein Brett, vor dessen Ausmaß ich eine ordentliche Portion Respekt verspüre. Respekt, den ich erneut fühle, als ich versuche, mich für eine Struktur für dieses Kapitel zu entscheiden. Bis ich über mich selbst lachen muss: Ich stehe vor einer vergleichbaren Herausforderung wie beim Blick aufs Supermarktregal mit seinen 42 Marmeladensorten. Das paradox of choice aus dem Kapitel »Freiheit!« lässt grüßen.

Zahlreiche Themen und viel zu viel Material, anhand dessen ich verdeutlichen könnte, wie wir radikale Verbundenheit in unserem Zusammenleben entdecken können. Wie falsch die Annahme ist, Politisches von Persönlichem trennen zu können. Wie dramatisch und absurd zugleich die Versuche sind, die ich täglich beobachte, diese vermeintliche Trennung beziehungsweise Trennungen zu kommunizieren. Die Versuche, in denen einzelne Menschen, Gruppen und die unterschiedlichsten Organisationsformen von Parteien über Unternehmen hin zu Staaten genau dies tun.

Immerhin habe ich in der Einleitung dieses Buches schon ein wenig Vorarbeit geleistet und herausgestellt, dass sämtliche private, pardon, persönliche Alltagsentscheidungen immer auch politisch sind. Weil jede Wahl für oder gegen eine bestimmte Form, zu essen, zu wohnen, zu heizen, zu arbeiten und mich fortzubewegen, andere Menschen und damit unser Zusammenleben betrifft. Weil jede Entscheidung eine politische Dimension hat. Andererseits fällt mir die Festlegung einer Struktur aus genau demselben Grund auch besonders schwer – weil nun in diesem Teil III des Buches alles zusammenkommt. Weil sich unsere gemeinsame Reise nun nicht nur aufgrund der Tatsache, dass wir nicht mehr zu zweit, sondern in »Gesellschaft« sind, anders anfühlt, sondern auch, weil ich hoffe, die Anwendung der bisherigen Inhalte auf die zentralen Herausforderungen unserer Zeit nun klar herauszustellen. Ich bitte darum, diesen Gedanken nicht als Form der Selbstbestätigung falsch zu verstehen. Denn auch wenn sich beides natürlich nicht vollständig voneinander trennen lässt, geht es mir nicht primär darum, ob ich *persönlich* es »(Nicht) Geschafft!« haben werde, sondern vor allem darum, einen kleinen Beitrag zu einer reiferen Gesellschaft zu leisten.

Vielleicht besteht dieser darin, dass du einige der Einladungen, die ich hier immer mal wieder verteile, annimmst oder bereits angenommen hast. Vielleicht wird er sogar darin bestehen, dass du die ein oder andere Einladung weiterträgst, in dein Leben mit seinen unterschiedlichen Rollen als Freund:in, Kind, Eltern, Geschäftspartner:in, Politiker:in und Vereinskolleg:in und so unsere Zweisamkeit auch auf diesem Wege hinter uns lässt. Das wäre großartig.

Ich habe diesen Druck, nun alles gut zusammenbringen zu wollen, bereits bei der ersten Dichotomie gespürt (die mir wie beschrieben allein aufgrund meiner Profession besonders am Hirn liegt). Aber jetzt ist er noch mal gewaltiger. Ein wenig wie die Spannung vorm letzten Schlag im entscheidenden Baseballspiel im Film *Der Unbeugsame*. Darin durchlebt der alternde Roy Hobbs nach seiner Rückkehr aufs Spielfeld seine letzte Chance für den alles entscheidenden Homerun. Genau wie Roy will ich es auf keinen Fall versauen … Stopp, nein. Raus aus dem »Wogegen«-Modus, in dem ich sämtliche Ideen verwerfe und darüber nachdenke, was ich *nicht* will.

Stattdessen lade ich dich nun ein, mich weiter auf dem Homerun zu begleiten. Dem Homerun, der uns bis hierhin hoffentlich hat begreifen lassen, wie radikal verbunden Gefühl und Verstand sowie Privates beziehungsweise Persönliches und Politisches sind. Wie absurd es ist, noch eine Minute länger zu behaupten, das eine würde sich jeweils vom anderen trennen lassen können. Dem Homerun, bei dem wir uns nun auf die letzte lange Gerade begeben, um nichts Geringeres zu tun, als uns auf den Weg zu machen, Absurdistan ein für alle Mal zu verlassen. Indem wir diesen irren Ort in die Eingangshalle des von mir vorgeschlagenen Museums der überholten Ideen verfrachten, indem uns im ersten Ausstellungssaal die drei Dichotomien dieses Buchteils empfangen.

So versuche ich nun, alles zu mobilisieren für den letzten Teil des Homeruns, der uns befähigen soll, den zivilisatorischen Fortschritt der Menschheitsgeschichte nicht abreißen zu lassen, sondern ebendiesen immer und überall nicht nur zu verteidigen, sondern auch weiter voranzutreiben. Vorhang auf für die ultimative Dichotomie im ultimativen Wahljahr unserer Geschichte.

Dichotomie 3, oder: Die ultimative Dichotomie

Was bietet sich auf der Zielgeraden unseres gemeinsamen Homeruns mehr an, als noch einen Moment in der Sportwelt zu bleiben? Im Oktober 2023 titelte die *New York Times,* dass der argentinische Fußballer Lionel Messi es innerhalb von drei Monaten geschafft habe, Inter Miamis »ins Auge springende pinke Trikots zum heißesten Sportartikel auf dem Planeten« zu machen. Für alle Nicht-Kenner:innen (wie mich) ist über dem Beitrag im morgendlichen Newsletter ein Bild des rosa bis pinkfarbenen Trikots zu sehen, getragen von einem Fußballer, der wohl Lionel Messi ist. Ergänzt wird der kleine Beitrag, der auf einen längeren Artikel verlinkt,[38] durch den Folgesatz: »Die Modeerscheinung ist das Ergebnis einer einfachen kapitalistischen Gleichung: einer der beliebtesten Athleten dieser Generation; eine unverwechselbare exotische Farbe; und die skrupellose Effizienz der Textilfabriken in Südostasien.« Nein, ich möchte an dieser Stelle nicht darauf eingehen, was in der globalen Textilbranche alles Unnormales, Brutales und Zerstörerisches passiert. Warum auch mehr als zehn Jahre nach dem Einsturz des Fabrikgebäudes Rana Plaza in Bangladesch[39] »Fast Fashion«-Folgen inklusive der damit verbundenen unmenschlichen und unnatürlichen Praktiken noch immer täglich in Kauf genommen werden. An dieser Stelle möchte ich lediglich fragen: Warum?

Warum ist das Trikot so beliebt, dass es zu Adidas' »Nummer-1-Priorität« wurde, die Sportgeschäfte dieser Welt damit auszustatten, nachdem der Deal zwischen Verein und Spieler eingetütet war? Warum gibt es zahlreiche Nachahmer:innen, die gefakte Trikots an Straßenecken und vor Stadien verkaufen? Warum findet sich fast auf jedem Bolzplatz, auf dem fußballbegeisterte Kinder zusammenkommen, mindestens ein rosa-pinkes Trikot, das von den anderen neidisch beäugt wird?

Weil jeder Mensch – Achtung, ich versuche nun eine Wortneuschöpfung aus zwei bereits des Öfteren erwähnten zentralen Aspekten – ein emotional-soziales Wesen ist. Ein Wesen, das vom ersten bis zum letzten Atemzug damit beschäftigt ist, sich irgendwo zwischen Individualität und Dazugehörigkeit auszubalancieren. Natürlich mit dem übergeordneten Ziel, Sicherheit zu finden, um zu überleben und sich gegebenenfalls fortzupflanzen.

Die Geschichte des rosa Trikots ist auf allen Ebenen Anschauungsmaterial für diese Zusammenhänge. Sie verdeutlicht unsere radikale Verbundenheit und unseren omnipräsenten Drang, dazugehören zu wollen. Dieser Drang ist so stark, dass er auch vorherige Ideen und Überzeugungen überschreiben kann. Gleichzeitig zeigt er, dass wir alle – häufig, ohne es bewusst zu entscheiden – die Zutat des dynamischen Denkens, die für diesen Teil III des Buches zentral ist, in uns tragen: Jede:r ist in der Lage, Gruppen neu zu denken. Denn die Farbe Rosa war – was viele nicht wissen – zwar schon mal »Männerfarbe«, gilt aber heutzutage weitläufig eher als »Frauenfarbe«.[40] Ein bestimmtes rosafarbenes Trikot ändert diese Vorstellung fast über Nacht. Ein Trikot ist in der Lage, das zu verändern, was der Klebstoff unserer radikalen Verbundenheit im Zusammenleben ist: soziale Normen.[41]

Es sind soziale Normen, die für die Geschichten verantwortlich sind, die wir uns von Normalität, Erfolg und allem anderen erzählen, was unser Zusammenleben bestimmt. All das, was wir in Teil II zum Thema radikale Ehrlichkeit betrachtet haben. Soziale Normen reichen aber noch einen Schritt weiter. Denn ihre Wirkung endet nicht auf der erzählenden Ebene, sondern bestimmt und beeinflusst auch grundlegend die (falschen) gesellschaftlichen Strukturen, die wir selbst bauen und »die Politik« bauen lassen. Die (falschen) Strukturen, in und mit denen wir leben, um unser Leben »frei« zu gestalten. All die Strukturen, die trennend oder verbindend wirken können. Die uns Gruppen dynamisch neu denken lassen[42] oder statisch alte Gruppenzugehörigkeiten betonen.

An dieser Stelle könnte eine lange Literatur- und Studienliste zu sozialen Normen folgen, deren Analysen und Ergebnisse vor allem immer wieder eines belegen: Unsere vermeintlich individuellen Entscheidungen sind sehr viel stärker durch soziale Normen bestimmt, als wir häufig annehmen. Um nur beispielhaft eine Zeitspanne aus der nahen Vergangenheit zu nennen, während der zahlreiche soziale Normen über Bord geworfen werden mussten und neue etabliert wurden: die Corona-Pandemie. Sie bot nicht nur für Virolog:innen allerhand Forschungsbedarf, sondern auch für Verhaltenswissenschaftler:innen, die sich für soziale Normen interessieren. Allein das Thema »Masken« (tragen oder nicht) ist mittlerweile weltweit in zahlreichen Studien untersucht worden. Die Ergebnisse unterstützen meine Aussage zum Einfluss sozialer Normen auf unser Verhalten: Ob du und ich eine Maske trugen, wurde vor allem durch das Verhalten unserer Mitmenschen bestimmt, und weniger durch unsere eigenen Überzeugungen und das, was zu einem bestimmten Zeitpunkt »vorgeschrieben« war.[43]

Statt nun eine mehr oder minder unterhaltsame Ansammlung an sozialen Normen folgen zu lassen, ist es mir wichtig, Folgendes zu betonen, und ich gebe damit einen ersten »Tipp« in Richtung Enthüllung der ultimativen Dichotomie: Die »Macht« sozialer Normen inklusive der Bedeutung unseres veränderten Austauschs über sie aufgrund der Digitalisierung und des Internets kann nicht unterschätzt werden. So wächst der Ruf einiger Wissenschaftler:innen aus dem Forschungsfeld, dass die sozialen Faktoren, die unser kollektives Verhalten bestimmen, vergleichbar mit der Medizin, dem Umweltschutz und den Klimawissenschaften ebenfalls in den Kreis der wichtigen »Krisendisziplinen« unserer Zeit aufgenommen werden sollten.[44]

Nicht, dass du den Eindruck bekommst, hier ginge es »nur« um Masken und Fußballtrikots – immerhin befinden wir uns auf der alles entscheidenden, letzten Geraden der Reifeprüfung. Damit wir den Homerun koordiniert und mit voller Geschwindigkeit angehen können, benötigen wir noch ein paar Begrifflichkeiten. Keine Angst, das geht schnell, schließlich haben wir keine Zeit zu verlieren!

Die Summe aller sozialen Normen wird in der Psychologie als »soziale Realität«[45] bezeichnet und meint den »Konsens über Einstellungen, Meinungen und Überzeugungen, der von Mitgliedern einer Gruppe oder Gesellschaft getragen wird«.[46] So weit, so klar. Doch gleichzeitig beginnt hier die Krux. Denn woher wissen wir, was der Konsens ist? Na ja, das sieht man doch! Wenn die meisten Menschen um mich herum Masken oder ein rosafarbenes Trikot tragen, ist das offensichtlich gerade die soziale, gegebenenfalls gruppenspezifische soziale Norm, oder nicht?

Ohne dass du mir jetzt hoffentlich Unentschlossenheit unterstellen wirst, lautet die richtige Antwort: »Es kommt drauf an«. Oder anders formuliert: »Nicht zwangsläufig«. Denn möglicherweise spiegelt das Verhalten der »meisten Menschen« nicht die Überzeugung der »meisten Menschen« wider, sodass du und ich als Beobachter:innen der »meisten Menschen« von einer veralteten oder gar einer nie vorhandenen sozialen Norm ausgehen. Sprich: Wir entscheiden vor allem über Verhaltensbeobachtungen, was eine soziale Norm ist, und nicht übers Gedankenlesen. Aus dem ganz pragmatischen Grund, weil wir das nicht können. Das gilt auch entgegen der Annahme einiger Menschen für Neurowissenschaftler:innen. Und schon ist der nächste Begriff im Anmarsch.

Ich habe in diesem Buch schon das ein oder andere Mal über die Ignoranz gesprochen, die wir alle täglich leben und die in einer »gesunden Ausprägung« dafür sorgt, dass wir überhaupt überleben können. Denn würden wir uns für alles und jeden interessieren, wäre es schlecht bestellt um unsere radikale Aufmerksamkeit – wir würden wahrscheinlich andauernd von einem zum anderen Gedanken springen, ohne auch nur einen einzigen wirklich zu Ende zu denken. Wir haben auch das »ungesunde Maß« der Ignoranz in Form des Schwesternpaares aus Normalitätssimulation und Realitätsverweigerung kennengelernt. Doch immer ging es bisher vor allem um die Ignoranz und damit verbundene falsche Wahrnehmungen auf individueller Ebene, sprich innerhalb eines Organismus.

Es gibt aber auch eine Ignoranz auf der übergeordneten, also kollektiven, Ebene. Diese sogenannte »pluralistische Ignoranz« bezieht sich auf »eine systematische und geteilte falsche Wahrnehmung einer Norm, bei der viele Menschen die falsche Wahrnehmung darüber haben, was die meisten Menschen tun oder denken«.[47] Bei diesem »Tun« geht es also im Vergleich zu den eben genannten Beispielen um das »nicht sichtbare Verhalten«. So überschätzen US-amerikanische Studierende beispielsweise den Alkoholkonsum ihrer Kommiliton:innen und halten die Einstellung ihrer Mitstudierenden gegenüber Alkohol für positiver, als sie tatsächlich ist.[48] Beides wiederum wirkt sich auf den eigenen Alkoholkonsum aus. Der »Gruppenzwang« kann also auch als »vermeintlicher Gruppenzwang« daherkommen, wenn ich fälschlicherweise annehme, dass alle anderen viel trinken (wollen) und ich zu »allen anderen« dazugehören möchte.

Bevor hier aber verfrüht die Korken knallen, wird es jetzt richtig spannend, denn wir nähern uns der vollständigen Offenbarung der ultimativen Dichotomie. Das Phänomen der pluralistischen Ignoranz bezieht sich nämlich nicht nur auf lokale Gruppen wie Studierende, sondern kommt auch auf gesamtgesellschaftlicher Ebene vor.[49] Beispielsweise in Form des – es folgt der vorletzte Begriff, den wir benötigen – »konservativen Bias«, bei dem die Wahrnehmungen der öffentlichen Auffassung zu einem Thema der tatsächlichen öffentlichen Auffassung zu ebendiesem Thema um mehrere Jahrzehnte hinterherhinken.[50]

Ja, du hast richtig gelesen, und ich sehe mich geradezu gezwungen, das noch mal zu wiederholen, weil diese Beobachtung so unglaublich erscheint (q. e. d.!): Zahlreiche Studienergebnisse zeigen, dass unsere wahrgenommene soziale Realität häufig um Jahrzehnte der tatsächlichen sozialen Realität hinterherhinkt. Sprich: Wir leben als Kollektiv in vielerlei Hinsicht in der Vergangenheit. Wie kann das sein? Die Antwort beginnt natürlich … – richtig! – zwischen unseren Ohren. Weil wir mit unserem Gehirn die Einstellungen und Überzeugungen anderer Menschen falsch einschätzen. Wie kommen wir aus diesem Schlamassel heraus?

Die Antwort ist die Grundlage für das Entstehen dieses Buches. Ich bin davon überzeugt, wir können das schaffen, wenn wir radikale Emotionalität praktizieren, beginnend mit radikaler Aufmerksamkeit auf uns und andere, gefolgt von radikal ehrlicher Kommunikation über deine, meine und unsere tatsächlichen Einstellungen und Überzeugungen. Und dann …

Ja, was kommt dann? Spürst du den Schwung und die Dynamik, die unser Endspurt aufgenommen hat?

Dann würden wir unsere pluralistische Ignoranz gegenüber der Verbundenheit untereinander und mit allem, was uns umgibt, überwinden. Wir würden die dritte und ultimative vermeintliche Trennung nach den überwundenen falschen Dichotomien in uns selbst (Dichotomie I: Gefühl ~~vs.~~ Verstand) und in unserem Zusammenleben (Dichotomie II: Privat ~~vs.~~ politisch) bezwingen. Ich nenne sie die falsche Trennung in unserem »Verständnis vom Leben«. Sie beruht auf unseren falschen Vorstellungen, dass wir losgelöst von anderen Menschen leben (könnten) und sogar losgelöst von unserer »Umwelt« insgesamt lebensfähig wären.

Um diese falsche Trennung zu bezwingen, müssen wir »nur« die radikale Verbundenheit anerkennen, die unser Leben als mehr oder weniger zufällig zusammengewürfelte Zellhaufen ausmacht und dank der wir für ein paar Momente bis Jahrzehnte als »emotional-soziale Blobs« auf diesem Planeten unterwegs sein können.

Unsere inneren Zweifler:innen werden jetzt zynisch einwerfen: Das wird niemals passieren. Vorher vernichtet sich die Menschheit eher selbst. Sei radikal ehrlich: Hast du diesen oder einen vergleichbaren Gedanken gerade gedacht oder zumindest aufkommen sehen? Dann werde ich dich jetzt enttäuschen: Zahlreiche Studien- und Umfrageergebnisse der jüngsten Vergangenheit weisen darauf hin, dass wir unter pluralistischer Ignoranz leiden, wenn es um das Enttarnen der ultimativen Dichotomie geht. Sprich: Wir unterschätzen den Drang unserer Mitmenschen, damit aufzuhören, so zu tun, als seien wir »unabhängig« von unserer Umwelt. Den Drang, endlich damit aufzuhören, unsere eigene Lebensgrundlage zu zerstören. Oder im »Wofür«-Modus – und damit natürlich besser – formuliert: Wir müssen endlich beginnen, die vorhandene gesellschaftliche Sorge um die Zukunft der menschlichen

Spezies und die ebenso vorhandene Befürwortung für entsprechende politische Maßnahmen wahrzunehmen.

Das Ausmaß dieser Befürwortung beziffern beispielsweise die Ergebnisse einer US-amerikanischen Studie vom August 2022 mit dem selbsterklärenden Titel: »Amerikaner erleben eine falsche soziale Realität, indem sie die weitverbreitete Unterstützung für klimapolitische Maßnahmen beinah um die Hälfte unterschätzen«.[51] Die Ergebnisse zeigen auch, dass ganze 80 bis 90 Prozent der US-Amerikaner:innen das wahre Ausmaß der Sorge um den Klimanotfall sowie die Unterstützung für transformative Klimapolitik anhand von Maßnahmen wie einer CO_2-Steuer, die Anordnung einer hundertprozentig regenerativen Energieversorgung und eines »Green New Deals« unterschätzen.

Andere Studienergebnisse zur pluralistischen Ignoranz zeigen uns, dass der »konservative Bias« besonders dann stark ausgeprägt ist, wenn sich eine öffentliche Auffassung in der näheren Vergangenheit geändert hat. Aus dem leicht nachvollziehbaren Grund, weil dann die politischen und strukturellen Veränderungen, die aus der Verschiebung der öffentlichen Auffassung resultieren sollten und werden, noch nicht umgesetzt wurden. Es scheinen also noch die »alten« sozialen Normen zu gelten, obwohl die Mehrheit bereits längst andere Vorstellungen hat …

PLOPP!

Genau hier schließt sich der Kreis. Der Kreis radikaler Verbundenheit, den ich in seiner Vollständigkeit auch erst seit einer abendlichen Sporteinheit auf dem Fahrrad im November 2023 verbalisieren kann. Ich weiß noch, wie ich in der Kälte und Dunkelheit anhielt, um sicherzugehen, dass ich meinen Plopp gut notierte. Hier mein Versuch: Der menschliche Körper ist darauf optimiert, sich selbst am Leben zu halten und – sollte es gelingen – den Bestand der Spezies über Fortpflanzung zu sichern. So gesehen ist das (Über-)Leben ein ziemlicher Kampf und voll von unangenehmen Situationen und Herausforderungen. Alles, was sich »gut« oder gar nach »Glück« anfühlt, ist ein Bonus, aber keineswegs der »Normalzustand« unseres Daseins. All das haben wir im Kapitel zur ersten Dichotomie erfahren. Jetzt kommt die Brücke zur zweiten Dichotomie beziehungsweise der Sache mit dem Vertrauen. Um zu überleben, ist der menschliche Organismus vor allem damit beschäftigt, Sicherheit zu suchen. Die Sicherheit einer Option oder eines Zustands wird mit einer Art Vertrauensbarometer bestimmt. Vertrauen wiederum ist die wichtigste Währung in der Politik, die entsprechend vor allem eines ist: ein Aushandlungsprozess über unterschiedliche Gefühle und damit verbundene Werte und Ideen innerhalb einer Gruppe von Menschen zu einem bestimmten Zeitpunkt. Achtung, jetzt erfolgt der Zirkelschluss und damit die größte Herausforderung für unsere Spezies. Die Herausforderung, die ultimative Dichotomie zu überwinden – und für mich und dich die ganz akute Herausforderung, sämtliche Aspekte radikaler Emotionalität zu verstehen und hier anzuwenden.

Also: Wir befinden uns an einem Zeitpunkt der Menschheitsgeschichte, an dem eine kleine Gruppe von Menschen die Erkenntnis – und damit den grundlegenden Aspekt menschlicher Biologie – »Glück ist kein Dauerzustand« nicht verstanden hat.[52] Die Mitglieder dieser Gruppe versuchen nun alles, um Glück durch finanziell organisierbare Dinge als Dauerzustand zu kreieren. Dabei nutzen sie das (ultra-)kurzfristige Denken vieler anderer Menschen, um ihre bereits vorhandene Macht weiter zu vergrößern. Das ist der Schulterschluss zwischen Politik und Wirtschaft, der für die Ergebnisse der jährlichen Oxfam-Studie zu gesellschaftlicher Ungleichheit sorgt. Der dafür sorgt, dass die ärmsten 60 Prozent der Weltbevölkerung seit 2020 ärmer geworden sind, während die fünf reichsten Menschen, pardon Männer, der Welt ihr finanzielles Vermögen mehr als verdoppelt haben. Das sind die Ergebnisse, die ich bereits im Kapitel »Falsche Belohnungsstrukturen, oder: Die Suche nach (der) Wahrheit« zitiert habe.

Es ist dieser Schulterschluss, der Menschen die falschen Strukturen hat aufbauen lassen und diese immer weiter verstärkt. Die falschen Strukturen, die wiederum die kurzfristig orientierten Mechanismen unseres Gehirns »ausschlachten«. Vom Hang fürs Negative in Überschriften über das falsche Versprechen, unendlicher Konsum mache unendlich glücklich, hin zum falschen Sicherheitsversprechen durch Panzerglas und Panzer, zur Abschottung und Ausgrenzung von »Fremden«.

Die Summe aller kurzfristig verlockenden Angebote hat uns gemeinsam nach Absurdistan ziehen lassen, wo die Strukturen weiter verfestigt werden konnten. Bis es nicht mehr geht. Nicht mehr geht, weil die Rechnung nicht mehr aufgeht, weil es »unterm Strich nicht mehr stimmt«, weil »in einer Welt ohne Klimaschutz gar keine Profite mehr möglich sind«. Weil die Auswirkungen menschlichen Handelns bereits dafür gesorgt haben, dass nicht nur die eigene Gesundheit zunehmend leidet, sondern die Lebensgrundlage insgesamt gefährdet ist. Weil die Auswirkungen menschlichen Handelns bereits für so unnormale Zustände auf dem Planeten sorgen, dass eine neue geochronologische Epoche eingeläutet wurde, die das stabile Holozän abgelöst hat: das Anthropozän, das sich von allen vorherigen Epochen des Planeten dadurch unterscheidet, dass der Mensch zu einem der wichtigsten Einflussfaktoren auf die biologischen, geologischen und atmosphärischen Prozesse geworden ist.[53] Im Klartext: Wir haben Strukturen geschaffen und schaffen lassen, von Menschen, die die radikale Verbundenheit nicht verstanden, geschweige denn begriffen haben. Das ist so gravierend, dass wir nicht mehr viel Zeit haben. Denn es besteht die große Gefahr, dass wir unsere eigene Lebensgrundlage so grundlegend zerstören, dass die ökologische Nische unserer Spezies nicht mehr ausreichen wird.

Die Aufgabe ist also klar. Wir haben jetzt die ultimative Chance, die pluralistische Ignoranz gegenüber dem bereits weitverbreiteten Verständnis radikaler Verbundenheit nicht nur zu erkennen, sondern auch radikal ehrlich zu thematisieren, damit wir die aktuellen selbstzerstörerischen Strukturen um- oder teilweise gar abreißen können. Das können wir schaffen, indem wir – das ist nun wirklich der allerletzte Begriff in diesem Zusammenhang – »soziale Kipppunkte« erreichen.[54] Das sind im Vergleich zu klimatischen und planetaren Kipppunkten »gute« Kipppunkte, bei denen sich neue, bessere soziale Normen durchsetzen, die den bereits erwähnten zivilisatorischen Fortschritt weiter vorantreiben.[55]

Die Folgen einiger sozialer Kipppunkte waren bereits Thema in diesem Buch, wie das Frauenwahlrecht oder das Pariser Klimaabkommen. Übrigens gibt es auch mit Blick auf soziale Kipppunkte eine gewisse pluralistische Ignoranz, da der notwendige Anteil einer Gruppe, die die entsprechende Veränderung unterstützt, meist überschätzt wird. Na, was denkst du? Wie viel Prozent reichen aus für einen sozialen Kipppunkt? Die richtige Antwort lautet: 25 Prozent.[56] Und die noch bessere Nachricht: Es sind vor allem andere Menschen, die Menschen zum Handeln bewegen. Jetzt wird die Sache mit dem »emotional-sozialen Blob« noch mal wichtig – und beginnt deine Verantwortung als Aspirant:in für die Reifeprüfung. Denn mit abgeschlossener Prüfung kannst du nicht nur nicht mehr sagen: »Ich habe es nicht gewusst!«, sondern auch nicht mehr sagen: »Ich wusste nicht, was ich tun konnte!«

Warum ist vor allem das Zweite so wichtig? Weil bewiesen ist, dass Wissen in den meisten Fällen und bei den meisten Menschen nicht ausreicht, um eine nachhaltige Verhaltensänderung herbeizuführen. Weil wir »emotional-sozialen Blobs« begreifen und erleben müssen, um wirklich zu verstehen. Seine Verwunderung über ebendieses Wissen schilderte mir der Klimawissenschaftler, Professor für Physik der Ozeane an der

Universität Potsdam und Leiter der Abteilung Erdsystemanalyse am Potsdam-Institut für Klimafolgenforschung (PIK) Stefan Rahmstorf in einem Gespräch im Sommer 2023: »Ich habe lange gebraucht, bis ich verstanden habe, dass mein Gehirn offenbar anders funktioniert als die meisten anderen.« Was er damit meinte: Wenn er die Daten und Grafiken zum Klimanotfall sieht, sind das für ihn keine abstrakten Daten, sondern sie bedeuten sehr spürbare Auswirkungen auf die Menschen. Auf sein eigenes Leben, auf das seiner Kinder, auf jeden Menschen – und sie bedeuten, dass wir etwas gegen den drohenden Kollaps unternehmen müssen. Wie können wir die tiefe Überzeugung, dass wir »etwas dagegen unternehmen müssen«, in möglichst vielen Gehirnen stimulieren? Das wissen wir schon von Brian Eno. Erinnerst du dich an seine bereits von mir zitierte Aussage?

> »So how do we change minds? A change in feelings changes minds.« – *Brian Eno*

Die Aufgabe besteht also darin, möglichst viele (mächtige) Menschen, deren Be-greifen der radikalen Verbundenheit wir für den Aufbau lebensfreundlicher und lebensunterstützender Strukturen benötigen, davon zu überzeugen, dass das jetzt wirklich sein muss. Dass wir sie überzeugen, gemeinsam unsere Normalitätssimulation und Realitätsverweigerung zu überwinden, indem wir uns in allen Lebensbereichen endlich Strukturen schaffen, die zukunftsfähiges Verhalten ermöglichen und fördern.[57]

Wie? Indem wir uns und ihnen unsere Abhängigkeit ins Hirn rufen – um dann im nächsten und letzten Schritt unserer Reise ein gemeinsames Ziel zu definieren, auf das wir zusteuern. Um den Homerun auch tatsächlich zu einem solchen geworden werden lassen zu sein.

Wir sind alle abhängig!

»Klimaschutz muss man sich leisten können!«

»Klimaschutz darf nicht auf Kosten der Unternehmen gehen!«

»Klimaschutz ist sozialer Gerechtigkeit untergeordnet.«

Was haben diese drei Aussagen gemeinsam? Sie sind alle falsch! Würde es eine Steigerung oder gar einen Superlativ für »falsch« geben, würde ich ihn hier nutzen. Sie stehen exemplarisch und symbolisch für die gängigen, ja, die »normalen« Aussagen von Unternehmer:innen, Politiker:innen und enttäuschten Bürger:innen. Letztere tragen ihre Angst dann entsprechend folgendermaßen vor: »Der ›Klimaschutz‹ geht uns am Arsch vorbei! Wir wollen Wohlstand!«[58] So lautete die Aufschrift auf einem großen Pappschild eines frustrierten Bürgers bei einer Demonstration in Aschaffenburg im Sommer 2023.

Was haben die drei Aussagen noch gemeinsam? Sie alle zeugen davon, wie viele Menschen radikale Verbundenheit noch nicht leben. Vielleicht, weil sie von einer veralteten sozialen Realität ausgehen und sich nicht trauen (Stichwort pluralistische Ignoranz). Vielleicht, weil sie wirklich noch nicht verstanden, geschweige denn begriffen haben, dass sie bei ihrem Verständnis vom Leben einer falschen Trennung zwischen »Mensch« und »Umwelt« inklusive »Klima« aufgesessen sind. Vielleicht, weil sie das Wissen über alle oder zumindest manche globalen Entwicklungen, von denen ich einige auf den bisherigen Seiten dieses Buches immer mal wieder erwähnt habe, zwar in ihrem Gehirn gespeichert haben, sie aber die Verbindung zwischen sich und ihnen noch nicht (vollumfänglich) spüren.

Die radikale Verbindung zwischen ihrem Dasein und dem Anthropozän, den planetaren Grenzen, der ökologischen Nische, den Temperaturrekorden, dem »Global Weirding« (erinnerst du dich an den Begriff aus dem Kapitel »Alles eine Frage der Zeit«?), den klimatischen Kipppunkten, den Dürren, den Überflutungen und all den anderen zunehmend spürbaren Veränderungen ihrer Umgebung. Dass sie es noch nicht ausreichend fühlen und spüren, was das alles mit ihnen persönlich genauso wie mit ihrem beruflichen Alltag und ihren Wahlentscheidungen zu tun hat. Nicht ausreichend, um mit Hirn, Herz und allem, was ihr Organismus so hergibt, zu verstehen, dass sie abhängig sind.

Nicht pathologisch abhängig von bestimmten Substanzen wie Alkohol, Zigaretten und Tabletten[59] oder bestimmten Verhaltensweisen wie Online-Spielen, Shopping, Sex oder der Smartphone-Nutzung,[60] sondern ganz grundlegend abhängig aufgrund ihres Daseins in einer Umgebung, die bestimmte Charakteristiken aufweisen muss. Wie den ausreichend dicken Mutterboden, die Tatsache, dass es nicht zu viel und nicht zu wenig regnet und Temperaturen herrschen, die weder (dauerhaft) zu kalt noch zu heiß beziehungsweise gleichzeitig zu heiß und feucht sind (das ist die Sache mit der sogenannten Kühlgrenztemperatur, bei der wir nicht mehr schwitzen können[61]).

Hast du diese Abhängigkeit verstanden? Also so richtig? Wenn du noch zweifelst, lade ich dich ein – trotz Endspurt beim Homerun –, kurz innezuhalten, wo immer du gerade bist. Mach es dir kurz so bequem wie gerade möglich und atme noch einmal tief ein und aus.

Und jetzt halte die Luft an.

Wie lange gelingt dir das? Maximal 24 Minuten und ein paar Sekunden. Das ist zumindest der aktuelle Weltrekord im »Unter-Wasser-die-Luft-Anhalten«, aufgestellt vom kroatischen Apnoetaucher Budimir Sobat im März 2021.[62] Ohne Luft zum Atmen aus deiner vermeintlichen »Umwelt« blieben dir also noch ein paar Minuten zugegebenermaßen eher unangenehmer Lebenszeit. Darum habe ich das Wort »vermeintlichen« vor »Umwelt« gesetzt. Weil es »irrational« ist, zwischen Umwelt und Menschen zu unterscheiden, wenn wir die radikale Verbundenheit wirklich verstehen und leben. Dabei erkennen wir fast nebenbei auch die Absurdität, zwischen »ökonomischen« und »ökologischen« Interessen und Zielen zu unterscheiden. Diese weitere vermeintliche Dichotomie, die gern auch als Abwägen zwischen »Wirtschaft« und »Umwelt« beziehungsweise vermeintlich unterschiedlichen Interessen dieser beiden Bereiche diskutiert wird, ist quasi ein Ableger der ultimativen Dichotomie, der vor allem in politischen Debatten tief verwurzelt ist. Obwohl mit ein wenig Nachdenken doch völlig offensichtlich ist, dass die Grundlage jedes »Wirtschaftens« eine bestimmte »Ökologie« benötigt. Ja, das gilt auch für jeden Bürojob, der auf den ersten Blick vielleicht wenig »Umweltbezüge« zu haben scheint. Am Anfang und Ende geht es immer um den Austausch von Gütern oder Dienstleistungen, die nicht im »Nichts« passieren (können).

So können wir im Zuge dessen auch endlich verstehen, dass es rein »rational« – ja, egoistisch – ist, sich »umweltbewusst«, »nachhaltig«, »ökologisch« oder »klimafreundlich« (um kurz noch bei den aktuellen Begriffen zu bleiben) zu verhalten, und nichts mit moralischer Überlegenheit, »Herzensangelegenheiten« von »Überzeugungstäter:innen« oder der Unterstützung bestimmter politischer Parteien zu tun hat (wie in der Einleitung erwähnt, ist das dann meist die Partei mit der Farbe Grün im Namen). Erkennen wir unsere Abhängigkeit von einer intakten »Umwelt« als Grundprinzip des Lebens an, merken wir automatisch, dass die Begriffe Umwelt-, Natur-, Klima- oder Sonst-was-Schutz ausgedient haben beziehungsweise noch nie dienlich waren. Weil sie fälschlicherweise suggerieren, wir könnten Umwelt, Natur und Klima als ein Thema behandeln, das – wenn wir es ganz groß denken – ähnlich wie Wirtschaft, Politik und Sport zu behandeln ist. Nein! Klima und Co. sind, wie schon im Kapitel »Das Angebot bestimmt die Nachfrage?«

erwähnt, keine Themen, sondern eine Dimension jedes Themas.

Was wäre gewonnen, wenn wir das verstanden hätten und unser Leben entsprechend gestalten würden? So viel! Und manchmal, in ganz mutigen Momenten, stelle ich mir eine Welt vor, in der das der Fall ist. Welche Wörter würden wir statt Umwelt-, Natur- und Klimaschutz gebrauchen? Vielleicht würden wir über Selbstschutz sprechen, vielleicht über Menschenschutz. Vielleicht spürst du anhand meiner Wortwahl und Formulierungen spätestens jetzt, wie »emotional« das Thema für mich ist. Ja, das ist es. Es ist das persönlichste und damit emotionalste Thema überhaupt, weil es um meine, deine und unser Leben und dessen Zukunft geht.

Darum möchte ich – je nach Tagesform – entweder lachen, weinen oder laut schreien, wenn ich in Hotels die Schilder sehe, die mich ermuntern, die »Natur zu schützen«, indem ich meine Handtücher seltener wechsele oder auf den täglichen Reinigungsdienst »verzichte«. Ich muss lachen, wenn ich an entsprechenden Tagen in der Lage bin, unser Leben in Absurdistan aus der Vogelperspektive zu betrachten. Ich muss weinen, wenn mich Gefühle von Schmerz, Trauer und Abschied angesichts der Zerstörung deiner, meiner und unserer Heimat überkommen. In der Psychologie hat diese Art von Schmerz bereits einen eigenen Namen: Solastalgie.[63] Und ich möchte schreien, weil wir uns so wahnsinnig, so irre, so absurd verhalten, obwohl wir doch längst alles wissen. Obwohl uns die gesammelten Erkenntnisse aller Wissenschaften so eindrücklich vor Augen führen: Es ist genug für alle da und gibt genug für jede:n, wenn wir besser verteilen. Um das zu tun, benötigen wir radikale Emotionalität, die uns radikal verbunden erkennen lässt: Wir haben mehr als genug!

Ich habe das Gefühl, an dieser Stelle könnte ein Bild hilfreich sein, um zu veranschaulichen, was ich meine. Ein Bild des Lebens, das ich sehr mag, beschreibt der kanadisch-amerikanische Mitgründer der Umweltschutzorganisation Sea Shepherd[64] Paul Watson in der Doku *Watson* von 2019. Soeben hat er in einem Interview auf unsere unglaubliche Fähigkeit, alles irgendwie zu rechtfertigen, egal wie absurd, verwiesen: »Wir rechtfertigen unsere Grausamkeit. […] Es ist sehr einfach, das zu tun. […] Wir kehren [die Probleme] unter den Teppich in unserem Gehirn – und machen weiter wie bisher.«[65] Ganz abgesehen davon, dass mein Hirn natürlich »hüpft«, weil der Aktivist Paul Watson die globalen Herausforderungen auf psychologisch-neurowissenschaftlicher Ebene beschreibt, sollten dir die Inhalte seiner Aussage mindestens bekannt vorkommen. Denn er beschreibt mit seinen Worten die individuelle und kollektive Ignoranz und die (falschen) gesellschaftlichen Strukturen, die uns ebendiese »noch« erlauben.

Nun aber zum erwähnten Bild des Lebens des Mitgründers der »Meereshirten«: Er beschreibt die Erde als ein Raumschiff, das in der Milchstraßengalaxie seine Kreise zieht. Wie jedes Raumschiff benötigt es ein Lebenserhaltungssystem. Im Fall der Erde ist das der Ozean,[66] der den Sauerstoff produziert, den wir zum Atmen benötigen, Nahrung zum Essen bereitstellt und das Klima reguliert. Wie jedes Lebenserhaltungssystem muss auch dieses von einer Crew am Laufen gehalten werden: Wale, Phytoplankton und Bakterien. Wir Menschen gehören nicht zur Crew, sondern sind Passagiere an Bord des Raumschiffs Erde, die dabei sind, die Crew zu töten.[67] Die Anzahl der Crew-Mitglieder, die wir töten können, bevor die Maschinerie des Raumschiffs zusammenbricht, ist begrenzt.

Als ich die Doku zum ersten Mal schaue, schießen mir Tränen in die Augen, weil ich ahne, was nun kommt. Paul Watson macht eine kurze Pause, bevor er mit dem logischen Fazit seines Bildes endet: »Wenn die Ozeane sterben, sterben wir alle. Wir können auf diesem Planeten nicht mit einem toten Ozean leben.« Seit Jahrzehnten kämpft der Mitgründer von Sea Shepherd dafür, die Crew am Leben zu halten. Weil er wie viele andere Menschen verstanden und begriffen hat, dass wir nur *ein* Raumschiff haben. Und dass unser Leben von dessen mehr oder weniger intaktem Lebenserhaltungssystem abhängt. Weil er und viele andere Menschen verstanden haben, dass Zugehörigkeit(en) immer relativ sind und am Anfang und Ende immer global sind. Weil so begriffen jeder meiner Gedanken nicht nur mein eigenes Gehirn verändert, sondern – ohne nun größenwahnsinnig werden zu wollen – die Welt verändert. Aus dem ganz einfachen Grund, weil ich Teil der Welt bin und nicht ohne sie sein kann.

Das Gleiche gilt für dich und alle anderen Menschen. Aber – und so landen wir nach einem kurzen Höhenflug schnell wieder auf dem Boden der Tatsachen – das gilt nicht in die andere Richtung: Die Welt hängt nicht von uns ab. Zyniker:innen lassen auch gern den Spruch fallen, dass es »der Erde ohne uns Menschen besser gehen würde«, vielleicht gefolgt von einem: »Ist doch eh alles zu spät, also lass ich noch mal ordentlich die Puppen tanzen und mir nicht den Spaß verderben.«

Tatsächlich haben entsprechende Weltuntergangsvorstellungen in gewisser Weise die vorherige Hürde zu gelebter radikaler Verbundenheit, die sogenannte »Klimawandelleugung«, abgelöst beziehungsweise sind dabei, es zu tun.[68] Beides ist gleichermaßen fatal, weil es die Vertreter:innen solcher Vorstellungen in einem Mix aus Realitätsverweigerung und Normalitätssimulation weitermachen lässt wie bisher. Weil sie sich nicht mit auf den Homerun begeben – und im schlimmsten Fall sogar dir, mir, Paul und allen anderen den Weg versperren, ein Bein stellen oder sonst wie daran hindern, voranzukommen.

Mit diesem Bild der aktiven Verhinderung lässt sich der Backlash beschreiben, den wir vielerorts aktuell erleben.[69] Der Backlash, der wie ein letztes Aufbäumen moderner Dinosaurier wirkt, die an lebensfeindlichen Vorstellungen und Geschichten von »Normalität« und »Erfolg« festzuhalten versuchen –

weil ihr Gehirn einfach nicht zulässt, neue Geschichten anzunehmen. Die sich in Vorstandssitzungen, Aktionärstreffen und Bierzelten vielleicht noch immer den Mythos vom männlichen Jäger erzählen. Die sich in ihren Kartellen Briefe schreiben, in denen sie vor dem Ende der fossilen Ära warnen.[70] So muss ich jedes Mal an den Anhänger der Ufo-Sekte und seine Aussage: »Ich kann es mir nicht leisten zu zweifeln, ich muss glauben. Ich habe mein ganzes Leben darauf eingestellt. Ich muss an dieser Erklärung festhalten«, aus dem Kapitel »Neugier als Gewohnheit« denken, wenn ich wieder Zeugin dieses Backlash werde.

Etwa wenn ich wenige Wochen vor der COP28 in Dubai Anfang November 2023 im britischen *Guardian* lese: »›Irrsinn‹: Ölstaaten planen riesige Expansion fossiler Brennstoffe, sagt ein UN-Bericht«,[71] und erfahre, dass die geplante Produktion von fossilen Brennstoffen bis 2030 doppelt so hoch ist wie die Menge, die mit dem Ziel des Pariser Klimaabkommens die durchschnittliche globale Erwärmung auf 1,5 Grad Celsius zu begrenzen nötig ist. Die Menschen, die entsprechende Pläne machen und Verträge unterzeichnen, betrachte ich als Wachposten in Absurdistan, die uns alle dort halten wollen – koste es, was es wolle. Dann müssen wir uns doch verteidigen, oder? Müssen diese Wahnsinnigen bekämpfen, die an den falschen Geschichten kleben.

Nein.

Dann würden wir den gleichen Fehler machen wie alle anderen in der Menschheitsgeschichte, die Geschichten von »Wir gegen die« bedient haben. Die zu so viel Leid, Tod und Schrecken geführt haben und weiterhin führen. Das »Tolle« an der Herausforderung, radikale Verbundenheit zu leben, bevor die Lebensbedingungen für unsere Spezies zunehmend schlechter werden, ist ja, dass es keinen Feind in anderen Gruppen, hinter oder vor irgendwelchen Grenzen oder Mauern gibt, den es zu bezwingen gilt. Der einzige »Feind«, wenn wir unbedingt einen solchen definieren wollen, ist unser kurzfristiges, statisches Denken, das dich, mich und andere möglicherweise noch daran hindert, zu 100 Prozent radikal emotional die letzten Meter des Homeruns zu bestreiten. Die Meter, auf denen es darum geht, die radikale Aufmerksamkeit auf ein gemeinsames Ziel zu richten.

Gesundheit!

Bist du schon mal einem Menschen begegnet, der sich schlecht fühlen wollte? Der sich wünschte, dass es ihm nicht gut geht? Der sich gar danach sehnte, schwer krank zu werden?

Ich nicht. Was natürlich nicht ausschließt, dass es nicht mindestens einen Menschen gibt, der so fühlt. Aber alles, was die Menschheit an Studienergebnissen zu unserem Dasein bisher sammeln konnte, spricht dafür, dass »der Mensch« sich prinzipiell gut fühlen möchte.

Wie beurteilen wir den Zustand eines Menschen dahin gehend? Indem wir nach seiner Gesundheit schauen, vielleicht mit medizinischer Unterstützung. Angenommen, die ist gerade nicht verfügbar, und wir wollen uns einen ersten Eindruck vom (Gesundheits-)Zustand des Gegenübers verschaffen, ohne über eine visuelle oder gar manuelle Inspektion zu indiskret zu sein. Was tun wir dann? Was tust du dann? Was tue ich dann?

Ich stelle ein letztes Mal die eine, kleine Frage, die so unscheinbar daherkommen mag. Die eine kleine Frage, die unsere gemeinsame Reise zu radikaler Emotionalität von Anfang an begleitet hat und hier, auf den letzten Metern ihren vielleicht wichtigsten Auftritt erlebt.

Wie geht es dir?

Es ist die Frage, die wir immer und überall stellen können,

wenn wir uns nach dem einen übergreifenden Ziel erkundigen wollen: Es geht um deine, meine, unsere Gesundheit.

So besteht der letzte Schritt kurz vor dem Zieleinlauf, als die Menge den Atem anhält, angesichts der Spannung, ob wir es schaffen werden, darin, Gesundheit als verbindendes gemeinsames Ziel zu betrachten.

Als Ziel, das mehr ist als der höfliche Wunsch, wenn jemand in unserer Nähe niest. Als Ziel, das uns die vollständige Reife der in diesem Buch vorgestellten Reifeprüfung inklusive der drei Zutaten des dynamischen Denkens abverlangt.

1. Wir können nur mit radikaler Aufmerksamkeit gesund sein oder werden, weil wir sonst unseren falschen Wahrnehmungen erliegen. Im Sinne der ersten Zutat des dynamischen Denkens liefert uns Gesundheit ein klares »Wofür«, das wir mit aktiver Hoffnung verfolgen können.
2. Wir müssen mit radikaler Ehrlichkeit darüber sprechen, was uns wirklich guttut und wie sich ein gesundes Leben anfühlt, weil wir sonst den falschen Geschichten über Normalität und Erfolg auf den Leim gehen. So benötigen wir hier die zweite Zutat des dynamischen Denkens, indem wir uns neue Geschichten darüber erzählen, was unsere Gesundheit ausmacht und stärkt.
3. Wir brauchen ein gesundes Gespür für die radikale Verbundenheit in uns, unserem Zusammenleben und dem menschlichen Dasein insgesamt. Dann erkennen wir die falschen Strukturen an so vielen Orten, die nicht nur unsere Gesundheit gefährden, sondern uns gar krank machen und zerstören. Dann lernen wir mithilfe der dritten Zutat des dynamischen Denkens, Zugehörigkeit neu zu definieren und zu erkennen, dass wir alle abhängig sind. Abhängig von der Gesundheit unserer Umgebung.

PLOPP!

Ein letztes Mal macht es Plopp. Nur wenige Meter vom Ziel entfernt. Wir erkennen, dass es nur *eine* Gesundheit geben kann. Nicht deine oder meine oder seine oder ihre. Wir erkennen die Verbundenheit zwischen den mehr oder weniger zufällig zusammengewürfelten Zellhaufen, die auf diesem Planeten schon viel länger in ganz anderen Konstellationen unterwegs waren. Wir erkennen, dass diese eine Gesundheit – »One Health«, die auch die Weltgesundheitsorganisation (WHO) und das Bundesministerium für wirtschaftliche Zusammenarbeit und Entwicklung (BMZ) als ihr »Wofür« definiert haben[72] – das einzig rationale Ziel ist, das wir verfolgen können. Wir erkennen, dass wir dafür Absurdistan mit all seinen gesundheitsfeindlichen Strukturen und Gewohnheiten endlich verlassen müssen. Um am Ziel des Homeruns, also zu Hause, anzukommen. Einem Zuhause, in dem sich niemand unsicher fühlt, keine Frau, kein Kind und kein Mensch. Einem Zuhause, in dem die einzige Angst darin besteht, es verlieren zu können, und wir darum alles daransetzen, um genau das zu verhindern.

Vielleicht brauchen wir dafür eine neue Idee, eine neue Geschichte von unserem Zuhause. Einen Vorschlag dafür lieferte im Januar 2024 eine Gruppe internationaler Wissenschaftler:innen um den schwedischen Resilienzforscher und Co-Direktor des Potsdam-Instituts für Klimafolgenforschung (PIK) Johan Rockström der auch das Konzept der planetaren Grenzen mitentwickelt hat. Sie schlagen das Konzept »Planetarer Gemeingüter«[73] vor, das die alte Idee der »Globalen Gemeingüter«[74] ablösen soll. Warum? Weil wir verstehen und begreifen müssen, dass wir bestimmte planetare Zustände zum Leben benötigen.

Wie schaffen wir das?

Vielleicht, indem wir erkannt haben werden, dass das, was wir aktuell sind, und das, was wir für ein gutes, gesundes Leben mittel- bis langfristig brauchen, noch nicht übereinstimmen. Wie zwei Kreise, die sich vielleicht berühren, aber nicht vollständig überlappen. Es liegt an dir, mir und jeder:m, dafür zu sorgen, dass die Überlappung der beiden Kreise größer wird. Auch, indem wir ab heute nur noch den Menschen unsere Stimme(n) geben, die uns dabei unterstützen. Alles andere ist selbstzerstörerisch.

Kein Ende, sondern ein Anfang

Wie geht es dir jetzt? Bist du radikal emotional? Oder besser gefragt: Fühlst du dich radikal emotional?

Ich lade dich ein letztes Mal ein, an das Bild der geistigen Pinselstriche zu denken, bei dem jeder Moment deines Lebens einem solchen Pinselstrich gleicht. So frage ich dich: Wie viele Pinselstriche hast du gemacht, seitdem wir unsere gemeinsame Reise begonnen haben? Wie oft hast du dich unterwegs getraut, den Pinsel in einem anderen Winkel anzusetzen? Ihn in einen anderen Farbtopf zu tunken? Oder gar Farben zu mischen oder ein neues Muster zu malen?

So gern würde ich einen Blick auf deine Malereien werfen, die unterwegs entstanden sind. Aber viel wichtiger als das, was passiert ist, ist das, was noch passieren wird. Was vor dir liegt – jetzt wo wir den Homerun geschafft haben, zu Hause angekommen sind.

So ende ich dieses Buch mit der Frage: Wie stellst du dir deine zukünftigen Pinselstriche vor?

Danke!

Ich finde Dankesworte schön und schwierig. Letzteres vor allem, weil »Danke« zwar häufig (auch da ist sicherlich noch Luft nach oben!) gesagt wird, aber dabei oft phrasenhaft daherkommt. Das möchte ich hier auf jeden Fall verhindern und versuche mich an einem ehrlichen, einem radikalen Dank, der von ganzem Hirn kommt!

Beginnen möchte ich bei den vielen Menschen, die mein Denken verändert haben und damit zu diesem Buch beigetragen haben, ohne dass sie es wissen. Dazu gehören die vielen kleinen Begegnungen, wie die mit einer älteren Frau in der Kölner DB Lounge, die mir an einem schwierigen Tag ein Lächeln bescherte. Dazu gehören Menschen, denen ich niemals begegnet bin, die aber beispielsweise mein lieb gewonnenes Fahrrad zusammengebaut, transportiert und (immer wieder) repariert haben. Dazu gehören auch die Menschen, die mich unermüdlich herausfordern, mich selbst hinterfragen und zweifeln lassen.

Besonders bedanke ich mich bei einigen Menschen für den stets konstruktiven Austausch mit mir. Danke, Tobias Sudhoff, Katja Diehl, Raphael Thelen, Sebastian Seiffert, Lars Jessen, Martin Traub, Daniel Peyronel, Martin Mall, Reto Knutti, Eva Eick, Inga Mertin, Sara Schurmann, Niklas Höhne und Maximilian Fichtner.

Besonders bedanke ich mich auch für die Präsenz von Menschen, die zu wichtigen Reisebegleiter:innen geworden sind. Danke, Christina Elmer, dass du mich immer wieder an den Journalismus »glauben« lässt. Danke, Ben de Haas, dass du (fast!) immer ein »konstruktives Aber« anbringst. Danke, Simona Moschoglou, dass du mich immer zum Ankommen einlädst. Danke, Marisa Stahl-Kügler, dass du mich mit »hirnigen« Backwaren und anderem Futter fürs Gehirn versorgst. Danke, Stefan Rahmstorf, dass ich dich stets um Klima-Rat fragen kann. Danke, Anna Kaiser und Christian Stumpp, fürs gemeinsame An-der-Welt-Verzweifeln. Danke allen Menschen bei Perspective Daily fürs tägliche Weitermachen. Danke, Kristine Pogge und Thomas Paul, für eine »andere« Agentur, die Teil meines Zuhauses geworden ist. Danke, Barbara Wenner für die Begleitung zur eigenen Stimme.

Danke, Martin Kulik für die gemeinsame »dynamische« Marathon-Arbeit an diesem Buch und die »wunderbare« Fähigkeit, stets den Lektoren-Finger auf die Schwachstellen zu legen.

Danke, Nataša für unseren gemeinsamen täglichen Wahnsinn. Danke, Mama und Papa, dass ihr meine Verrücktheit von Beginn an begleitet habt und mich so erfolgreich liebt. Danke, Ina, für 25 gemeinsame Jahre und geräuschlose Kommunikation. Danke, Dirk, fürs Einhirn.

Anmerkungen

Einleitung

1 Bundeszentrale für politische Bildung (2021). *Politik*. bpb.de. https://www.bpb.de/kurz-knapp/lexika/politiklexikon/18019/politik/
2 Oxford German Dictionary (2008), *Politik*, Oxford University Press.
3 Kanai, R., Feilden, T., Firth, C., & Rees, G. (2011). Political Orientations Are Correlated with Brain Structure in Young Adults. *Current Biology*, *21*(8), 677–680.
4 Jost, J. T., Glaser, J., Kruglanski, A. W., & Sulloway, F. J. (2003). Political conservatism as motivated social cognition. *Psychological Bulletin*, *129*(3), 339–375.
5 Berman, J. (2023, July 12). How TV's political thrillers lost the plot. *TIME*. https://time.com/6292855/diplomat-citadel-hijack-thrillers/
6 Hier ist die Szene »Mad Men Picnic« (2012) zum Nachschauen: https://youtu.be/roREnVhd_og?feature=shared&t=95
7 Damasio, A. (2008). *Descartes' error: Emotion, Reason and the Human Brain*. Random House.
8 Friedlingstein, P., O'Sullivan, M., Jones, M. W., Andrew, R. M., Bakker, D. C. E., Hauck, J., Landschützer, P., Quéré, C. L., Luijkx, I. T., Peters, G. P., Peters, W., Pongratz, J., Schwingshackl, C., Sitch, S., Canadell, J. G., Ciais, P., Jackson, R. B., Alin, S. R., Anthoni, P., … Smallman, T. L. (2023). Global Carbon Budget 2023. *Earth System Science Data*, *15*(12), 5301–5369.
9 Franta, B. (2018). Early oil industry knowledge of CO2 and global warming. *Nature Climate Change*, *8*(12), 1024–1025.
10 Teller, E. Energy patterns of the future. In Energy and Man: A Symposium 53–72 (Appleton-Century-Crofts,Inc., 1960). Und: *Energy and man: a symposium: Columbia University. Graduate School of Business : Free Download, Borrow, and Streaming : Internet Archive*. (1960). Internet Archive. https://archive.org/details/energymansymposi0000unse/page/n3/mode/2up
11 Benjamin, F. (2021, August 25). On its 100th birthday in 1959, Edward Teller warned the oil industry about global warming. *The*

Guardian. https://www.theguardian.com/environment/climate-consensus-97-per-cent/2018/jan/01/on-its-hundredth-birthday-in-1959-edward-teller-warned-the-oil-industry-about-global-warming

12 Die deutsche Version ist 2014 erschienen: Oreskes, N., & Conway, E. M. (2014). *Die Machiavellis der Wissenschaft: Das Netzwerk des Leugnens*. Wiley-VCH. Der englische Originaltitel von 2012: Oreskes, N., & Conway, E. M. (2010). *Merchants of doubt: How a Handful of Scientists Obscured the Truth on Issues from Tobacco Smoke to Global Warming*. Bloomsbury Press.

13 Supran, G., Rahmstorf, S., & Oreskes, H. (2023). Assessing ExxonMobil's global warming projections. *Science*, *379*(6628).

14 Die »blaue Murmel« ist das bekannte Foto des Planeten Erde, das von der Besatzung der Apollo 17 am 7. Dezember 1972 aufgenommen wurde. Es wurde zum Symbol für die Umweltschutzbewegung der 1970er-Jahre.

15 Richardson, K., Steffen, W., Lucht, W., Bendtsen, J., Cornell, S. E., Donges, J. F., Drüke, M., Fetzer, I., Bala, G., von Bloh, W., Feulner, G., Fiedler, S., Gerten, D., Gleeson, T., Hofmann, M., Huiskamp, W., Kummu, M., Mohan, C., Nogués-Bravo, D., Petri, S., … Rockström, J. (2023). Earth beyond six of nine planetary boundaries. *Science advances*, *9*(37), eadh2458.

16 Eckert, W. (2023, November 30). Studie zu planetaren Grenzen: Der Erde geht die Puste aus. *tagesschau.de*. https://www.tagesschau.de/wissen/klima/klimawandel-planetare-grenzen-erderwaermung-100.html

17 Ripple, W. J., Wolf, C., Gregg, J. W., Rockström, J., Newsome, T. M., Law, B. E., Marques, L., Lenton, T. M., Xu, C., Huq, S., Simons, L. A., & King, D. A. (2023). The 2023 state of the climate report: Entering uncharted territory. *BioScience*, *73*(12), 841–850.

18 Abbasi, K., Ali, P., Barbour, V., Benfield, T., Bibbins-Domingo, K., Hancocks, S., Horton, R., Laybourn-Langton, L., Mash, R., Sahni, P., Sharief, W. M., Yonga, P., & Zielinski, C. (2023). Time to treat the climate and nature crisis as one indivisible global health emergency. *The BMJ*, p2355.

19 https://twitter.com/TerliWetter/status/1527165170178572288

20 Hagen, U. (2023, November 3). »Alles Bisherige übertroffen«: Klimaforschende über aktuelle Entwicklungen beim Wetter. *Frankfurter Rundschau*. https://www.fr.de/panorama/alles-bisherige-uebertroffen-klimaforscher-haben-schwierigkeiten-neueste-entwicklungen-zu-begreifen-92650061.html

21 Die Abkürzung IPCC steht für »Intergovernmental Panel on Climate Change« und wird im Deutschen häufig als Weltklimarat bezeichnet. Seine Sachstandsberichte gelten als fundierteste Zusammenfassung des naturwissenschaftlichen, technischen und sozioökonomischen Forschungsstands zum Klima und dem Umgang mit Klimafolgen. Gegründet wurde der zwischenstaatliche IPCC im November 1988 vom Umweltprogramm der Vereinten Nationen (UNEP) und der Weltorganisation für Meteorologie (WMO) mit dem Ziel, Zusammenfassungen für politische Entscheidungsträger:innen zu Klimafragen zu verfassen. Das IPCC-Sekretariat befindet sich in Genf, und 195 Regierungen sind Mitglieder. Darüber hinaus sind mehr als 190 Organisationen als Beobachter registriert.

22 Vom lateinischen radix (Wurzel) abgeleitet. Radikalismus auf politischer Ebene meint entsprechend den Ansatz, gesellschaftliche und politische Probleme »an der Wurzel« zu packen, um sie entsprechend möglichst grundlegend und nachhaltig zu lösen

23 Urner, M. (2021). *Raus aus der ewigen Dauerkrise: Mit dem Denken von morgen die Probleme von heute lösen*. Droemer.

I Radikale Aufmerksamkeit

1 Chernev, A., Böckenholt, U., & Goodman, J. K. (2014). Choice overload: A conceptual review and meta-analysis. *Journal of Consumer Psychology, 25*(2), 333–358.

2 Nachdem das bis dahin unbekannte Coronavirus SARS-CoV-2 im Januar 2020 eine Epidemie in China ausgelöst hatte, erklärte die Weltgesundheitsorganisation (WHO) die Epidemie am 11. März 2020 offiziell als weltweite Pandemie.

3 NOAA National Centers for Environmental Information, Monthly Global Climate Report for Annual 2023, published online January 2024, retrieved on January 29, 2024 from https://www.ncei.noaa.gov/access/monitoring/monthly-report/global/202313

4 Witze, A. (2024). Earth boiled in 2023 – will it happen again in 2024?. *Nature, 625*(7996), 637–639.

5 Mau, S., Lux, T., & Westheuser, L. (2023). *Triggerpunkte: Konsens und Konflikt in der Gegenwartsgesellschaft*. Suhrkamp.

6 Gfds.de (2023, December 8). *GfdS wählt »Krisenmodus« zum Wort des Jahres*. https://gfds.de/wort-des-jahres-2023/

7 *tagesschau.de* (2023, December 8). »Krisenmodus« ist Wort des Jahres 2023. *tagesschau.de.* https://www.tagesschau.de/inland/gesellschaft/wort-des-jahres-krisenmodus-100.html

8 Agamben, G. (2004). *Ausnahmezustand.* Suhrkamp.

9 LaBar, K. S., & Cabeza, R. (2006). Cognitive neuroscience of emotional memory. *Nature Reviews Neuroscience, 7*(1), 54–64.

10 Was nicht bedeutet, dass alle Menschen Emotionen gleich ausdrücken (z. B. untersucht anhand von Gesichtsausdrücken). So stellen neuere Studienergebnisse der letzten Jahre die These eines Universalismus von Emotionen zunehmend infrage, z. B. Jack, R. E., Garrod, O., Yu, H., Caldara, R., & Schyns, P. G. (2012). Facial expressions of emotion are not culturally universal. *Proceedings of the National Academy of Sciences of the United States of America, 109*(19), 7241–7244.

11 James, W. (1884). What is an Emotion? *Mind, 9*(34), 188-205.

12 Lange, J., Dalege, J., Borsboom, D., Van Kleef, G. A., & Fischer, A. H. (2020). Toward an integrative psychometric model of emotions. *Perspectives on Psychological Science, 15*(2), 444–468.

13 Ekman, P., & Cordaro, D. T. (2011). What is Meant by Calling Emotions Basic. *Emotion Review, 3*(4), 364–370.

14 Barrett, L. F. (2014). The Conceptual Act Theory: a précis. *Emotion Review, 6*(4), 292–297.

15 Scherer, K. R. (2009). The dynamic architecture of emotion: Evidence for the component process model. *Cognition & Emotion, 23*(7), 1307–1351.

16 Barrett, L. F. (2017). *How emotions are made: The secret life of the brain.* Mariner Books. Für alle Interessierten: Die deutsche Übersetzung von »How Emotions Are Made« ist im Juli 2023 ironischerweise unter dem Titel »Wie Gefühle entstehen« erschienen – aus den englischen »Emotions« wurden also deutsche »Gefühle«.

17 Collins, S. (2023). *Neuroscience for learning and development: How to Apply Neuroscience and Psychology for Improved Learning and Training.* Kogan Page.

18 Damit ist Lisa Feldman Barrett Vertreterin der zweiten Beschreibung von Emotionen aus der Dreierliste, da sie Emotionen als »soziale und kulturelle Konstruktionen des Geistes« beschreibt.

19 Carson, R. (1961). *Silent Spring.* Houghton Mifflin.

20 Meadows, D. H., Meadows, D. L., Randers, J., & Behrens III, W. W. (1975). *The Limits to Growth: A Report for the Club of Rome's Project*

on the Predicament of Mankind. Potomac Associates – Universe Books.

21 Shabecoff, P. (1988, June 24). Global warming has begun, expert tells Senate. The New York Times. https://www.nytimes.com/1988/06/24/us/global-warming-has-begun-expert-tells-senate.html

22 *Grantham Institute 2022 Annual Lecture: The ever-growing climate movement: Creating & shaping climate change narratives through culture, creativity & innovation*. Imperial College London. https://www.imperial.ac.uk/events/154208/grantham-institute-2022-annual-lecture-the-ever-growing-climate-movement-creating-shaping-climate-change-narratives-through-culture-crea tivity-innovation/ Hier zum Nachschauen: https://www.youtube.com/watch?v=VetGA-fRnDI&ab_channel=Imperial CollegeLondon

23 Busch, W. (1909). *Schein und Sein – Frühlingslied.*

24 World Health Organization: WHO (2023, November 15). *Social isolation and loneliness*. https://www.who.int/teams/social-determinants-of-health/demographic-change-and-healthy-ageing/social-isolation-and-loneliness

25 Cacioppo, S., Grippo, A. J., London, S. E., Goossens, L., & Cacioppo, J. T. (2015). Loneliness. *Perspectives on Psychological Science, 10*(2), 238–249.

26 Wang, F., Gao, Y., Han, Z., Yu, Y., Long, Z., Jiang, X., Wu, Y., Pei, B., Cao, Y., Ye, J., Wang, M., & Zhao, Y. (2023). A systematic review and meta-analysis of 90 cohort studies of social isolation, loneliness and mortality. *Nature Human Behaviour, 7*(8), 1307–1319.

27 Karska, J., Pszczołowska, M., Gładka, A., & Leszek, J. (2023). Correlations between Dementia and Loneliness. *International Journal of Molecular Sciences, 25*(1), 271.

28 VanderWeele, T. J., Hawkley, L. C., Thisted, R. A., & Cacioppo, J. T. (2011). A marginal structural model analysis for loneliness: Implications for intervention trials and clinical practice. *Journal of Consulting and Clinical Psychology, 79*(2), 225–235.

29 World Health Organization: WHO. (2023, November 15). *WHO launches commission to foster social connection*. https://www.who.int/news/item/15-11-2023-who-launches-commission-to-foster-social-connection

30 Pimlott N. (2018). The ministry of loneliness. *Canadian family physician Medecin de famille canadien,* 64(3), 166.

31 Die Ergebnisse der längsten, seit 1938 laufenden Langzeitstudie

»Harvard Study of Adult Development« zu den Faktoren eines gesunden, glücklichen Lebens, fassen die beiden US-Amerikaner Robert Waldinger, Professor für Psychiatrie an der Harvard Medical School, und Marc Schulz, stellvertretender Direktor der Harvard Study of Adult Development und Professor für Psychologie am Bryn Mawr College, in ihrem 2023 erschienenen Buch zusammen: Waldinger, R., & Schulz, M. (2023). *The good life: Lessons from the World's Longest Scientific Study of Happiness*. Simon and Schuster.

32 Jaremka, L. M., Gabriel, S., & Carvallo, M. (2011). What makes us feel the best also makes us feel the worst: The emotional impact of independent and interdependent experiences. *Self and Identity,* 10(1), 44–63.

33 Foster, H. M. E., Gill, J. M. R., Mair, F. S., Celis-Morales, C. A., Jani, B. D., Nicholl, B. I., Lee, D., & O'Donnell, C. A. (2023). Social connection and mortality in UK Biobank: a prospective cohort analysis. *BMC medicine,* 21(1), 384.

34 Wells, J. L., Haase, C. M., Rothwell, E. S., Naugle, K. G., Otero, M. C., Brown, C. L., Lai, J., Chen, K.-H., Connelly, D. E., Grimm, K. J., Levenson, R. W., & Fredrickson, B. L. (2022). Positivity resonance in long-term married couples: Multimodal characteristics and consequences for health and longevity. *Journal of Personality and Social Psychology,* 123(5), 983–1003.

35 Löken, L., Wessberg, J., Morrison, I., McGlone, F., & Olausson, H. (2009). Coding of pleasant touch by unmyelinated afferents in humans. *Nature Neuroscience, 12*(5), 547–548.

36 Coan, J. A., & Sbarra, D. A. (2015). Social Baseline Theory: The Social Regulation of Risk and Effort. *Current opinion in psychology,* 1, 87–91.

37 Rilling, J., Gutman, D., Zeh, T., Pagnoni, G., Berns, G., & Kilts, C. (2002). A neural basis for social cooperation. *Neuron,* 35(2), 395–405.

38 Zaki, J. (2019). *The war for kindness: Building Empathy in a Fractured World*. Crown Publishing Group (NY).

39 Von Lüpke, G. (2022, January 1). Zum Tod von Thich Nhat Hanh – Botschafter buddhistischer Weisheit. *Deutschlandfunk Kultur.* https://www.deutschlandfunkkultur.de/nachruf-thich-nhat-hanh-zen-moench-friedensaktivist-100.html

40 Hanh, T. N. (2016). *How to love*. Rider.

41 Ich könnte an dieser Stelle zahlreiche, wunderbar klare Ausführungen zum Thema Liebe von Thich Nhat Hanh zusammenfassen und

zitieren und hoffe ein weiteres Mal, dass der kleine Exkurs die Tragweite seiner Aussage hinreichend vermittelt. Allen am Leben und Zusammenleben interessierten Menschen kann ich seine zahlreichen Veröffentlichungen aus voller Überzeugung ans Hirn legen.

42 Der TEDx Talk von Brené Brown *The Power of Vulnerability* gehört zu den meistgesehenen TED-Vorträgen insgesamt. Am 31. Januar 2024 hatten ihn mehr als 64 Millionen Menschen aufgerufen. Brown, B. (2010). The power of vulnerability [Video]. *TED Talks.* https://www.ted.com/talks/brene_brown_the_power_of_vulnerability

43 #436. Brené Brown says You're doing feelings wrong (2022, April 8). *Ten Percent Happier*. https://www.tenpercent.com/tph/podcast-episode/brene-brown-436

44 Wilson-Mendenhall, C. D., & Dunne, J. (2021). Cultivating emotional granularity. *Frontiers in Psychology, 12.*

45 David, S. (2016). *Emotional agility: Get Unstuck, Embrace Change, and Thrive in Work and Life*. Penguin. Und die deutsche Übersetzung: David, S. (2020). *Emotionale Beweglichkeit: Für freie Entfaltung mit klarem Blick und offenem Geist.* Unimedica.

46 Z. B. Kalisch, R., Müller, M. B., & Tüscher, O. (2015). A conceptual framework for the neurobiological study of resilience. *The Behavioral and brain sciences*, *38*, e92. Und: Kalisch, R., Cramer, A. O. J., Binder, H., Fritz, J., Leertouwer, I., Lunansky, G., Meyer, B., Timmer, J., Veer, I. M., & Van Harmelen, A. (2019). Deconstructing and Reconstructing Resilience: A Dynamic network approach. *Perspectives on Psychological Science*, *14*(5), 765–777.
Eine gute Übersicht zu entsprechenden Studienergebnissen gibt auch der Vortrag von Henrik Walter, Professor für Psychiatrie an der Charité Berlin, über Glück, Resilienz und Lebenssinn im Juni 2023 an der Johannes Gutenberg-Universität Mainz: Studium generale, Motivation und Emotion #7 (26.06.2023). *Panopto.* https://video.uni-mainz.de/Panopto/Pages/Viewer.aspx?id=61091c89–2b8d-4975-bb76-b01e00fdd584

47 Obama, M. (2022, November 15). Michelle Obama: Yes, we still need to ›Go high‹ when everything is terrible. *TIME.* https://time.com/6233764/michelle-obama-go-high-2022/

48 David, S. (2022, April 13). *Discomfort is the Price of Admission to a Meaningful Life*. Susan David. https://www.susandavid.com/podcast/discomfort-is-the-price-of-admission-to-a-meaningful-life/

49 Gutman, Matt (2023). *No Time to Panic: How I Curbed My Anxiety and Conquered a Lifetime of Panic Attacks.* Doubleday.

50 Free Solo Climbing ist die Art des Kletterns, bei der Bergsteiger:innen sich allein und ohne Hilfsmittel wie Seile, Klettergeschirr oder Schutzkleidung an steile Aufstiege wagen.

51 Bandelow, B., & Michaelis, S. (2015). Epidemiology of anxiety disorders in the 21st century. Dialogues in clinical neuroscience, 17(3), 327–335.

52 Rozin, P. & Royzman, E. (2001). Negativity Bias, Negativity Dominance, and Contagion. *Personality and Social Psychology Review,* 5, 296–320.

53 Dijksterhuis, A., & Aarts, H. (2003). On wildebeests and humans: the preferential detection of negative stimuli. *Psychological science,* 14(1), 14–18.

54 Ito, T. A., Larsen, J. T., Smith, N. K., & Cacioppo, J. T. (1998). Negative information weighs more heavily on the brain: the negativity bias in evaluative categorizations. *Journal of personality and social psychology,* 75(4), 887–900.

55 Shoemaker, P. J. (1996). Hardwired for news: Using biological and cultural evolution to explain the surveillance function. *Journal of Communication,* 46(3), 32–47.

56 Darüber habe ich unter anderem in der scobel-Sendung »Die Angst-Falle« im Januar 2024 gemeinsam mit dem Medienwissenschaftler Bernhard Pörksen und dem Psychologen Stefan G. Hofmann gesprochen: *scobel – Die Angst-Falle.* (2024, February 1). Scobel – Die Angst-Falle – 3sat-Mediathek. https://www.3sat.de/wissen/scobel/scobel---die-angst-falle-100.html

57 Rosling, H., Rosling, O., & Rönnlund, A. R. (2018). *Factfulness: Ten reasons We're wrong about the world – and why things are better than you think.* Macmillan USA. Die deutsche Übersetzung: Rosling, H., Rosling, O., & Rönnlund, A. R. (2019). *Factfulness: Wie wir lernen, die Welt so zu sehen, wie sie wirklich ist.* Ullstein.

58 Die Gapminder-Stiftung wurde vom schwedischen Mediziner und Professor für Internationale Gesundheit am Karolinska Institut Hans Rosling gemeinsam mit seinem Sohn Ola Rosling und seiner Schwiegertochter Anna Rosling ins Leben gerufen. https://www.gapminder.org/ Gemeinsam haben sie auch das Buch *Factfulness* (s. o.) geschrieben.

59 *Our World in Data* (https://ourworldindata.org/) wurde 2011 vom deutschen Ökonomen und Statistiker Max Roser gegründet und ist

eine an der Oxford Martin School angesiedelte Online-Publikation, die über historische Entwicklungen der Lebensverhältnisse der Menschheit informiert.

60 Der rasche Anstieg der durchschnittlichen Lebenserwartung bis zur Mitte des 20. Jahrhunderts ist maßgeblich auf die starke Verringerung der Säuglingssterblichkeit zurückzuführen. Als weitere wichtige Gründe für den Anstieg der Lebenserwartung gelten der Fortschritt in der medizinischen Versorgung, Hygiene, Ernährung und Wohnsituation sowie verbesserte Arbeitsbedingungen und gestiegener materieller Wohlstand.

61 Bundesinstitut für Bevölkerungsforschung (2022, August 17). *Corona-Pandemie: Lebenserwartung in Teilen Deutschlands stark gesunken.* https://www.bib.bund.de/DE/Presse/Mitteilungen/2022/2022–08–17-Corona-Pandemie-Lebenserwartung-in-Teilen-Deutschlands-stark-gesunken.html

62 Longman, D., Stock, J. T., & Wells, J. C. K. (2017). A trade-off between cognitive and physical performance, with relative preservation of brain function. *Scientific reports*, *7*(1), 13709. Und: Bozek K, Wei Y, Yan Z, Liu X, Xiong J, Sugimoto M, et al. (2014) Exceptional Evolutionary Divergence of Human Muscle and Brain Metabolomes Parallels Human Cognitive and Physical Uniqueness. *PLoS Biol* 12(5): e1001871.

63 *Why we panic: A journalist investigates anxiety, fear, and how to deal with it | Matt Gutman — Ten Percent Happier*. (2023, October 9). https://www.tenpercent.com/tph/podcast-episode/matt-gutman

64 James, W. (1890). *The Principles of Psychology.* Vol. 1. Henry Holt.

65 Urner, M. (2019). *Schluss mit dem täglichen Weltuntergang.* Droemer HC. Das Buch beginnt mit dem eben genannten Zitat von William James »Unser Leben ist nichts anderes als das, worauf wir unsere Aufmerksamkeit richten«.

66 Ich setze das »intelligenteren« hier und in nachfolgenden Bezügen in Anführungszeichen, um auf die übergeordnete Frage zu verweisen, inwieweit wir bei Programmen von Intelligenz sprechen können, und um gleichzeitig für eine differenzierte Betrachtung des Intelligenzbegriffs zu werben.

67 Kang, C., & Satariano, A. (2023, December 6). Five Ways A.I. Could Be Regulated. *The New York Times.* https://www.nytimes.com/2023/12/06/technology/artificial-intelligence-regulation.html

68 Robertson, C. E., Pröllochs, N., Schwarzenegger, K., Pärnamets, P., Van Bavel, J. J., & Feuerriegel, S. (2023). Negativity drives online news consumption. *Nature human behaviour,* 7(5), 812–822.

69 Stieglitz, S., & Dang-Xuan, L. (2013). Emotions and Information Diffusion in Social Media—Sentiment of Microblogs and Sharing Behavior. *Journal of Management Information Systems,* 29(4), 217–247.

Brady, W. J., Wills, J. A., Jost, J. T., Tucker, J. A., & Van Bavel, J. J. (2017). Emotion shapes the diffusion of moralized content in social networks. *Proceedings of the National Academy of Sciences of the United States of America,* 114(28), 7313–7318.

70 Rathje, S., Van Bavel, J. J., & van der Linden, S. (2021). Out-group animosity drives engagement on social media. *Proceedings of the National Academy of Sciences of the United States of America,* 118(26), e2024292118.

71 Soroka, S., Fournier, P., & Nir, L. (2019). Cross-national evidence of a negativity bias in psychophysiological reactions to news. *Proceedings of the National Academy of Sciences of the United States of America,* 116(38), 18888–18892.

72 Trussler, M., & Soroka, S. (2014). Consumer demand for cynical and negative news frames. *The International Journal of Press/Politics, 19*(3), 360–379.

73 Diamond A. (2013). Executive functions. *Annual review of psychology,* 64, 135–168.

74 Fiedler, M., Hofmann, C., Montag, C., & Kiefer, M. (2023). Factors related to the development of executive functions: A cumulative dopamine genetic score and environmental factors predict performance of kindergarten children in a go/nogo task. *Trends in neuroscience and education,* 30, 100200.

75 Montag, C., & Becker, B. (2023). Neuroimaging the effects of smartphone (over-)use on brain function and structure—a review on the current state of MRI-based findings and a roadmap for future research. *Psychoradiology, 3.*

76 Duke, É., & Montag, C. (2017). Smartphone addiction, daily interruptions and self-reported productivity. *Addictive Behaviors Reports,* 6, 90–95.

77 Sapci, O., Elhai, J. D., Amialchuk, A., & Montag, C. (2021). The relationship between smartphone use and students‹ academic performance. *Learning and Individual Differences, 89*, 102035.

78 Elhai, J. D., Yang, H., & Montag, C. (2019). Cognitive- and Emotion-Related Dysfunctional Coping Processes: Transdiagnostic Mechanisms Explaining Depression and Anxiety's Relations with Problematic Smartphone Use. *Current Addiction Reports*, 6(4), 410–417.

79 Jüngling, D., Schwarzinger, D., & Urner, M. (2023). Smartphone use as a behavioral expression of mind wandering: Measuring the relationship between smartphone use, mind wandering, and reading performance in a low-cost, non-invasive, and remote way. *Poster presented at Current Issues in Mind-Wandering Research – Theoretical Advances and New Empirical Findings. July 6–8. Heidelberg University,* Heidelberg, Germany.

80 Eagleman, D. (2020). *Livewired: The Inside Story of the Ever-Changing Brain*. PANTHEON.

81 Bosker, B. (2019, November). Why everything is getting louder. *The Atlantic*. https://www.theatlantic.com/magazine/archive/2019/11/the-end-of-silence/598366/

82 Dettoni, J. L., Consolim-Colombo, F. M., Drager, L. F., Rubira, M. C., Souza, S. B., Irigoyen, M. C., Mostarda, C., Borile, S., Krieger, E. M., Moreno, H., Jr, & Lorenzi-Filho, G. (2012). Cardiovascular effects of partial sleep deprivation in healthy volunteers. *Journal of applied physiology (Bethesda, Md. : 1985)*, *113*(2), 232–236.

83 Buxton, O. M., Pavlova, M., Reid, E. W., Wang, W., Simonson, D. C., & Adler, G. K. (2010). Sleep restriction for 1 week reduces insulin sensitivity in healthy men. *Diabetes*, *59*(9), 2126–2133.

84 Taheri, S., Lin, L., Austin, D., Young, T., & Mignot, E. (2004). Short sleep duration is associated with reduced leptin, elevated ghrelin, and increased body mass index. *PLoS medicine*, *1*(3), e62.

85 Diekelmann, S., & Born, J. (2010). The memory function of sleep. *Nature reviews. Neuroscience*, *11*(2), 114–126.

86 Stewart, J., & Bronzaft, A. L. (2011). *Why noise matters: A Worldwide Perspective on the Problems, Policies and Solutions*. Routledge.

87 Jin, T., Kosheleva, A., Castro, E., Qiu, X., James, P., & Schwartz, J. (2023). Long-term noise exposures and cardiovascular diseases mortality: A study in 5 U.S. states. *Environmental research*, *245*, 118092.

88 Roswall, N., Pyko, A., Ögren, M., Oudin, A., Rosengren, A., Lager, A., Poulsen, A. H., Eriksson, C., Segersson, D., Rizzuto, D., Andersson, E., Aasvang, G. M., Engström, G., Jørgensen, J. T., Selander, J., Christensen, J. H., Thacher, J. D., Leander, K., Overvad, K., … Sørensen, M. (2021). Long-Term exposure to transportation noise and risk of incident stroke: a pooled study of nine Scandinavian cohorts. *Environmental Health Perspectives*, *129*(10).

89 Eze, I. C., Foraster, M., Schaffner, E., Vienneau, D., Pieren, R., Imboden, M., Wunderli, J. M., Cajochen, C., Brink, M., Röösli, M.,

& Probst-Hensch, N. (2020). Incidence of depression in relation to transportation noise exposure and noise annoyance in the SAPALDIA study. *Environment International*, *144*, 106014.

90 Ball, P. Patients disturbed by constant racket. *Nature* (2005).

91 Bronzaft, A. L., & McCarthy, D. P. (1975). The Effect of Elevated Train Noise On Reading Ability. *Environment and Behavior*, 7(4), 517–528.

92 Kirste, I., Nicola, Z., Kronenberg, G., Walker, T. L., Liu, R. C., & Kempermann, G. (2013). Is silence golden? Effects of auditory stimuli and their absence on adult hippocampal neurogenesis. *Brain Structure & Function*, *220*(2), 1221–1228.

93 Kraemer, D. J. M., Macrae, C. N., Green, A. E., & Kelley, W. M. (2005). Sound of silence activates auditory cortex. *Nature*, *434*(7030), 158. Und: Voisin, J., Bidet-Caulet, A., Bertrand, O., & Fonlupt, P. (2006). Listening in silence activates auditory areas: a functional magnetic resonance imaging study. *The Journal of neuroscience : the official journal of the Society for Neuroscience*, *26*(1), 273–278.

94 Lenharo, M. (2024). The consciousness wars: can scientists ever agree on how the mind works? *Nature*, *625*(7995), 438–440.

95 Der Name der damaligen Forschungsgruppe am Institute of Cognitive Neuroscience am University College London (UCL) um den britischen Mediziner und Kognitionswissenschaftler Geraint Rees lautete »Consciousness and Awareness«.

96 Wilson, T. D., Reinhard, D. A., Westgate, E. C., Gilbert, D. T., Ellerbeck, N. E., Hahn, C., Brown, C. L., & Shaked, A. (2014). Just think: The challenges of the disengaged mind. *Science*, *345*(6192), 75–77.

97 Burkeman, O. (2018, June 19). This column will change your life: just sit down and think. *The Guardian*. https://www.theguardian.com/lifeandstyle/2014/jul/19/change-your-life-sit-down-and-think

98 Neben der US-amerikanischen Fachzeitschrift *Science* ist die britische *Nature* eine der beiden weltweit angesehensten Zeitschriften für Naturwissenschaften.

99 Hsueh, B., Chen, R., Jo, Y., Tang, D., Raffiee, M., Kim, Y. S., Inoue, M., Randles, S., Ramakrishnan, C., Patel, S., Kim, D. K., Liu, T. X., Kim, S. H., Tan, L., Mortazavi, L., Cordero, A., Shi, J., Zhao, M., Ho, T. T., Crow, A., … Deisseroth, K. (2023). Cardiogenic control of affective behavioural state. *Nature*, *615*(7951), 292–299.

100 James, W. (1884). What is an Emotion? Mind, 9(34), 188–205.

101 Westgate, E. C., Wilson, T. D., & Gilbert, D. T. (2017). With a little help for our thoughts: Making it easier to think for pleasure. *Emotion (Washington, D.C.), 17*(5), 828–839.

102 Alahmadi, S., Buttrick, N. R., Gilbert, D. T., Hardin, A., Westgate, E. C., & Wilson, T. D. (2017). You can do it if you really try: The effects of motivation on thinking for pleasure. *Motivation and Emotion, 41*(5), 545–561.

103 Förstl, H. (Ed.). (2007). *Theory of Mind. Neurobiologie und Psychologie sozialen Verhaltens.* Springer.

104 Ein weiteres wichtiges Konzept, das hierbei eine Rolle spielt und Überlappungen mit der Theorie des Mentalen hat, ist die Empathie, also die Fähigkeit, die Gefühle anderer Menschen zu verstehen und zu teilen.

105 Frisch, M. (1964). *Mein Name sei Gantenbein*. Suhrkamp.

106 msnbc (2023, November 28). *Instagram.* https://www.instagram.com/reel/C0M9pKUxoRc/?igshid=MzRlODBiNWFlZA%3D%3D

107 Ware, B. (2015). *5 Dinge, die Sterbende am meisten bereuen: Einsichten, die Ihr Leben verändern werden*. Goldmann.

108 Ich komme in Teil III des Buches noch sehr viel ausführlicher auf diese Abhängigkeitsverhältnisse zu sprechen.

109 Rushkoff, D. (2022). *Survival of the Richest: Escape Fantasies of the Tech Billionaires*. Norton, W. W. & Company, Inc.

110 ver.di (2023, March 21). *Zentrale Ergebnisse der Studie »Professionelle Krise nach Corona? Steuerungsbedarf in der Sozialen Arbeit nach der Pandemie (CriCo).* https://www.verdi.de/presse/downloads/pressemappen/++co++fbafafca-c705-11ed-9 f33-001a4a160129

111 ZDF (2023, March 21). *Personalmangel und Burnout: Soziale Berufe an ihrer Grenze.* ZDFheute. https://www.zdf.de/nachrichten/panorama/personalmangel-soziale-berufe-belastungsgrenze-kitas-100.html

112 Stamm, A. (2022, November 28). ZDFheute. *NHS in Gefahr: Britisches Gesundheitssystem kollabiert.* https://www.zdf.de/nachrichten/politik/grossbritannien-gesundheitssystem-nhs-100.html

113 Gerdes, A., & Herbold, A. (2023, September 11). *Ärztemangel: Warum in Deutschland ein Ärztemangel droht*. ZEIT ONLINE. https://www.zeit.de/2023/38/aertzemangel-ruhestand-praxen-fachkraeftemangel

114 Hübers, M., Krapf, F., Beer, M. et al. (2023). #whatsnext – Gesund arbeiten in der hybriden Arbeitswelt. *Institut für Betriebliche*

Gesundheitsberatung (IFBG). https://www.tk.de/resource/blob/2145756/3005523ae7a54b38cbdd7445021cdb11/studie--whats-next-2023-data.pdf

115 Hier die erste Veröffentlichung des Begründers des Konzepts der erlernten Hilflosigkeit, dem US-amerikanischen Psychologen Martin Seligman: Seligman, M. E. (1972). »Learned helplessness«. *Annual Review of Medicine. 23*(1): 407–412.

116 Walter, H. (2023, October 27). Warum ein Sinn im Leben uns motiviert. *Deutschlandfunk Nova.* https://www.deutschlandfunknova.de/beitrag/positive-psychiatrie-warum-ein-sinn-im-leben-uns-motiviert

117 Streng genommen ist natürlich auch Passivität eine »politische Handlung«, da auch sie das Zusammenleben beeinflusst.

118 Timme, S., Brand, R., & Schinkoeth, M. (2023). Exercise or not? An empirical illustration of the role of behavioral alternatives in exercise motivation and resulting theoretical considerations. *Frontiers in Psychology,* 14:1049356.

119 World Health Organization: WHO. (2022, October 5). *Physical activity.* https://www.who.int/news-room/fact-sheets/detail/physical-activity

120 Brand, R. (2023, October 13). *Warum Wohlfühlen beim Sport so wichtig ist.* Deutschlandfunk Nova. https://www.deutschlandfunknova.de/beitrag/sportpsychologie-warum-es-uns-so-schwer-faellt-zu-trainieren

121 Macy, J. (2003). *World as Lover, World as Self: Courage for Global Justice and Planetary Renewal.* Parallax Press.

122 Geiger, N., Dwyer, T. F., & Swim, J. K. (2023). Hopium or empowering hope? A meta-analysis of hope and climate engagement. *Frontiers in Psychology, 14.* Den Begriff »Active Hope« haben vor allem die US-amerikanische Umweltaktivistin und Autorin Joanna Macy und der britische Mediziner und Autor Chris Johnstone geprägt. 2022 ist die aktualisierte Fassung ihres gemeinsamen Buches erschienen: Macy, J., & Johnstone, C. (2022). *Active Hope: How to Face the Mess We're in with Unexpected Resilience and Creative Power.* New World Library. Die deutsche Übersetzung ist von 2014: Macy, J., & Johnstone, C. (2014). *Hoffnung durch Handeln. Dem Chaos standhalten, ohne verrückt zu werden.* Junfermann.

123 Havel, V., & HvížďAla, K. (1990). *Disturbing the peace: A Conversation with Karel Hvížďala.* Knopf.

124 Snyder, C. R. (2002). Hope Theory: Rainbows in the Mind. *Psychological Inquiry, 13*(4), 249–275.

125 Das erste Paper zum Konzept der Selbstwirksamkeit aus dem Jahr 1977: Bandura, A. (1977). Self-efficacy: Toward a unifying theory of behavioral change. *Psychological Review,* 84, 191–215. Sowie ein Beispiel für aktuelle Untersuchungen zu Selbstwirksamkeit unter Einsatz bildgebender Verfahren aus dem Jahr 2022: Shany, O., Gurevitch, G., Gilam, G., Dunsky, N., Balter, S. R., Greental, A., Nutkevitch, N., Eldar, E., & Hendler, T. (2022). A corticostriatal pathway mediating self-efficacy enhancement. *Npj Mental Health Research, 1*(1).

126 Goodin, B. R., & Bulls, H. W. (2013). Optimism and the experience of pain: benefits of seeing the glass as half full. *Current pain and headache reports, 17*(5), 329.

127 Simpson, E. H., & Balsam, P. D. (2016). The Behavioral Neuroscience of Motivation: An Overview of Concepts, Measures, and Translational Applications. *Current topics in behavioral neurosciences, 27,* 1–12.

128 O. Hebb, D. (1949). *Organization of Behavior.* Wiley and Sons.

129 Sterzer, P. (2023, September 22). *Wie Wahnvorstellungen entstehen.* Deutschlandfunk Nova. https://www.deutschlandfunknova.de/beitrag/psychiatrie-wie-wahnvorstellungen-entstehen

130 Suzuki, S. (2020). *Zen mind, beginner's mind: 50th Anniversary Edition.* Shambhala Publications.

II Radikale Ehrlichkeit

1 Wer sich ernsthaft mit dem Thema tierischer Ernährung im 21. Jahrhundert auseinandersetzen möchte, dem lege ich das Buch »Eating Animals« ans Hirn: Foer, J. S. (2009). *Eating animals.* Little, Brown.
Es gibt auch eine deutsche Übersetzung: Foer, J. S. (2012). *Tiere essen.* Fischer.

2 Xu, X., Sharma, P., Shu, S., Lin, T., Ciais, P., Tubiello, F. N., Smith, P., Campbell, N., & Jain, A. K. (2021). Global greenhouse gas emissions from animal-based foods are twice those of plant-based foods. *Nature Food, 2*(9), 724–732.

3 Ritchie, H. (2021). Emissions from food alone could use up all of our budget for 1.5 °C or 2 °C – but we have a range of opportunities to

avoid this. *Published online at OurWorldInData.org.* https://ourworldindata.org/food-emissions-carbon-budget

4 Forum Fairer Handel e. V. (n. d.). *Was ist Fairer Handel?* https://www.forum-fairer-handel.de/fairer-handel/was-ist-fairer-handel

5 Otto, F. E. L. (2023). Attribution of extreme events to climate change. *Annual Review of Environment and Resources, 48*(1), 813–828.

6 Ripple, W. J. et al. (2023).

7 Richardson, K. et al. (2023).

8 Zielinski, C. et al. (2023).

9 Retallack, G. J. (2023). Global weirding at mass extinction horizons. *National Science Review, 11*(1).

10 Hier findest du 60 Videos zum Thema »Global Weirding« von Katharine Hayhoe: globalweirdingseries.com

11 Waldman, J. (2009). With Temperatures Rising, Here Comes ›Global Weirding‹. *Yale E360.* https://e360.yale.edu/features/with_temperatures_rising_here_comes_global_weirding

12 NASA (2023, September 14). NASA Announces Summer 2023 Hottest on Record. NASA. https://www.nasa.gov/news-release/nasa-announces-summer-2023-hottest-on-record/

13 European Commission (2023, September 13). State of the Union Address by President von der Leyen. https://ec.europa.eu/commission/presscorner/detail/ov/speech_23_4426

14 https://x.com/hausfath/status/1709217151452954998?s=20

15 NOAA (2024, January 12). *2023 was the world's warmest year on record, by far*. National Oceanic and Atmospheric Administration. https://www.noaa.gov/news/2023-was-worlds-warmest-year-on-record-by-far

16 Osman, M., Tierney, J. E., Zhu, J., Tardif, R., Hakim, G. J., King, J. D., & Poulsen, C. J. (2021). Globally resolved surface temperatures since the Last Glacial Maximum. *Nature, 599*(7884), 239–244.

17 Die Übersicht »State of the Climate« des Klimawissenschaftlers und Autors bei Carbon Brief Zeke Hausfather stellt die Rekorde des Jahres 2023 im wissenschaftlichen Kontext dar: Hausfather, Z. (2024, January 12). State of the Climate: 2023 smashes records for surface temperature and ocean heat. Carbon Brief. https://www.carbonbrief.org/state-of-the-climate-2023-smashes-records-for-surface-temperature-and-ocean-heat

18 https://www.welterbe-mittelrheintal.de

19 Hier der Link zur Videoaufzeichnung der Veranstaltung an der Universität Mainz am 12. 10. 2023, organisiert von den Scientists for

Future Mainz-Wiesbaden: https://mainz.scientists4future.org/podiumsdiskussion-wissenschaft-in-multikrisenzeiten/

20 Bennett, P. (2023, October 12). *Climate change is costing the world $16 million per hour: study*. World Economic Forum. https://www.weforum.org/agenda/2023/10/climate-loss-and-damage-cost-16-million-per-hour/

21 Newman, R., & Noy, I. (2023). The global costs of extreme weather that are attributable to climate change. *Nature Communications*, *14*(1).

22 WAZ.de (2023, October 9). *Boris Rhein nach Wahlsieg: Die Hessen wollen »sanfte Erneuerung«* [Video]. FUNKE MEDIEN NRW GmbH. https://www.waz.de/politik/boris-rhein-nach-wahlsieg-die-hessen-wollen-sanfte-erneuerung-id239758325.html

23 Thimm, K. (2023, August 18). *DER SPIEGEL, Hamburg, Germany.* »Sie stören die Illusion, dass man sein Leben weiterführen kann wie bisher«. https://www.spiegel.de/panorama/warum-die-aktionen-der-letzten-generation-auf-solchen-widerstand-stossen-a-a724b4c1-fcc5–43e9-bd85-eb2 f05848ba2

24 Zhong, R. (2023, November 14). *The Toll of Climate Disasters Is Rising. But a U.S. Report Has Good News, Too.* Nytimes.com. https://www.nytimes.com/2023/11/14/climate/biden-national-climate-assessment.html

25 Sengupta, S. (2023, November 14). *In a Report Card on Global Warming, Nations Get a Very Poor Grade.* Nytimes.com. https://www.nytimes.com/2023/11/14/climate/united-nations-ndc-report-card.html

26 Das im Journalismus weitverbreitete Missverständnis »Klima« als Thema zu betrachten, halte ich für das größte Versagen der Profession der letzten Jahrzehnte. Die damit einhergehende Praxis, »Klimathemen« im Umwelt- und Wissenschaftsresort oder je nach Ausrichtung auch mal auf der Politik- sowie Wirtschaftsseite zu platzieren, ist Teil dieses globalen Versäumnisses, den Klimanotfall entsprechend seiner Relevanz journalistisch zu adressieren und abzubilden. Ich habe darüber einen Vortrag bei der Jahrestagung des *Netzwerk Recherche* im Oktober 2022 beim NDR in Hamburg gehalten, der hier angeschaut werden kann: https://www.youtube.com/watch?v=0r2p8Aaprmw&ab_channel=TIDETVhamburg

27 NOAA (2023, November 15). *The planet just had its warmest October on record.* National Oceanic and Atmospheric Administration. https://www.noaa.gov/news/planet-just-had-its-warmest-october-on-record d

28 Die Autorin und Mobilitätswende-Aktivistin Katja Diehl hat der Frage, wie wir eine lebenswerte – und damit »normale« – Mobilität gestalten können, ein ganzes Buch gewidmet: Diehl, K. (2022). *Autokorrektur – Mobilität für eine lebenswerte Welt.* S. Fischer Verlag.

29 Statistisches Bundesamt, Presse (2023, September 5). *Pkw-Dichte im Jahr 2022 erneut auf Rekordhoch.* Statistisches Bundesamt. https://www.destatis.de/DE/Presse/Pressemitteilungen/2023/09/PD23_N048_46.html

30 Šustr, N. (2023, February 9). *Es ist kompliziert – die Berliner CDU und der Klimaschutz.* Umweltzone Berlin. https://umweltzoneberlin.de/2023/02/09/es-ist-kompliziert-die-berliner-cdu-und-der-klimaschutz/

31 Markert, S. (2024, February 4). Bürgerbefragung: Paris stimmt für dreimal höhere SUV-Parkgebühren. *tagesschau.de.* https://www.tagesschau.de/ausland/europa/paris-suv-abstimmung-100.html

32 *tagesschau.de* (2024, February 3). Hannovers Oberbürgermeister für höhere SUV-Parkgebühren. *tagesschau.de.* https://www.tagesschau.de/inland/hannover-suv-100.html

33 Smil, V. (2022, May 19). *Beyond magical thinking: Time to get real on climate change.* Yale E360. https://e360.yale.edu/features/beyond-magical-thinking-time-to-get-real-about-climate-change

34 Cozzi, L. & Petropoulos, A. (2019, October 19). *Growing preference for SUVs challenges emissions reductions in passenger car market – Analysis.* IEA. https://www.iea.org/commentaries/growing-preference-for-suvs-challenges-emissions-reductions-in-passenger-car-market

35 Jappe, A. (2023). Beton. Massenkonstruktionswaffe des Kapitalismus. Mandelbaum Verlag.

36 Le Corbusier (1925). *Urbanisme.* Editions G. Crès. In der deutschen Übersetzung lautet der Titel *Städtebau*: Le Corbusier (2015). *Städtebau.* Random House.

37 Gegner, M. (2023, August 9). Beton und Automobilität – Couple fatal des Kapitalismus. *Klimareporter°.* https://www.klimareporter.de/verkehr/beton-und-automobilitaet-couple-fatal-des-kapitalismus

38 Uusivuori, E., Borgmästars, R. Tattari, V., Ulvan, L. (2023). The toll of fossil fuel air pollution: A case for clean transportation. CREA. https://energyandcleanair.org/wp/wp-content/uploads/2023/02/CREA_he-toll-of-fossil-fuel-air-pollution_A-case-for-clean-transportation.pdf

39 Zwei Männer aus Gießen haben eine Website entwickelt, auf der jede Stadt auf ihre mögliche Qualifikation als 15-Minuten-Stadt getestet werden kann: https://15-minuten-stadt.de/

40 Perowanowitsch, I. (2023, June 28). So geht Radfahren in der schönsten Fahrradstadt der Welt. *Perspective Daily.* https://perspective-daily.de/article/2666-so-geht-radfahren-in-der-schoensten-fahrradstadt-der-welt/ohB3qChQ

41 Robertshaw, H. (2017, October 17). Dutch PM forms new government; rides his bike to the palace to tell the King. *cyclingweekly.com.* https://www.cyclingweekly.com/news/latest-news/dutch-pm-forms-new-government-rides-his-bike-to-the-palace-to-tell-the-king-and-even-locks-it-up-355466

42 Der vollständige Name der Pariser Bürgermeisterin lautet Ana María Hidalgo Aleu.

43 Willsher, K. (2021, January 11). Paris agrees to turn Champs-Élysées into »extraordinary garden«. *The Guardian.* https://www.theguardian.com/world/2021/jan/10/paris-approves-plan-to-turn-champs-elysees-into-extraordinary-garden-anne-hidalgo

44 Peyronel, D. (2021, April 12). Paris' Utopie für die Zukunft: Die 15-Minuten-Stadt. *Perspective Daily.* https://perspective-daily.de/article/1639-paris-utopie-fuer-die-zukunft-die-15-minuten-stadt/lSZeoDbi

45 Breteau, P. (2023, November 11). A Paris, la fréquentation des pistes cyclables a doublé en un an. *Le Monde.fr.* https://www.lemonde.fr/les-decodeurs/article/2023/11/11/a-paris-la-frequentation-des-pistes-cyclables-a-double-en-un-an_6199510_4355770.html

46 duh.de (2023, November 11). Untersuchung der Deutschen Umwelthilfe zeigt: Radverkehr steigt um 31 Prozent nach Fertigstellung eines sicheren Radwegs in Berlin-Mitte. *Deutsche Umwelthilfe e. V.* https://www.duh.de/presse/pressemitteilungen/pressemitteilung/untersuchung-der-deutschen-umwelthilfe-zeigt-radverkehr-steigt-um-31-prozent-nach-fertigstellung-ei/

47 Leoni, A. (2023, June 14). »Renaturiert« – Aktivisten graben Golfplatz auf Sylt um. *Hamburger Abendblatt.* https://www.abendblatt.de/region/schleswig-holstein/sylt/article238687367/Renaturiert-Aktivisten-graben-Golfplatz-auf-Sylt-um.html

48 Otto, F. E. L. (2023).

49 Schwerin, M. (2023, August 5). Summer travel and climate change: Will vacation be a thing of the past? The New York Times. https://www.nytimes.com/2023/08/05/travel/summer-travel-climate-change.html

50 Jus, N. & Simpson, J. (2022, August). Travel & Tourism Economic Impact 2022. *World Travel & Tourism Council.* https://wttc.org/Portals/0/Documents/Reports/2022/EIR2022-Global%20Trends.pdf

51 Ballester, J., Quijal-Zamorano, M., Turrubiates, R. F. M., Pegenaute, F., Herrmann, F., Robine, J., Basagaña, X., Tonne, C., Antó, J. M., & Achebak, H. (2023). Heat-related mortality in Europe during the summer of 2022. *Nature Medicine, 29*(7), 1857–1866.

52 Living Earth Expo (2023). The Essence of Life – Topsoil and Rain: A Permaculture Perspective. *Living Earth Expo.* https://living-earth-expo.org/2023/09/15/despite-all-our-accomplishments-we-owe-our-existence-to-a-six-inch-layer-of-topsoil-and-the-fact-it-rains-paul-harvey/

53 Greenfield, P. (2023, August 11). Orange juice prices to surge as US crops ravaged by disease and climate. *The Guardian.* https://www.theguardian.com/environment/2023/aug/11/ravaged-orange-crop-in-florida-raises-fears-of-surge-in-us-juice-prices-aoe

54 Lloyd, T., McCorriston, S. Morgan, W. (2023, November). Climate, Fossil Fuels and UK Food Prices 2023. *The Energy & Climate Intelligence Unit.* https://ca1-eci.edcdn.com/food-prices-nov-2023-ECIU.pdf?v=1701056760

55 Greenfield, P. (2023, August 11). Orange juice prices to surge as US crops ravaged by disease and climate. The Guardian. https://www.theguardian.com/environment/2023/aug/11/ravaged-orange-crop-in-florida-raises-fears-of-surge-in-us-juice-prices-aoe

56 Reed, K. A., Wehner, M., & Zarzycki, C. M. (2022a). Attribution of 2020 hurricane season extreme rainfall to human-induced climate change. *Nature Communications, 13*(1).
Reed, K. A., Wehner, M., & Zarzycki, C. M. (2022). Author Correction: Attribution of 2020 hurricane season extreme rainfall to human-induced climate change. *Nature Communications,* 13(1).

57 Richardson, D., Kath, J., Byrareddy, V., Monselesan, D., Risbey, J. S., Squire, D. T., & Tozer, C. R. (2023). Synchronous climate hazards pose an increasing challenge to global coffee production. *PLOS Climate, 2*(3), e0000134.

58 Feil, A. S. (2024, January 11). Hochwasser: Folgen setzen Bauern unter Druck. *ZDFheute.* https://www.zdf.de/nachrichten/politik/deutschland/niedersachsen-hochwasser-bauern-landwirtschaft-100.html

59 Barrett, J. (2023, July 24). Chocolate prices soar as cost of cocoa rises

25 %. The Guardian. https://www.theguardian.com/australia-news/2023/jul/25/chocolate-price-rise-costs-soar-supply-problems-flooding

60 Možný, M., Trnka, M., Vlach, V., Žalud, Z., Čejka, T., Hájková, L., Potopová, V., Semenov, M. A., Semerádová, D., & Büntgen, U. (2023). Climate-induced decline in the quality and quantity of European hops calls for immediate adaptation measures. *Nature Communications, 14*(1).

61 https://treaties.un.org/pages/ViewDetails.aspx?src=TREATY&mtdsg_no=XXVII-7-d&chapter=27&clang=_en

62 Netto-Null bedeutet, dass alle durch Menschen verursachten Treibhausgas-Emissionen durch entsprechende Maßnahmen wieder aus der Atmosphäre entfernt werden müssen und so die Klimabilanz der Erde netto, sprich nach den Abzügen durch natürliche und künstliche Senken, null beträgt. Wird die Netto-Null erreicht, wäre die Menschheit klimaneutral.

63 IPCC, 2023: Sections. In: Climate Change 2023: Synthesis Report. Contribution of Working Groups I, II and III to the Sixth Assessment Report of the Intergovernmental Panel on Climate Change [Core Writing Team, H. Lee and J. Romero (eds.)]. IPCC, Geneva, Switzerland, 35–115.

64 Figueres, C., Schellnhuber, H. J., Whiteman, G., Rockström, J., Hobley, A., & Rahmstorf, S. (2017). Three years to safeguard our climate. *Nature, 546*(7660), 593–595.

65 https://commission.europa.eu/strategy-and-policy/priorities-2019–2024/european-green-deal_en

66 https://www.bundesregierung.de/breg-de/schwerpunkte/klimaschutz/klimaschutzgesetz-2021–1913672

67 Wie schnell das nicht mehr »normal« ist, zeigt die Situation in Katalonien Anfang des Jahres 2024 während der bisher schlimmsten Dürre: Ab dem 2. Februar unterliegen 80 Prozent der katalanischen Bevölkerung inklusive Barcelona strengen Wasserbeschränkungen. Euronews. (2024, February 2). »A new climate reality«: Spain's drought-stricken villages have been in crisis mode for months. *Euronews.* https://www.euronews.com/green/2024/02/02/a-new-climate-reality-spains-drought-stricken-villages-have-been-in-crisis-mode-for-months

68 Höhnl, F. (2023, September 8). Großteil ist grundsätzlich gegen Pflicht zur klimafreundlichen Heizung. *MDR.DE.* https://www.mdr.de/nachrichten/deutschland/politik/mdrfragt-umfrage-ergebnis-heizungsgesetz-habeck-waermepumpe-100.html

69 Urner, M. (2023, July 30). Wohlstand ist nicht genug. *Frankfurter Rundschau.* https://www.fr.de/meinung/kolumnen/wohlstand-ist-nicht-genug-92431731.html
70 NEWS WIRES (2023, November 7). McKinsey & Company pushes fossil fuel interests as advisor to UN climate talks, whistleblowers say. *France 24.* https://www.france24.com/en/live-news/20231107-top-consultancy-undermining-climate-change-fight-whistleblowers
71 Carrington, D. (2023, December 10). Opec rails against fossil fuel phase-out at Cop28 in leaked letters. *The Guardian.* https://www.theguardian.com/environment/2023/dec/08/opec-rails-against-fossil-fuel-phase-out-at-cop28-in-leaked-letters
72 Daggett, C. N. (2018). Petro-masculinity: Fossil Fuels and Authoritarian Desire. *Millennium: Journal of International Studies, 47*(1), 25–44.
73 Daggett, C. N. (2022). *Petromaskulinität: Fossile Energieträger und autoritäres Begehren.* Matthes & Seitz Berlin.
74 Shukman, D. (2023, November 26). *David Shukman on LinkedIn: TIME100 Climate: Stories of Leadership | 10 comments.* https://www.linkedin.com/posts/david-shukman-3b1b1658_time100-climate-stories-of-leadership-activity-7134507154694135808-YW0O/
75 Gemeint sind damit vor allem Photovoltaik, Wind, Wasserkraft und Bioenergie (in dieser Reihenfolge in absteigender Reihenfolge, gemessen am Gesamtanteil), sowie ein geringer Anteil »Sonstiger«.
76 Das entspricht einem globalen Zuwachs von 507 GW.
77 IEA (2024). *Renewables 2023. Analysis and Forecast to 2028.* Renewable Energy Division in the Directorate of Energy Markets and Security. https://iea.blob.core.windows.net/assets/96d66a8b-d502–476b-ba94–54ffda84cf72/Renewables_2023.pdf
78 Ambrose, J. (2024, January 11). World's renewable energy capacity grew at record pace in 2023. *The Guardian.* https://www.theguardian.com/environment/2024/jan/11/worlds-renewable-energy-capacity-grew-at-record-pace-in-2023
79 Way, R., Ives, M. C., Mealy, P., & Farmer, J. D. (2022). Empirically grounded technology forecasts and the energy transition. *Joule, 6*(9), 2057–2082.
80 Bundeszentrale für politische Bildung (2018, June 27). Gleichberechtigung wird Gesetz. *bpb.de.* https://www.bpb.de/kurz-knapp/hintergrund-aktuell/271712/gleichberechtigung-wird-gesetz/

81 Der Name ist eine Wortneuschöpfung aus den Begriffen »urgent«, also dringend, und Agenda.

82 Ein wenig später interviewte ich gemeinsam mit meinem damaligen Kollegen Felix Austen den Juristen und ehemaligen Bundestagsabgeordneten (Bündnis 90/Die Grünen) Hermann Ott zu seiner Arbeit bei der internationalen Umweltrechtsorganisation ClientEarth: Urner, M. & Austen, F. (2018, September 6). »Politik und Wissenschaft werden es nicht bringen. Jetzt sind die Juristen an der Reihe!« *Perspective Daily.* https://perspective-daily.de/article/614-politik-und-wissenschaft-werden-es-nicht-bringen-jetzt-sind-die-juristen-an-der-reihe/w3ckZ2Dz

83 https://www.urgenda.nl/en/home-en/

84 2022 ist eine weitere Doku über Roger Cox erschienen: »Duty of Care – The Climate Trials« (von Nic Balthazar, 57 Minuten) https://dutyofcare.world/

85 https://www.urgenda.nl/en/themas/climate-case/

86 Gore, Al (2021, September 15). The 100 most influental people of 2021: Roger Cox. *Time.* https://time.com/collection/100-most-influential-people-2021/6095813/roger-cox/

87 Wilson, T. (2021, December 17). Lawyer who defeated Shell predicts ›avalanche‹ of climate cases. *Financial Times.* https://www.ft.com/content/53dbf079–9d84–4088–926d-1325d7a2d0ef

88 deutschlandfunkkultur.de (2022, February 11). Dresdner Friedenspreis geht an Klimaanwalt Roger Cox. *Deutschlandfunk Kultur.* https://www.deutschlandfunkkultur.de/dresdner-friedenspreis-geht-an-klimaanwalt-roger-cox-100.html

89 Arkush, D. J., & Braman, D. (2023). Climate homicide: Prosecuting Big oil for climate deaths. *Harvard Environmental Law Review, 41*(1).

90 Sarre, C. (2023, August 15). Junge Kläger gewinnen Klimaprozess gegen US-Bundesstaat Montana. *tagesschau.de.* https://www.tagesschau.de/ausland/amerika/montana-urteil-klimaschaeden-100.html

91 Rott, N. (2023, August 14). Judge rules in favor of young activists in Montana climate change trial. *NPR.* https://www.npr.org/2023/08/14/1193782347/judge-rules-in-favor-of-young-activists-in-montana-climate-change-trial

92 Zu den angeklagten Staaten gehören alle EU-Mitgliedstaaten sowie Norwegen, Russland, die Schweiz, die Türkei und das Vereinigte Königreich.

93 United Nations Environment Programme (2023). Global Climate Litigation Report: 2023 Status Review. Nairobi.

94 https://www.redlinedatabase.org/

95 ZDFheute (2023, January 10). Klimaforscher Höhne: Lützerath ist wichtiger Präzedenzfall. *ZDFheute*. https://www.zdf.de/nachrichten/politik/luetzerath-kohle-klimawandel-hoene-climate-change-100.html Da das Video zum Interview online nur ein Jahr abrufbar war, hier ein Vortrag von Niklas Höhne mit vergleichbarem Inhalt: https://www.youtube.com/watch?v=VbiNlkRKBY8&ab_channel=-SchauspielStuttgart

96 Krüsken, B. (2023, August). *Nicht über das Wetter reden… Deutscher Bauernverband*. https://www.bauernverband.de/standpunkte/standpunkt/nicht-ueber-das-wetter-reden

97 Poulakos, I., & Kittel, S. (2023, July 27). Germany on the run from reality. *Rheingold Market Research*. https://www.rheingold-marktforschung.de/gesellschaft/deutschland-auf-der-flucht-vor-der-wirklichkeit/

98 Zu den Stimmen, die lauter werden, gehören auch die Ergebnisse des jährlich erscheinenden »Global Risk Report« des World Economic Forum (WEF). In der aktuellen 19. Ausgabe für 2024 landet auf Platz 1 der globalen Risiken »extremes Wetter« (vor Mis- und Disinformation durch KI und sozialer und/oder politischer Polarisierung). 66 Prozent der knapp 1500 befragten »Leader« wählten »extremes Wetter« als eines ihrer wichtigsten Risiken, die im Jahr 2024 »wahrscheinlich eine materielle Krise auf globaler Ebene darstellen«. Cavaciuti-Wishart, E., Heading, S., Kohler, K., & Zahidi, S. (2024, January). Global Risk Report 2024. *WEF*. https://www.weforum.org/publications/global-risks-report-2024/

99 Richardson et al. (2023).

100 Tsegai, D., Augenstein, P. & Huang, Z. (2023, November 30). Global Drought Snapshot 2023: the Need for Proactive Action. *UNCCD*. https://www.droughtglobal.org/_files/ugd/184219_4dcb7a4451514f2281981f604c3848cc.pdf

101 Schauenberg, T. (2022, July 7). EU countries restrict drinking water access. *dw.com*. https://www.dw.com/en/water-scarcity-eu-countries-forced-to-restrict-drinking-water-access/a-62363819

102 Dickie, G. (2023, August 10). Explainer: How is climate change driving dangerous ›wet-bulb‹ temperatures? *Reuters*. https://www.reuters.com/business/environment/how-is-climate-change-driving-dangerous-wet-bulb-temperatures-2023–08–09/

103 Tsegai, D. et al. (2023). Schwerin, M. (2023).

104 Ksenofontov, S., & Petrov, A. N. (2024). Global Change Impacts on

Indigenous sustainability in Sakha Republic: A Synthesis of knowledge. *Sustainability*, *16*(3), 1157.

105 Gast, R. (2019, May 22). Das Urkilogramm ist endgültig Geschichte. *Spektrum.de.* https://www.spektrum.de/news/das-urkilogramm-ist-endgueltig-geschichte/1647288

106 Gruber, M. J., Valji, A., & Ranganath, C. (2019). Curiosity and learning. In: *Cambridge University Press eBooks,* 397–417.

107 Baccini, A., & Petrovich, E. (2023). A global exploratory comparison of country self-citations 1996–2019. *PLOS ONE*, *18*(12), e0294669.

108 King, M. M., Bergstrom, C. T., Correll, S. J., Jacquet, J., & West, J. D. (2017). Men Set Their Own Cites High: Gender and Self-citation across Fields and over Time. *Socius*, *3*, 237802311773890.

109 Tiokhin, L., Panchanathan, K., Smaldino, P. E., & Lakens, D. (2023). Shifting the level of selection in science. *Perspectives on Psychological Science.*

110 Konsortium Bundesbericht Wissenschaftlicher Nachwuchs (2021). Bundesbericht Wissenschaftlicher Nachwuchs 2021. Statistische Daten und Forschungsbefunde zu Promovierenden und Promovierten in Deutschland. *Institut für Innovation und Technik (iit).* https://www.buwin.de/dateien/buwin-2021.pdf

111 Unesco.org (2023, July 18). Scientific research cooperation: Why collaborate in science? Benefits and examples. *UNESCO.* https://www.unesco.org/en/scientific-research-cooperation-why-collaborate-science-benefits-and-examples

112 Schulenburg, J. (2022, September 25). Only bad news are good news? Nachrichtenvermeidung und was man dagegen tun kann – BR24 Medien. *BR Podcast.* https://www.br.de/mediathek/podcast/das-medienmagazin/only-bad-news-are-good-news-nachrichten vermeidung-und-was-man-dagegen-tun-kann/1867471

113 https://perspective-daily.de/

114 Rozado, D., Hughes, R., & Halberstadt, J. (2022). Longitudinal analysis of sentiment and emotion in news media headlines using automated labelling with Transformer language models. *PLOS ONE*, *17*(10), e0276367.

115 Robertson et al. (2023).

116 Ein konstruktiver Vorschlag, den ich von einem guten Freund an dieser Stelle zitieren möchte: »Wie wäre es, wenn sich in sämtlichen Talkshows alle Beteiligten vorab den Songtext des Liedes ›Get it right‹ von Frank Turner zu Gemüte führen würden?« (https://genius.com/Frank-turner-get-it-right-lyrics) Ich plädiere für eine

noch umfassendere Umsetzung und den Song für alle Medienschaffenden auf die Tagesordnung setzen.

117 Im Juli 2023 hielt ich bei der Konferenz für Konstruktiven Journalismus in Berlin (https://konferenz-kj.de) die Keynote zur Bestandsaufnahme des Ansatzes in deutschsprachigen Medien. Im Zuge dessen wurde auch eine Charta für Konstruktiven Journalismus vorgestellt.

118 In einem Gastbeitrag für DIE ZEIT im Juni 2022 geht die Klimaaktivistin Luisa Neubauer auf die Unterscheidung zwischen den »besten« und den »mächtigsten« Argumenten ein: Neubauer, L. (2022, June 8). *Grüne Klimapolitik: Nur weil die Richtigen regieren, wird nicht gleich richtig regiert.* ZEIT ONLINE. https://www.zeit.de/2022/24/gruene-klimapolitik-ernergie-oel-luisa-neubauer

119 Riddell, R., Ahmed, N., Maitland, A., Lawson, M. & Taneja, A. (2024). Inequality Inc. How corporate power divides our world and the need for a new era of public action. *Oxfam.* https://oi-files-d8-prod.s3.eu-west-2.amazonaws.com/s3fs-public/2024–01/Davos%20 2024%20Report-%20English.pdf

120 ZDFheute (2023).

121 Forbes (2022). Traudl Engelhorn & family. *Forbes.* https://www.forbes.com/profile/traudl-engelhorn/?sh=70c303a144c3

122 https://www.taxmenow.eu/

123 Nimmervoll, L. (2024, January 9). Marlene Engelhorn lässt Bürgerrat 25 Millionen ihres Erbes »rückverteilen«. *DER STANDARD.* https://www.derstandard.at/story/3000000202315/marlene-engelhorn-laesst-buergerrat-25-millionen-ihres-erbes-rueckverteilen

124 https://www.zdf.de/gesellschaft/markus-lanz/markus-lanz-vom-14-maerz-2023–100.html

125 Walt, V. (2022, January 18). With the state of the world in the hands of big business, some executives think it can pay to do good. *TIME.* https://time.com/6132388/corporations-purpose-profits/

126 Die vererbende Großmutter Traudl Engelhorn-Vechiatto ist im Herbst 2022 verstorben.

127 Nimmervoll, L. (2024).

128 Adams, D. (1979). *The Hitchhiker's Guide to the Galaxy.* Pan Books.

129 World Health Organization: WHO. (2021, March 9). Devastatingly pervasive: 1 in 3 women globally experience violence. *who.int.* https://www.who.int/news/item/09–03–2021-devastatingly-pervasive-1-in-3-women-globally-experience-violence

130 Eine kleine Anekdote zum Begriff Gründerväter: Es gibt ein

Netzwerk aus Müttern, die Unternehmensgründerinnen sind und sich »Gründermütter« nennen (https://www.gruendermuetter.com/) Die Sendung »37 Grad« (ZDF) hat sie porträtiert: https://www.zdf.de/dokumentation/37-grad-leben/gruender-muetter-102.html

131 Schraeder, P. (2017, August 3). Stimmt alles, was in deinem Geschichtsbuch steht? *Perspective Daily.* https://perspective-daily.de/article/313-stimmt-alles-was-in-deinem-geschichtsbuch-steht/rvyNRieh

132 Lunz, K. (2022). *Die Zukunft der Außenpolitik ist feministisch. Wie globale Krisen gelöst werden müssen. Econ.*

133 https://centreforfeministforeignpolicy.org/

134 Kolboske, B. (2022). *Hierarchien. Das Unbehagen der Geschlechter mit dem Harnack-Prinzip: Frauen in der Max-Planck-Gesellschaft.* Lamm, L. (2023, February 10). Der Matilda-Effekt: Wie Frauen in der Wissenschaft unsichtbar werden. *National Geographic.* https://www.nationalgeographic.de/geschichte-und-kultur/2023/02/diskriminierung-der-matilda-effekt-wie-frauen-in-der-wissenschaft-unsichtbar-werden

135 *DPMA* (2024, January 16). Lise Meitner. Die übergangene Pionierin. *Deutsches Patent- und Markenamt.* https://www.dpma.de/dpma/veroeffentlichungen/patentefrauen/lisemeitner/index.html

136 Anderson, A., Chilczuk, S., Nelson, K. D., Ruther, R., & Wall-Scheffler, C. M. (2023). The Myth of Man the Hunter: Women's contribution to the hunt across ethnographic contexts. *PLOS ONE, 18*(6), e0287101.

137 Miller, K. (2023, August 1). Move over, men: women were hunters, too. *The New York Times.* https://www.nytimes.com/2023/08/01/science/anthropology-women-hunting.html

138 Deutscher Bundestag (2019). Parlament – Der lange Weg zum Frauenwahlrecht. *Deutscher Bundestag.* https://www.bundestag.de/dokumente/textarchiv/2019/kw47-frauenwahlrecht-669048 Ein hörenswerter Podcast zum Thema Frauenwahlrecht mit Fokus auf die Suffragetten in Großbritannien Anfang des 20. Jahrhunderts: Rosenplänter, M. (2023, August 11). Frauenrechte – Wie die Suffragetten das Wahlrecht für Frauen erkämpften. *Deutschlandfunk Nova.* https://www.deutschlandfunknova.de/beitrag/wahlrecht-fuer-frauen-der-protest-der-suffragetten

139 Deutscher Bundestag (2008). Vergewaltigung in der Ehe. Strafrechtliche Beurteilung im europäischen Vergleich. *Wissenschaftliche Dienste des Deutschen Bundestages.* https://www.bundestag.de/

resource/blob/407124/6893b73fe226537fa85e9ccce444dc95/wd-7-307-07-pdf-data.pdf

140 Tickner, J. A. (1988). Hans Morgenthau's Principles of Political Realism: A Feminist Reformulation. *Journal of International Studies, 17*(3), 429–440.

141 Criado Perez, C. (2019). *Invisible Women: Exposing Data Bias in a World Designed for Men.* Chatto & Windus.

142 Zimmermann, O., Schulz, G., & Ries, C. (2016). Frauen in Kultur und Medien: Ein Überblick über aktuelle Tendenzen, Entwicklungen und Lösungsvorschläge. *Deutscher Kulturrat e. V.* https://www.kulturrat.de/wp-content/uploads/2016/12/Frauen-in-Kultur-und-Medien.pdf
Global Media Monitoring Project (2020). Who makes the news? *GMMP.* https://whomakesthenews.org/wp-content/uploads/2021/07/GMMP2020.ENG_.FINAL20210713.pdf

143 Mir ist sowohl die deutliche Kritik am Film *Braveheart* als auch am Schauspieler Mel Gibson bekannt. Beides finde ich wichtig und relevant, spielt hier aber keine Rolle, da es lediglich um die in der Szene porträtierte Freiheit geht.

144 Schwartz, B. (2004). *The Paradox of Choice: Why More Is Less.* Harper Collins.

145 *Futures Literacy – THE NEW INSTITUTE.* (n. d.). https://thenew.institute/redefining-the-possible/futures-literacy.html

III Radikale Verbundenheit

1 Die Frage »How are you?« stellte auch Elmo aus der Sesamstraße Ende Januar 2024 auf X und stimulierte damit eine Debatte über mentale Gesundheit: Chappell, B. (2024, January 31). Elmo takes a turn as a therapist after asking, »How is everybody doing?« *NPR.* https://www.npr.org/2024/01/31/1228145269/elmo-therapist-asking-how-is-everybody-doing

2 OECD/European Union (2020). Air pollution and its impact on health in Europe: Why it matters and how the health sector can reduce its burden. In *Health at a Glance: Europe 2020: State of Health in the EU Cycle,* OECD Publishing.

3 Rockström, J., Mazzucato, M., Andersen, L., Fahrländer, S. F., & Gerten, D. (2023). Why we need a new economics of water as a common good. *Nature, 615*(7954), 794–797.

4 Ramon, M., Caharel, S., & Rossion, B. (2011). The speed of recognition of personally familiar faces. *Perception*, *40*(4), 437–449.

5 Ronquillo, J., Denson, T. F., Lickel, B., Lu, Z., Nandy, A. S., & Maddox, K. B. (2007). The effects of skin tone on race-related amygdala activity: an fMRI investigation. *Social Cognitive and Affective Neuroscience*, *2*(1), 39–44.

6 Der bereits in Teil I erwähnte vietnamesische buddhistische Mönch und Friedensaktivist Thich Nhat Hanh hat für diese radikale Verbundenheit unseres Daseins den Begriff »Interbeing« geprägt. Er beschreibt seine Geschichte hier in einem Artikel: Hanh, T. N. (2017, August 2). *The insight of Interbeing.* Garrison Institute. https://www.garrisoninstitute.org/blog/insight-of-interbeing/, sowie ausführlicher in seinem Buch *The art of living*: Hanh, T. N. (2017). *The art of living: Peace and Freedom in the Here and Now.* HarperOne.

7 Lenton, T. M., Xu, C., Abrams, J. F., Ghadiali, A., Loriani, S., Sakschewski, B., Zimm, C., Ebi, K. L., Dunn, R. R., Svenning, J., & Scheffer, M. (2023). Quantifying the human cost of global warming. *Nature Sustainability*, *6*(10), 1237–1247.
Die Podcast-Folge 89 von »Das Klima« des österreichischen Astronomen und Autors Florian Freistetter sowie der Meteorologin und Professorin für Informationsdienstleistungen und Wissenschaftskommunikation an der TH Köln Claudia Frick diskutiert das Paper ausführlich: https://dasklima.podigee.io/89-dk089-die-okologische-nische-der-menschheit-und-das-existenzielle-risiko-der-klimakrise

8 Nghiêm, H., Hữu, P. & Confino, J. (2023, May 27). Listeners' Questions: Responding from the Heart (Episode #51). *Plum Village.* https://plumvillage.org/podcast/listeners-questions-responding-from-the-heart-episode-51

9 Ein sehr guter Artikel zu der Vielschichtigkeit der eigenen Identität: Harari, Y. N. (2023, January 12). The dangerous quest for identity. *TIME.* https://time.com/6246269/yuval-noah-harari-quest-for-identity/

10 deutschlandfunkkultur.de (2023, August 18). Der Tag mit Stefanie Babst: Strategische Reaktionen auf Bedrohung aus Russland. *Deutschlandfunk Kultur.* https://www.deutschlandfunkkultur.de/der-tag-mit-stefanie-babst-strategische-reaktionen-auf-bedrohung-aus-russland-dlf-kultur-f954a06d-100.html

11 Das Herz besteht von innen aus vier unterschiedlich großen Hohlräumen, die sich mit Blut füllen.

12 Becker, M., & Schult, C. (2022). Wie Annalena Baerbock und Jean Asselborn »die Brutalität von Außenpolitik« ertragen. *DER SPIEGEL,* 28.

13 Mandavilli, A. (2023, August 10). Heat Singes the Mind, Not Just the Body. *New York Times.* https://www.nytimes.com/2023/08/10/health/heat-mental-health.html

14 Nesse, R. M. (2004). Natural selection and the elusiveness of happiness. *Philosophical Transactions of the Royal Society B, 359*(1449), 1333–1347.

15 David, S. (2022).

16 Faas, T. (2024, January 1). Familienwahlrecht: Wählen Eltern im Sinne ihrer Kinder? *Deutschlandfunk Kultur.* https://www.deutschlandfunkkultur.de/wahlrecht-familien-gruene-kommentar-100.html

17 Tonn, B., Hemrick, A., & Conrad, F. G. (2006). Cognitive representations of the future: Survey results. *Futures, 38*(7), 810–829.

18 Das schlägt der Mediziner und Professor für Translationale Psychiatrie an der Universität Basel, Philipp Sterzer, vor: »Wir können selbst entscheiden, ob wir einen rationalen Umgang mit unserer eigenen Irrationalität pflegen.« Deutschlandfunk Nova (2023, September 22). Wie Wahnvorstellungen entstehen. *Deutschlandfunk Nova.* https://www.deutschlandfunknova.de/beitrag/psychiatrie-wie-wahnvorstellungen-entstehen.

19 Zeit Online (2023, November 30). …oder schaffen wir es doch? Was in der Klimakrise Hoffnung macht. *Das Politikteil.* https://www.zeit.de/politik/2023–11/limakrise-hoffnung-cop28-klimagipfel-politik-podcast

20 Siehe beispielsweise https:// pinkstinks.de/das-private-ist-politisch/

21 https://stm.baden-wuerttemberg.de/de/themen/tagung-gemeinsam-handeln

22 Hier der entsprechende Zeitpunkt in der Videoaufzeichnung der Veranstaltung an der Universität Mannheim: https://youtu.be/KVUofw40HKw?t=24531

23 McLeay, M. Radia, A. & Thomas, R. (2014). Money Creation in the Modern Economy. *Bank of England Quarterly Bulletin* 2014, Q1.

24 https://www.fes.de/referat-demokratie-gesellschaft-und-innovation/gegen-rechtsextremismus/publikationen/studien/gutachten

25 Zick, A., Küpper, B., & Mokros, N. (2023). Die distanzierte Mitte: Rechtsextreme und demokratiegefährdende Einstellungen in Deutschland 2022/23. *Friedrich-Ebert-Stiftung.* https://www.fes.de/

index.php?eID=dumpFile&t=f&f=91776&token=3821fe2a05aff649791e9e7ebdb18eabdae3e0fd

26 Kniess, M. (2023, September 21). Studie: Demokratische Grundwerte drohen zu zerbröseln. *ZDFheute*. https://www.zdf.de/nachrichten/politik/deutschland/mitte-studie-demokratie-rechtsextremismus-kuepper-100.html

27 Dazu empfehle ich die sechsteilige Doku-Serie *The Dictator's Playbook* (2019).

28 Reimer, J. & Teigeler, M. (2024, January 15). Warum die Bauern bundesweit protestieren. *Deutschlandfunk*. https://www.deutschlandfunk.de/bauernproteste-102.html

29 deutschlandfunk.de (2024, January 29). Bahn: Worum es im Streik der Lokführer-Gewerkschaft GDL geht. *Deutschlandfunk*. https://www.deutschlandfunk.de/gdl-bahn-streik-tarifverhandlungen-100.html

30 *tagesschau.de* (2024, January 30). Warnstreik an vielen Unikliniken in Deutschland. t*agesschau*. https://www.tagesschau.de/sport/streik-unikliniken-tarifverhandlungen-100.html

31 ZEIT ONLINE & dpa (2024, January 18). *Universitätskliniken: Warnstreik für Ärzte an Uni-Kliniken geplant. Zeit.de*. https://www.zeit.de/gesundheit/2024–01/universitaetskliniken-aerzte-warnstreik-januar-marburger-bund

32 Eydlin, A., ZEIT ONLINE, dpa & Reuters. (2024, January 17). Tausende protestieren in Freiburg und Berlin gegen Rechtsextremismus. *Zeit.de* https://www.zeit.de/gesellschaft/2024–01/freiburg-protest-rechtsextremismus-deportation-treffen-potsdam-afd

33 Bensmann, M., von Daniels, J., Dowideit, A., Peters, J. & Keller, G. (2024, January 10). *Geheimplan gegen Deutschland*. correctiv.org. https://correctiv.org/aktuelles/neue-rechte/2024/01/10/geheimplan-remigration-vertreibung-afd-rechtsextreme-november-treffen/

34 DIE ZEIT (2024, January 18). Hilflos gegen rechts? DIE ZEIT 04/2024.

35 *tagesschau.de* (2024, February 2). Interview zu den Massenprotesten: »Die AfD zeigt sich hoch verunsichert.« *tagesschau.de*. https://www.tagesschau.de/inland/gesellschaft/afd-radikalisierung-100.html

36 The Economist (2023, November 13). 2024 is the biggest election year in history. *economist.com*. https://www.economist.com/interactive/the-world-ahead/2023/11/13/2024-is-the-biggest-election-year-in-history
Ewe, K. (2023, December 28). The Ultimate Election Year: All the

Elections Around the World in 2024. *TIME*. https://time.com/6550920/world-elections-2024/

37 Shafy, S. (2024, January 18). *Freiheitliche Demokratie: Stirbt die Demokratie in diesem Jahr?* ZEIT ONLINE. https://www.zeit.de/politik/2024-01/freiheitliche-demokratie-wahlen-usa-europa-deutschland

38 Draper, K., & Smith, R. (2023, October 23). How Lionel Messi made a pink jersey soccer's Must-Have item. *The New York Times*. https://www.nytimes.com/2023/10/23/business/lionel-messi-inter-miami-jersey.html

39 Der Gebäudeeinsturz der Rana-Plaza-Textilfabrik in Sabhar in Bangladesch am 24. April 2013 ist der schwerste Fabrikunfall in der Geschichte des Landes. 1135 Menschen wurden getötet und 2438 verletzt.

40 Fernau, L. (2021, October 8). Warum Rosa einst die Farbe für Jungen war. *geo.de*. https://www.geo.de/wissen/19876-rtkl-geschlechterklischees-warum-die-farbe-rosa-einst-maennersache-war

41 Gross, J., & Vostroknutov, A. (2022). Why do people follow social norms? *Current Opinion in Psychology*, *44*, 1–6.

42 Hanel, P. H. P., Maio, G. R., & Manstead, A. S. R. (2019). A new way to look at the data: Similarities between groups of people are large and important. *Journal of Personality and Social Psychology*, *116*(4), 541–562.

43 Heiman, S. L., Claessens, S., Ayers, J. D., Beltrán, D. G., Van Horn, A., Hirt, E. R., Aktipis, A., & Todd, P. M. (2023). Descriptive norms caused increases in mask wearing during the COVID-19 pandemic. *Scientific Reports*, *13*(1).
Bokemper, S. E., Cucciniello, M., Rotesi, T., Pin, P., Malik, A. A., Willebrand, K., Paintsil, E. E., Omer, S. B., Huber, G. A., & Melegaro, A. (2021). Experimental evidence that changing beliefs about mask efficacy and social norms increase mask wearing for COVID-19 risk reduction: Results from the United States and Italy. *PLOS ONE*, *16*(10), e0258282.

44 Bak-Coleman, J. B., Alfano, M., Barfuß, W., Bergstrom, C. T., Centeno, M. Á., Couzin, I. D., Donges, J. F., Galešić, M., Gersick, A. S., Jacquet, J., Kao, A. B., Moran, R. E., Romanczuk, P., Rubenstein, D. I., Tombak, K. J., Van Bavel, J. J., & Weber, E. U. (2021). Stewardship of global collective behavior. *Proceedings of the National Academy of Sciences of the United States of America*, *118*(27).

45 Searle, J. R. (1995). The Construction of Social Reality. The *Free Press.*
46 https://dictionary.apa.org/social-reality
47 O'Gorman, H. J. (1986). The discovery of pluralistic ignorance: An ironic lesson. *Journal of the History of the Behavioral Sciences, 22*(4), 333–347.
48 Prentice, D. A., & Miller, D. T. (1993). Pluralistic ignorance and alcohol use on campus: some consequences of misperceiving the social norm. *Journal of personality and social psychology*, *64*(2), 243–256.
49 Sargent, R. H., & Newman, L. S. (2021). Pluralistic Ignorance Research in Psychology: A Scoping Review of Topic and Method Variation and Directions for Future Research. *Review of General Psychology*, *25*(2), 163–184.
50 Shamir, J., & Shamir, M. (1997). Pluralistic Ignorance Across Issues and Over Time: Information Cues and Biases. *The Public Opinion Quarterly*, *61*(2), 227–260.
51 Sparkman, G., Geiger, N., & Weber, E. U. (2022). Americans experience a false social reality by underestimating popular climate policy support by nearly half. *Nature communications*, *13*(1), 4779.
52 Nielsen, K. S., Nicholas, K. A., Creutzig, F., Dietz, T., & Stern, P. C. (2021). The role of high-socioeconomic-status people in locking in or rapidly reducing energy-driven greenhouse gas emissions. *Nature Energy*, *6*(11), 1011–1016.
53 https://www.mpg.de/20614579/crawford-lake-anthropocene
54 Sparkman, G., & Walton, G. M. (2017). Dynamic Norms Promote Sustainable Behavior, Even if It Is Counternormative. *Psychological Science*, *28*(11), 1663–1674.
55 Sparkman, G., Howe, L., & Walton, G. (2021). How social norms are often a barrier to addressing climate change but can be part of the solution. *Behavioural Public Policy*, *5*(4), 528–555.
56 Loeffelholz, T. M. (2020, November 3). *The 25 % tipping point*. YES! Magazine. https://www.yesmagazine.org/issue/what-the-rest-of-the-world-knows/2020/11/03/how-social-change-happens
deutschlandfunk.de. (2023, February 27). Soziale Kipppunkte im Klimawandel – Große Veränderungen mit Zuversicht bewirken. *Deutschlandfunk.* https://www.deutschlandfunk.de/soziale-kipppunkte-klimawandel-100.html
57 Merz, J. R., Barnard, P., Rees, W. E., Smith, D. F., Maroni, M.,

Rhodes, C. J., Dederer, J., Bajaj, N., Joy, M. K., Wiedmann, T., & Sutherland, R. (2023). World scientists' warning: The behavioural crisis driving ecological overshoot. *Science Progress, 106*(3).

58 Gürgen, M. (2023, September 21). *Proteste in Aschaffenburg: Rentner, Neonazis, Trommelgruppen*. TAZ Verlags- und Vertriebs GmbH. https://taz.de/Proteste-in-Aschaffenburg/!5956397/

59 NIDA (2020). How Science Has Revolutionized the Understanding of Drug Addiction. *National Institute on Drug Abuse.* https://nida.nih.gov/research-topics/addiction-science/drugs-brain-behavior-science-of-addiction

60 International Classification of Diseases, Eleventh Revision (ICD-11), World Health Organization (WHO) 2019/2021 https://icd.who.int/browse11

61 Timperley, J. (2022, July 31). Why you need to worry about the ›wet-bulb temperature.‹ *The Guardian*. https://www.theguardian.com/science/2022/jul/31/why-you-need-to-worry-about-the-wet-bulb-temperature

Steininger, A. (2023, July 7). Kühlgrenztemperatur: Wann ist heiß zu heiß? *tagesschau.de*. https://www.tagesschau.de/wissen/gesundheit/kuehlgrenztemperatur-100.html

62 Jacob, P. (2021, March 31). Apnoetaucher hält über 20 Minuten lang den Atem an. *SWIM.DE*. https://swim.de/aktuell/apnoetaucher-haelt-ueber-20-minuten-lang-den-atem-an/

63 Muller, P. (2020, May 20). Verändert sich die Heimat durch Umweltzerstörung, erleiden wir einen emotionalen Schmerz, der mit dem Gefühl von Heimweh vergleichbar ist. *National Geographic*. https://www.nationalgeographic.de/umwelt/2020/04/solastalgie-ein-wort-das-es-gar-nicht-geben-sollte

64 https://seashepherd.org/

65 https://www.waterbear.com/watch/watson

66 Cheng, L., Abraham, J., Trenberth, K. E., Boyer, T., Mann, M., Zhu, J., Wang, F., Yu, F., Locarnini, R. A., Fasullo, J. T., Zheng, F., Li, Y., Zhang, B., Wan, L., Chen, X., Wang, D., Feng, L., Song, X., Liu, Y., … Lu, Y. (2024). New record ocean temperatures and related climate indicators in 2023. *Advances in Atmospheric Sciences.*

67 Pigot, A. L., Merow, C., Wilson, A., & Trisos, C. H. (2023). Abrupt expansion of climate change risks for species globally. *Nature Ecology and Evolution*, *7*(7), 1060–1071.

68 Osaka, S. (2023, March 27). Why climate ›doomers‹ are replacing climate ›deniers.‹ *Washington Post*. https://www.washingtonpost.

com/climate-environment/2023/03/24/climate-doomers-ipcc-un-report/

69 The Economist. (2023, October 11). The global backlash against climate policies has begun. *The Economist*. https://www.economist.com/international/2023/10/11/the-global-backlash-against-climate-policies-has-begun

70 Carrington, D. (2023, December 10).

71 Carrington, D. (2023, November 8). ›Insanity‹: petrostates planning huge expansion of fossil fuels, says UN report. *The Guardian*. https://www.theguardian.com/environment/2023/nov/08/insanity-petrostates-planning-huge-expansion-of-fossil-fuels-says-un-report

72 World Health Organization (2017, September). One Health. *Who.int*. https://www.who.int/news-room/questions-and-answers/item/one-health
BMZ (2022, October 14). Gesundheit – One Health. *BMWZ. https://www.bmz.de/de/themen/one-health*

73 Rockström, J., Kotzé, L. J., Milutinović, S., Biermann, F., Brovkin, V., Donges, J. F., Ebbesson, J., French, D., Gupta, J., Kim, R. E., Lenton, T. M., Lenzi, D., Nakićenović, N., Neumann, B., Schuppert, F., Winkelmann, R., Bosselmann, K., Folke, C., Lucht, W., … Steffen, W. (2024b). The planetary commons: A new paradigm for safeguarding Earth-regulating systems in the Anthropocene. *Proceedings of the National Academy of Sciences of the United States of America, 121*(5).

74 Ostrom, E. (1990). *Governing the Commons: The Evolution of Institutions for Collective Action*. Cambridge University Press.